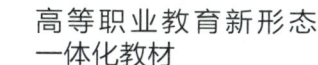

高等职业教育新形态
一体化教材

U0771658

高职
劳动教育

曾天山 主编

中国教育出版传媒集团
高等教育出版社·北京

内容提要

　　本书是由曾天山组织编写、九所"双高计划"建设院校共同参与编写的高等职业教育新形态一体化劳动教育教材。

　　本书坚持以习近平新时代中国特色社会主义思想为指导，贯彻党的二十大、二十届三中全会精神，着力健全德智体美劳全面培养体系，在全社会弘扬劳动精神、奋斗精神、创造精神，培养德智体美劳全面发展的社会主义建设者和接班人，全面贯彻习近平总书记关于劳动与劳动教育的重要论述，落实全国教育大会精神，弘扬劳模精神、劳动精神、工匠精神，开展职业启蒙教育和劳动教育，根据中共中央、国务院印发的《关于全面加强新时代大中小学劳动教育的意见》和教育部印发的《大中小学劳动教育指导纲要（试行）》编写而成。全书共分九个专题：树立正确的劳动观、培育积极的劳动职业精神、培育系统的劳动知识和能力、养成良好的劳动品质、合法依规劳动、珍惜劳动成果、尊重劳动者、做新时代的劳动者、从学校劳动走向工作世界，通过"情境导入""话题讨论""案例及案例分析""学习评价""活动示例"等栏目，帮助学生把握劳动教育的基本内涵，理解和形成马克思主义劳动观，树立劳动最光荣、劳动最崇高、劳动最伟大、劳动最美丽的观念，培育遵纪守法、诚实守信等优秀劳动者品质，做有职业理想、有本领、勇于担当的新时代劳动者。

　　本书配套开发有教学课件、电子教案等数字化教学资源，教师可登录"高等教育出版社产品信息检索系统"（https://xuanshu.hep.com.cn）免费下载相关资源。

　　本书既可作为高等职业院校劳动教育必修课程（不少于16学时）的教材，也可作为相关企业员工培训的学习材料。

序言

　　习近平总书记站在实现中华民族伟大复兴的战略高度，在 2018 年全国教育大会上首次提出把劳动教育纳入培养社会主义建设者和接班人的总体要求之中，历史性地将劳动教育从传统意义上促进青少年全面发展的有效途径提升为重要的教育内容，提出构建德智体美劳全面培养的教育体系，明确了新时代加强劳动教育的思想指引，引发了社会的强烈共鸣。2024 年全国教育大会上习近平总书记强调"着眼于培养德智体美劳全面发展的社会主义建设者和接班人"，2025 年中共中央、国务院印发《教育强国建设规划纲要（2024—2035 年）》要求"加快补齐体育、美育、劳动教育短板"对劳动教育有最新的要求。

　　劳动是生活的第一需要。劳动是推动人类社会进步的根本力量，可以树德、增智、强体、育美，具有综合育人价值。世界各国都非常重视青少年学生劳动意识和能力的培养。在社会主义国家，劳动教育被赋予特殊含义，即把教育与生产劳动相结合作为实现马克思主义体脑结合、全面发展教育理念的有效途径，把劳动教育作为培养社会主义建设者和接班人的重要内容。我国的劳动教育培养了一代又一代人，"劳动光荣，浪费可耻，不劳动者不得食"的观念深入人心，学工、学农、学军在几代人心中留下了不可磨灭的历史记忆，赓续了中华民族勤劳奋斗的优良传统。

　　传统劳动教育存在许多薄弱环节和问题。随着社会的变迁及各种因素的影响，传统劳动教育的基础条件和社会氛围已经发生了重大变化。当前社会上还存在着轻视劳动，特别是看不起普通劳动者的不良倾向，存在着不劳而获、贪图享乐、追求暴富的错误思想，教育的应试导向使得劳动教育不受重视，在社会中被淡化，在学校中被弱化，在家庭中被边缘化，中小学生劳动机会减少、劳动意识淡薄，在一些学生中出现了轻视劳动、不会劳动、不珍惜劳动成果的现象。长此以往，必然会影响亿万青少年的全面发展和健康成长，拉低国民综合素质，危及社会主义事业的兴衰成败和中华民族的伟大复兴。

明确新时代劳动教育的重要使命。新时代、新形势、新任务，在新的历史条件下开展劳动教育，机遇与挑战并存。一方面，勤劳节俭是中华民族的宝贵基因，重视劳动教育是社会主义教育的光荣传统，培养时代新人对劳动教育的要求极为迫切。另一方面，我们应清醒地把握当今时代经济全球化、价值多元化、社会信息化的特点，传统生产生活方式和组织形态发生重大变革，这一切都会对劳动教育产生影响和冲击。要避免思想认识上的片面和实践上的盲目，防止评价上的单一和效果上的弱化。要构建科学实用的现代劳动教育体系，形成水平更高的人才培养体系；既要培养兢兢业业的普通劳动者，还要培养大国工匠、创造发明的科学大师，形成崇尚劳动创造的社会风气。从简单体力劳动引向创新创造复杂劳动，加快建设教育强国和制造业强国。新时代应更加强调幸福都是奋斗出来的，青春是用来奋斗的，不劳动无以为人，无创造不能成事，没奉献难成大器。劳动教育的独特育人价值和综合育人功能不仅没有消失，而且在培养社会主义合格建设者和可靠接班人方面的作用更显重要。因此，更要教育引导学生参与形式多样的劳动教育实践，使之形成崇尚劳动、尊重劳动人民的观念，增强同理心，提高劳动素养，养成劳动习惯，弘扬劳动精神，以完善人格、造福人民。

全面落实党对新时代劳动教育的根本要求。要学懂弄通习近平总书记关于教育的重要论述，特别是新时代劳动和劳动教育的重要论述，准确把握新时代劳动教育内涵，明确劳动教育重点，把劳动教育做实、做到位。"五育"并举，全面贯通，在劳育中发现"五育"、渗透"五育"、落实"五育"，在"五育"中认识劳育、把握劳育、实现劳育。一方面，要看到劳动教育的独特价值，它关系到青少年劳动素养的培养，这是其他"四育"无法替代的。生活劳动着重解决个人自理问题，生产劳动侧重解决物质财富创造的问题，服务劳动侧重解决个人与社会的和谐关系问题。另一方面，要看到劳动教育的综合育人价值，充分发挥劳动教育的树德、增智、强体、育美作用。德育与劳动教育有机结合有助于解决德育虚化问题，在德育中引入社会公益性劳动、在生产劳动中渗透德育，有助于学生端正生活态度和价值观，提高社会公德，增强社会责任感。智育与劳动教育相结合有助于学生在做中学，在学中做，知行统一，学以致用，提高劳动的技术含量，培养创造性劳动能力。体育与劳动教育相结合有助于磨炼学生意志，培养其公平竞争意识和团队合作精神。美育与劳动教育相结合有助于培养学生创造美的能力，使其懂得劳动最美丽、劳动者最可爱、劳动成果最珍贵的道理。对学生的劳动教育不仅要有质的要求，还要有量的规定，不能停留在一般号召，更不能在课上"听"劳动、在课外"看"劳动、在网上"玩"劳动，要坚决杜绝形式主义，防止弄虚作假和走过场。

努力打造适合职业院校使用的培根铸魂、启智增慧的精品劳动教育教材。由曾天山组织编写、高等教育出版社出版的《中职劳动教育》《高职劳动教育》《职业本科劳动教育》，是为了全面贯彻党的教育方针，落实立德树人根本任务，加强职业院校的劳动教育，着力解决高职院校学生"劳动多、教育少"的脱节问题，克服职业院校劳动教育"中、高、本不衔接"的问题，纠正劳动教育职普不分"一锅烩"的问题。在落实劳动教育的过程中，坚持目标导向和问题导向相结合，提高认识和提升技能相统一，重点关注为何教学、教学什么、怎么教学、怎么测评、谁来负责，有针对性地解决实践中存在的"不想干、不愿干、不敢干、不会干"等问题。培养广大高职院校学生尊重劳动、劳动人民和劳动成果的意识，自我服务的技能以及认真、负责、创造性地对待劳动的态度，丰富运用知识技能获得精神财富和物质财富的实践，有助于提高独立劳动和集体劳动的能效，弘扬劳动光荣、技能宝贵、创造伟大的时代风尚。

本书编写组

2025年4月

后　记

专 题 一

树立正确的劳动观

一个人只有树立正确的劳动观，才能真正理解劳动的本质和价值，准确掌握历史前进、社会运转的内在机理。本专题从劳动本质论、劳动价值论、劳动解放论入手，探寻马克思主义劳动价值观的思想特性和实践价值；从勤于劳动的价值观、崇尚劳动的荣辱观、精益求精的技艺观、自强不息的奋斗观、耕读结合的教育观中汲取中华优秀传统文化中的劳动观念，引导学生树立新时代劳动价值观和职业观，争做辛勤劳动的践行者、诚实劳动的推进者、创造性劳动的先行者。

● 学习目标

知识目标：

1. 掌握马克思主义劳动价值观的内涵。

2. 明晰中华优秀传统文化中劳动观念的时代价值。

3. 理解新时代劳动价值观及职业观的内涵。

能力目标：

1. 能主动践行正确的劳动观。

2. 能主动传承中华民族优良劳动美德。

3. 能主动践履科学的职业观。

素质目标：

1. 树立马克思主义劳动价值观。

2. 认同中华优秀传统文化中的劳动观念。

3. 培育正确的劳动价值观及科学的职业观。

1.1

马克思主义劳动价值观

👤 **情境导入**

"我愿意成为一名光荣的志愿者。我承诺：尽己所能，不计报酬，帮助他人，服务社会……"2003年，9 000余名"西部计划"志愿者满怀豪情投身西部基层，一场跨越时空的青春接力从此拉开序幕。

二十多年来，各级共青团联合教育、财政、人社等部门共选拔派遣超过50万名高校毕业生到西部地区，开展脱贫攻坚、乡村教育、民族团结、基层治理等方面的志愿服务。一批批西部计划志愿者奔向西部、深入基层，在实现中国梦的伟大实践中书写别样的精彩人生（图1-1）。

图1-1
基层工作者

话题讨论

志愿服务作为劳动的一种形式，在服务他人获得快乐的同时也引发我们的思考：该如何理解劳动的本质内涵？如何用马克思主义劳动观来指导我们探寻劳动的真正价值呢？

劳动是人类存在的基本方式，是人类社会存在的基础，也是人类自由发展的基础。通过劳动，人类改造自然、创造物质财富和精神世界，实现自我价值和潜能的发展。而劳动价值观主要指人们对劳动、劳动目的、劳动价值等内容的根本看法和态度，是个体劳动价值取向的体现。

一、马克思主义劳动价值观的基本内容

马克思把劳动比喻成整个社会都在围绕旋转的太阳，劳动是人类生存的本质，人类的发展过程就是劳动的发展史。

1. 劳动本质论

劳动是人的生命的本质规定。马克思在《德意志意识形态》一书中做了精炼的辨明："可以根据意识、宗教或随便别的什么来区别人和动物。一当人开始生产自己的生活资料，即迈出由他们的肉体组织所决定的这一步的时候，人本身就开始把自己和动物区别开来。"[①] 人类的生命特征就在于人类的活动是超越本能的有意识、有目的的，这既内构了人类的生命本质，又外别于世间其他万物。

劳动是实现人的价值的根本途径。劳动创造了人本身，塑造了人类的生活，是一切物质财富和精神财富的源泉，也是推动人类社会进步和发展的根本力量。就个人层面而言，劳动促成我们的成长和发展，我们只有在劳动中才能展示和发挥自己的潜能，才能为社会、集体和他人作出奉献，实现人生价值。

2. 劳动价值论

劳动不仅是理解马克思历史唯物主义的逻辑起点，亦是把握马克思政治经济学的枢纽，马克思劳动价值论是马克思主义政治经济学理论的核心。

---

① 《马克思恩格斯文集》第1卷，人民出版社2009年版，第519页。

马克思认为，商品的价值由生产该商品所需的社会必要劳动时间决定，而非由商品的供求关系或个别劳动时间决定。劳动价值论揭示了在资本主义经济体系中资本家如何通过占有工人的剩余劳动来获取利润，从而揭示了资本主义剥削的本质。除此之外，劳动价值论不仅是对资本主义经济体系的批判，也是对未来社会主义和共产主义社会的预示。《资本论》中，马克思指出每一个个人自由而全面的发展是未来理想社会的基本原则。他指出在社会主义社会中，劳动将成为人们自由自觉的活动，而不再是被异化的手段。从人的全面发展的角度看，扬弃异化劳动是劳动解放的第一步。

3. 劳动解放论

如果说劳动是人谋求发展的基本方式，那么劳动解放的实质是什么呢？劳动解放的实质是由异化劳动转化为自主活动。马克思、恩格斯认为，劳动解放不仅是一种理想目标，还是人类一种能动的生命创造活动。因此，马克思指出："而在共产主义社会里，任何人都没有特殊的活动范围，而是都可以在任何部门内发展。"[①]

在马克思看来，人的全面发展是指人的智力和体力的全面发展，以及先天和后天的各种才能、志趣、道德和审美能力的充分发展，一个人应该能够适应不同的劳动需求，不仅仅是从事单一的体力劳动或脑力劳动。这告诉了我们什么呢？那就是无论是体力劳动还是脑力劳动，都是人类劳动的不同形式，都应被平等对待。在未来的共产主义社会中，体力劳动与脑力劳动的差别将逐渐消失，人们将可以根据自己的兴趣和特长自由地选择劳动方式。

二、马克思主义劳动价值观的思想特性

1. 肯定劳动的地位

（1）劳动形成了人：人只有通过劳动，改造自然物质，实现人与自然之间的物质变换，才能生存。同时，随着劳动工具的不断进步，古人类在劳动交往中形成了语言，人脑及人的意识得以发展，不断进化为如今发达的人类。（2）劳动推动社会的发展：由于劳动分工的形成和劳动工具的进步，生产力得到发展的同时，对生产关系也提出了相应的发展要求，从而不断地推动人类社会发展进步。（3）劳动实现人自身的价值：我们通过劳动发挥自身的价值，从而展现自己的本质力量。与此同时，我

---

① 《马克思恩格斯文集》第1卷，人民出版社2009年版，第537页。

们在创造价值、自我实现的同时，也在奉献社会、实现自我的社会价值。

2. 凸显人的主体性

（1）人在改造自然界的劳动中发挥着主体性：我们依靠自己的劳动，积极改造自然界，维系并发展自己，这是人的主体性的发挥。（2）人在社会交往过程中发挥着主体性：我们通过劳动在既有的社会关系中创造新的关系，也会选择并改造社会物质环境与条件，改变社会交往关系，以满足自身的需要、适应自身的发展。（3）人在自身发展过程中发挥着主体性：我们在劳动中创造对象世界与社会关系，同时确证自我的本质与价值，通过自由地发挥体力与智力、个性和才情、能动性和创造性，肯定自我、发展自我、实现价值。

3. 突出创造性劳动

（1）创造性劳动满足新的需要：我们通过劳动满足基本生存发展需要的同时，又不断创造着新的需要。因此，我们要不断更新劳动工具，拓展思维，通过创造性劳动满足这些新的需要。（2）创造性劳动完善人的社会关系：我们在社会关系中劳动，这就需要我们恰当处理彼此之间的相互关系，积极地协助劳动。（3）创造性劳动发展了人本身：脑力劳动和体力劳动摆脱了各自片面发展的状态，我们得到了自由而全面的发展，且实现了超越自我，收获幸福感。

三、马克思主义劳动价值观的实践价值

1. 确立劳动者的历史主体地位

马克思以唯物史观视角考察人类在整个历史发展过程中的重要作用，指出整个人类历史就是一部劳动发展史。历史是由劳动人民创造的，因此，对劳动的考察首先需要肯定劳动者的历史主体地位。

2. 树立正确的劳动价值观

马克思的劳动价值论强调了劳动的创造性和价值性，鼓励我们尊重劳动、珍视劳动，不仅把劳动看作是生存和谋生的手段，而且将其视为创造社会财富和发展人类文明的重要方式。

3. 构建和谐的劳动关系

和谐的劳动关系不仅影响生产效率，而且最直接地影响处于各种劳动形式中的劳动者个人的生存与发展。这就需要正确处理个人与集体的关系，协调劳动过程中的利

益纠纷，扬弃资本主义异化劳动，维护劳动者合法权益。

4. 促进全体人民共同富裕

　　坚持劳动成果分配正义是马克思一直强调的，而这也是实现共同富裕的实践路径。党的二十届三中全会指出要"聚焦提高人民生活品质""推动人的全面发展、全体人民共同富裕取得更为明显的实质性进展。"共同富裕不是一蹴而就的，具有长期性、阶段性和复杂性的特征。实现共同富裕体现了以人民为中心的发展思想。从人人共建社会，到人人共享发展成果，改变劳动的异己状态，真正实现人本质的复归。

　　"我们党的历史，就是一部不断推进马克思主义中国化的历史，就是一部不断推进理论创新、进行理论创造的历史。"[1]中国共产党人始终坚持把马克思主义劳动价值观与中国的具体实际相结合，与中华优秀传统文化相结合，融入中国元素、凸显时代特点，创造性发展了马克思主义劳动价值观。

 学习评价

考察项目	评分要点		分值（满分100分）	学生自评（30%）		学生互评（30%）		教师评价（40%）	
				评分	评语	评分	评语	评分	评语
知识目标	掌握马克思主义劳动价值观的科学内涵		15						
	明晰马克思主义劳动价值观的特性和价值		15						
能力目标	单项技能	能用马克思主义劳动观指导学习与实践	30						
	综合能力	能积极践行马克思主义劳动观							
素质目标	认同劳动的重要地位		20						
	树立马克思主义劳动价值观		20						

---

① 习近平，《在党史学习教育动员大会上的讲话》，《求是》2021年第7期。

续表

综合评价	

注：学生自评占总分的 30%，学生互评占总分的 30%，教师评价占总分的 40%，加权得出最终总分。综合评价分为五档，总分 90~100 分评价为"优"，80~89 分评价为"良"，70~79 分评价为"中"，60~69 分评价为"可"，60 分以下评价为"差"。

 案例

全国优秀志愿者喻康：志愿服务边疆　诠释青春价值

全国优秀志愿者喻康是长沙民政职业技术学院2017届毕业生。毕业那年他积极响应国家西部计划的号召，放弃在家乡长沙的就业机会，选择来到新疆塔克拉玛干沙漠，服务于新疆生产建设兵团第一师。

在师团委服务青年的志愿工作岗位上，他用"铁脚板"深入基层，走家访户，帮助团场创业青年申请创业资金130万元、帮助连队职工申请贷款贴息50余万元，涉及人数200余人。在支教老师的工作中，他下"苦功夫"，夜以继日，精进教法，成为学生、学校、家长都认可的好老师。面对获得的荣誉，喻康说："我是志愿者，我只做了我该做的，但我收获了更多。"

喻康是我国九千万青年志愿者的代表，他们活跃在文明实践、阳光助残、环境保护、为老服务等各个领域，用一抹抹志愿红点燃社会发展的新火花，用自己的劳动诠释着青春价值。

案例分析

习近平总书记指出，"要鼓励高校学生把视线投向国家发展的航程，把汗水洒在艰苦创业的舞台，到基层去、到西部去、到祖国最需要的地方去，做成一番事业、做好一番事业。"以喻康为代表的青年志愿者们正是在志愿服务活动中强化了综合劳动实践能力，培养并形成了劳动精神。因此，青年学生要树立马克思主义劳动价值观，认识到劳动不仅是谋生的手段，更是实现个人价值和社会发展的基础。

 思考题

结合本节内容的学习，请思考：为什么说劳动是人的本质活动？

1.2

中华优秀传统文化中的劳动观念

情境导入

　　每年的五一劳动节是全世界劳动人民的共同节日，其实，早在几千年前，中国古代就已形成了独特的劳动节日传统。据说，伏羲"重农桑，务耕田"，每年新春二月初二，都要率领各部落首领"亲耕"，以显示他对农耕的重视。周武王在二月初二不仅会举行规模盛大的仪式，更亲自带领百官耕田劳作，以此拉开全国农耕的序幕。自唐代起，二月初二正式被定为"耕事节"或"劳农节"，成为中国古代尊重劳动的传统节日。中国古代的"劳动节"不仅是一种仪式，更是一种文化传统和价值观念，体现了古人对劳动的尊重和农耕文化的深厚底蕴。

话题讨论

中国古代的劳动节传统是中华优秀传统文化中劳动观念的集中体现。在中华优秀传统文化中具体蕴含着什么样的劳动观念？在新时代，这些劳动观念是否还具有传承与践行的价值意义呢？

中华优秀传统文化中积淀着新时代劳动精神的文化基因。习近平总书记指出："劳动创造了中华民族，造就了中华民族的辉煌历史，也必将创造出中华民族的光明未来。"在几千年来的劳动创造中，中华民族用智慧和汗水浇筑了气势恢宏的伟大工程，发明了深刻影响人类文明进程的伟大科技成果，创作了兼具思想内容和艺术表达的伟大文艺作品，孕育了承载着中华民族勤劳基因的中华优秀传统文化。

一、中华优秀传统文化中劳动观念的基本内涵

1. 勤于劳动的价值观

中华民族历来注重并倡导勤劳节俭、辛勤劳动。早在春秋时期，便有"民生在勤，勤则不匮"的箴言。东汉许慎的《说文解字》中写道："勤，劳也，从力堇声。"可见，勤与劳在古代意义是相近的，表示人们在劳作中勤勤恳恳、不畏辛苦、孜孜以求，以自己的劳动创造价值。勤劳是创造之源、财富之母，人们生存和发展所必需的生活资料和生产资料无一不是辛勤劳动创造得出的。勤劳的中华民族先民，用自己的辛苦劳作和劳动智慧，推动着中华文明的车轮滚滚向前。

2. 崇尚劳动的荣辱观

"劳谦君子，万民服也"，中国古代社会崇尚劳动，将劳动视为一种光荣和值得尊重的行为。清初思想家、教育家颜元提出"君子之处世也，甘恶衣粗食，甘艰苦劳动，斯可以无失矣"，通过劳动获得财富和地位的人常常受到社会的赞扬和尊重，被视为对社会有贡献的人。相反，懒惰和不劳而获的行为则被视为可耻和不道德的，如《诗经·魏风·硕鼠》中就将不劳而获的统治阶级比作硕大的老鼠，反映了劳动者对贪得无厌的剥削者的痛恨。

3. 精益求精的技艺观

在中国社会流传着悠久的工艺传统，并形成了对于技艺精益求精的工匠精神。古

人重视劳动技能的提升，以至于把劳动上升到艺术的层面，通过精神专一、心无旁骛，最后达到心物一体，即清代魏源所概括的"技可进乎道，艺可通乎神"。《庄子》中记载的"庖丁解牛""运斤成风""削木为镶"均是著名典故。此外，欧阳修《卖油翁》中所展示的卖油翁"惟手熟尔"的职业技艺，魏学洢《核舟记》中所描述的"盖简桃核修狭者为之。嘻，技亦灵怪矣哉！"的手工技巧，无不反映了中国古代劳动者精益求精的工匠精神（图1-2）。

图1-2
橄榄核雕手工艺品

4. 自强不息的奋斗观

自强不息的奋斗精神、奋勇拼搏的进取精神是中华民族重要的精神追求。从"天行健，君子以自强不息"到"一勤天下无难事"，从《尚书·大禹谟》中记载的大禹治水"克勤于邦，克俭于家"，到欧阳修提出"忧劳可以兴国，逸豫可以亡身"，自强不息的奋斗观告诉世人，只有树立远大的志向，怀着锐意进取的态度，勇敢面对挑战，才能取得真正的成功。自强不息、奋斗进取，是中华民族历经磨难却能生生不息、不断强盛并走向伟大复兴的强大动力。

5. 耕读结合的教育观

从中国古代农耕文明土壤中发展起来的耕读教育，是一种将农业生产和文化学习相结合的教育方式。明清之际的理学家张履祥提出"读而废耕，饥寒交至；耕而废读，礼义遂亡"。耕与读结合，可以培养劳动观念、实践能力和文化素养，形成理论与实践相统一、知行合一的价值理念。此外，耕读结合的劳动教育方式对价值观的形成也有重要影响，古人在劳动过程中锻造自身的品格与精神，养成了勤劳俭朴、踏实肯干等优秀品质，以及崇尚农耕、崇尚读书的价值取向。

二、中华优秀传统文化中劳动观念的时代价值

1. 为新时代劳动教育提供价值引领

中华优秀传统文化中蕴含着丰富的劳动教育资源，对新时代劳动教育具有重大意义，为解决当下劳动教育面临的现实问题提供了价值引领。中华优秀传统文化中的勤

劳节俭、诚实守信、吃苦耐劳等文化思想和传统，能激发学生形成勤奋踏实的品格，树立不畏艰辛的意志。挖掘和利用好中华优秀传统文化中的劳动教育资源，能够帮助学生形成正确的劳动观念、积极的劳动精神、必备的劳动能力和良好的劳动习惯。

2. 为新时代劳动者筑牢文化自信

中华优秀传统文化是中华文明的智慧结晶和精华所在，是中华民族的根和魂，是我们在世界文化激荡中站稳脚跟的根基。劳模精神、劳动精神、工匠精神是中华优秀传统文化滋养出的时代结晶，蕴含着鲜明的文化基因，与我国劳动人民的生产和生活实践密不可分，充分汲取了中华民族崇尚劳动、自强不息、艰苦奋斗等思想精髓。弘扬和传承中华优秀传统文化中的劳动观念，有助于新时代劳动者增强对民族文化的认同感，筑牢文化自信。

3. 为中国式现代化培育高素质劳动者

党的二十届三中全会提出："加快建设国家战略人才力量，着力培养造就战略科学家、一流科技领军人才和创新团队，着力培养造就卓越工程师、大国工匠、高技能人才，提高各类人才素质。建设一流产业技术工人队伍。"当前，我国已开启全面建设社会主义现代化国家的新征程，这对劳动者素质提出了更高要求。大力弘扬中华优秀传统文化中的劳动观念，才能培养更多高素质劳动者，鼓励新时代劳动者踊跃投身以高质量发展推进中国式现代化的火热实践，为全面推进强国建设、民族复兴伟业而不懈奋斗。

三、中华优秀传统文化中劳动观念的传承践行

1. 辛勤劳动，勤俭节约

"光荣属于劳动者，幸福属于劳动者。"劳动是幸福的源泉，每一滴辛勤劳动的汗水，都将浇灌出最美丽的幸福之花。作为高职学生，要传承辛勤劳动、勤俭节约的优良传统，树立"劳动最光荣、劳动最崇高、劳动最伟大、劳动最美丽"的观念。把尊重劳动、崇尚劳动体现在实际行动中，在辛勤劳动中实现个人价值、创造美好生活。拒绝奢华和浪费，形成文明健康的生活风尚，做勤俭节约、积极向上校园文化的引领者、营造者、维护者。

2. 追求卓越，技能报国

当代中国青年是与新时代同向同行、共同前进的一代，生逢盛世，肩负重任。作

为高职学生，要自觉担起实现中华民族伟大复兴的历史使命，自觉传承"执着专注、精益求精、一丝不苟、追求卓越"的工匠精神。将个人理想与国家命运紧密联系在一起，努力提升自身专业素养，勤学苦练、深入钻研，坚定走技能成才、技能报国之路，为实现中华民族伟大复兴的中国梦贡献智慧和力量。

3. 艰苦奋斗，勇于创新

中华人民共和国成立以来，创造了举世瞩目的发展成就，这些成就是中国人民在党的领导下，用自己的勤劳智慧和创新精神实实在在干出来的，是全国各族人民同心同德、团结奋斗的结果。正如"杂交水稻之父"袁隆平，几十年如一日潜心钻研，攻克诸多育种技术"卡脖子"难题，用一粒粒种子造福中国、改变世界。新征程上，我们要继续发扬艰苦奋斗、勇于创新的劳模精神，在创新中不断超越自我、在奋斗中创造精彩人生。

4. 身体力行，知行合一

劳动本身具有鲜明的实践性，无论是脑力劳动还是体力劳动，实践性是其第一特性。我们要从耕读教育理念中传承中华优秀传统文化，认识到学习不只是为了积累知识，更重要的是将这些知识运用到生活中去，转化为行动的力量。我们要积极参与日常生活劳动、生产性劳动和服务性劳动等劳动实践，在身体力行的劳动过程中，树立正确的劳动观念、获得扎实的劳动技能、培养良好的劳动习惯，从而提高自身综合素质，实现个人全面发展。

 学习评价

考察项目	评分要点	分值（满分100分）	学生自评（30%）		学生互评（30%）		教师评价（40%）	
			评分	评语	评分	评语	评分	评语
知识目标	理解中华优秀传统文化中劳动观念的基本内涵	15						
	明晰中华优秀传统文化中劳动观念的时代价值	15						

考察项目	评分要点		分值（满分100分）	学生自评（30%）		学生互评（30%）		教师评价（40%）	
				评分	评语	评分	评语	评分	评语
能力目标	单项技能	能用中华优秀传统文化中的劳动观念指导学习和实践	30						
	综合能力	能主动传承践行中华优秀传统文化中的劳动观念							
素质目标	认同中华优秀传统文化中的劳动观念		20						
	树立对中华优秀传统文化的坚定自信		20						
综合评价									

注：学生自评占总分的 30%，学生互评占总分的 30%，教师评价占总分的 40%，加权得出最终总分。综合评价分为五档，总分 90~100 分评价为"优"，80~89 分评价为"良"，70~79 分评价为"中"，60~69 分评价为"可"，60 分以下评价为"差"。

 案例

新时代耕读教育：传承传统文化　培育时代新人

"耕读传家久，诗书继世长。"中华民族自古以农业立国、以耕读传家。耕读教育是中华优秀传统文化在新时代传承发展的重要内容。2021 年，中共中央、国务院印发的《关于全面推进乡村振兴加快农业农村现代化的意见》中提出"开展耕读教育"。近年来，全国多所涉农高校积极开展耕读教育探索，以耕读教育赋能人才培养。

北京农业职业学院打造了"耕读传家"德育教学品牌，组织开展"耕读文化节"系列活动，搭建"工学一体"的实践教育平台。通过耕读文化节系列实践活动的开展，让耕读教育走出书本、走下黑板，引导学生主动从校园的"小课堂"走向田间地头的"大课堂"，培育学生崇尚劳动、刻苦学习、知行合一、砥砺奋斗的新时代农耕精神。

　　从传统走向现代，古人"既耕亦已种，时还读我书"的生活方式已经逐渐淡出大众视野，但在传承中凝结出的修身立德、自强不息、崇尚劳动等精神内核在今天仍具有重要价值。青年学生要传承弘扬新时代耕读文化，从中华优秀传统文化中汲取成长的力量，形成身体力行、知行合一的实践观念，以实际行动为乡村振兴注入更多青春活力，奋力书写为中国式现代化挺膺担当的青春篇章。

　　思考题

　　请结合本节学习内容，思考如何在新时代传承和践行中华优秀传统文化中的劳动观念？

1.3
新时代劳动价值观

 情境导入

2023年暑期档电影《孤注一掷》取材于现实，故事主角是高级程序员和知名网络模特，即便如此，但他们照样被网络诈骗骗得团团转。经总结发现，在诈骗中上当的几乎都是想发横财、不劳而获的人。因此，凡是承诺超低投入超高回报，一夜暴富或是遇到免费服务还能倒给钱的所谓"好事"，凡是跟银行账号和提供验证码有关的事情……我们都应多加留意，提防诈骗。

话题讨论

从特定角度看，想发横财、不劳而获、一夜暴富这些错误的想法都可以归因为与劳动有关的价值观偏差。那么，什么才是当下正确的劳动价值观呢？我们又该如何践行正确的劳动价值观呢？

新时代劳动价值观是社会主义核心价值观在劳动领域的具体体现，以马克思主义劳动价值观为理论基础，以中华民族几千年来的劳动精神品格为历史来源，以中国特色社会主义新时代建设事业为实践支撑，是对无产阶级劳动观念的一次新的构建。

一、新时代劳动价值观的科学内涵

党的十八大以来，习近平总书记立足第二个百年奋斗目标的现实需要，深刻阐明劳动以及劳动者的崇高地位和价值，形成了新时代劳动价值观，有着科学的理论指引、深厚的文化底蕴和坚实的实践基础。

1. 新时代劳动价值观的形成

新时代劳动价值观升华于马克思主义劳动观的科学指引。马克思在批判吸收以往劳动思想的基础上，结合工人阶级的革命实践，创造性地确立和形成科学的劳动概念和劳动理论，为新时代劳动价值观的生成提供坚实的理论基础。

新时代劳动价值观传承于中华民族优良劳动美德的文化底蕴之中。《诗经》中有大量礼赞劳动人民的诗篇，《尚书》中记载着"功崇惟志，业广惟勤"，中国古代"四大发明"凝聚劳动者智慧，这些无不彰显着辛勤劳作创造美好生活的理念。中华优秀传统文化中的劳动观念为新时代劳动价值观提供具有民族特色的文化基因。

新时代劳动价值观发展于中国共产党领导人民群众生产劳动的实践基础之中。中国共产党从成立伊始就发动劳工阶级，带领劳动人民开创伟业，从苏维埃临时政府的劳动竞赛到南泥湾的大生产运动，从根据地劳动模范的评选到淮海战役中的小推车，从首批自己制造的飞机到原子弹和氢弹成功爆炸，从都市快递员的忙碌身影到互联网时代的创业创新……一百多年来，中国共产党领导中国人民不断推进革命、建设、改革、复兴事业，劳动价值得到充分彰显。

2. 新时代劳动价值观的内涵

2018年4月30日，习近平总书记在给中国劳动关系学院劳模本科班学员的回信中提到"劳动最光荣、劳动最崇高、劳动最伟大、劳动最美丽"，这是对新时代劳动价值观的明确定位。

劳动最光荣，不仅因为劳动是推动人类社会进步的根本力量，还因为崇尚劳动光荣是社会主义的本质特征之一。劳动最光荣实现对劳动地位的崇高、劳动者的伟大、劳动之美的总体概括和凝练表达。劳动没有高低贵贱之分，任何一份职业都很光荣。

倡导劳动最光荣，就是要使劳动创造价值、劳动创造历史成为劳动者的信仰信念，真正做到尊重劳动、尊重创造、尊重劳动者。

劳动最崇高，这一价值观侧重强调劳动地位的崇高。劳动的崇高之处在于在平凡中创造不平凡、普通中孕育不普通。《中华人民共和国宪法》明确表示："劳动是一切有劳动能力的公民的光荣职责。"劳动的崇高地位得到了根本的法律性、制度性保障，确认了劳动是公民神圣不可侵犯的权利，同时也鼓励公民积极地履行劳动义务，以获得自身的全面发展。

劳动最伟大，侧重于阐释劳动者的伟大。"始终重视发挥工人阶级和广大劳动群众的主力军作用。"习近平总书记对劳动者念兹在兹，农民工待遇好不好，环卫工工间怎么歇息，快递小哥能不能回家过年，货车司机的合法权益怎么保障……大江南北、城市乡村，孜孜步履、殷殷关怀。只有依靠广大人民群众脚踏实地地劳动，才能开创美好未来。

劳动最美丽，侧重于阐述劳动是人类特有之美。劳动之美不仅体现在最终的劳动成果上，也体现在劳动者的道德和精神中。2023年荣获全国"最美职工"的群体中，有的长期致力于我国运载火箭研究和工程实践；有的打破进口依赖，为复兴号高铁装上"国产膝盖"；有的在繁忙的速递工作中不忘热心公益……他们展现出来的艰苦奋斗、技能报国、无私奉献等品质，诠释了新时代劳动最美丽的价值观念。

二、新时代劳动价值观的价值意蕴

弘扬新时代劳动价值观，对于激发劳动者蕴藏的巨大精神力量，营造良好社会风尚具有重要意义，是为全面建成社会主义现代化强国凝心聚力。

1. 有利于劳动者实现全面发展

树立正确的劳动价值观对于个人的成长至关重要，这不仅关系到世界观、人生观和价值观的树立，而且关系到个人职业道路的选择。新时代劳动价值观体现了中国特色社会主义制度的优越性，劳动者的主体地位得到充分肯定，为新时代劳动者提供科学的价值导向和行为指南。因此，树立新时代劳动价值观，将其作为人生的基本品质，通过劳动让奋斗成为人生最亮丽的底色，才能在成长道路上绽放出不一样的精彩。

2. 有利于营造良好社会风尚

改革开放以来，我国经济高速发展并且取得巨大成就，国家经济实力和人民生活水平都有了质的改变。但同时也产生了一些问题，消费主义、享乐主义等不正风气曾盛行一时，极易引发劳动价值观危机。基于此，在全社会范围内广泛传播"劳动最光荣、劳动最崇高、劳动最伟大、劳动最光荣"的劳动认知，能促使劳动者以更好的工作态度、更高的工作热情、优秀的工作作风投入劳动实践中，从而对营造脚踏实地、踏实肯干的社会风气产生巨大的推动力。

3. 有利于推进社会主义现代化强国的建设

习近平总书记指出："全面建成小康社会，进而建成富强民主文明和谐的社会主义现代化国家，根本上靠劳动、靠劳动者创造。"社会主义现代化建设的新成就正是通过持续的劳动创造出来的历史性新面貌。弘扬和践行新时代劳动价值观，形成良好的劳动习惯，体验丰富的劳动情感，厚植宝贵的劳动精神，激励广大劳动者以技能成才，用技能报国，成长为让党放心、爱国奉献、能担当民族复兴大任的时代新人。

三、新时代劳动价值观的践行路径

新时代在发展新质生产力的过程中，人类劳动形式正在从常规劳动转向创新性劳动，从实物性劳动转向信息化劳动，新的劳动资源、劳动工具和劳动形式，对践行新时代劳动价值观提出了更高的要求。

1. 做辛勤劳动的践行者

"一勤天下无难事"。创造今天美好生活的，是亿万人民勤劳智慧的双手，是上上下下苦干实干的精神。践行新时代劳动价值观，就要争做辛勤劳动的践行者。每逢节假日，总有一些劳动者选择默默付出，坚守在工作岗位上，用自己的辛勤劳动，守候他人的温暖，唱响新时代劳动价值观的赞歌。辛勤劳动是成就梦想的基础。我们要积极寻找劳动机会，在劳动的过程中训练劳动技能，感受劳动的乐趣，享受劳动成果的喜悦，提升劳动素养。

2. 做诚实劳动的推进者

诚信让劳动更美，实干成就家国伟业。人世间的美好梦想，只有通过诚实劳动才能实现；发展中的各种难题，只有通过诚实劳动才能破解；生命里的一切辉煌，只有通过诚实劳动才能铸就。从全国劳动模范、全国五一劳动奖章获得者们的事迹中，可以看到他们如何在点滴中积累，一步一个脚印扎实奋斗，创造出让人心服口服的成绩。践行新时代劳动价值观，要坚信通过诚实劳动来实现人生的梦想，反对一切不劳而获、投机取巧、贪图享乐的思想。

3. 做创造性劳动的先行者

当下，发展新质生产力带来的变化，是劳动者拥抱新技术、培养新技能，开展创造性劳动不可或缺的动力。创造性劳动以创新为目的，通过脑力和体力的消耗最终创造或改进某种产品、技术、方法、思想、理论，并能带来新的科学发现或技术发明。从劳动的创造性到创造性的劳动，体现在劳动价值上，不仅是"量"的剧增，更是"质"的飞跃。特别是随着大数据、5G、人工智能、区块链等新技术的兴起，数字化、网络化和智能化技术共同创造的劳动新形态，更需要探索、创新，让梦想之光照亮人类文明新征程。

 学习评价

考察项目	评分要点		分值（满分100分）	学生自评（30%）		学生互评（30%）		教师评价（40%）	
				评分	评语	评分	评语	评分	评语
知识目标	理解新时代劳动价值观的科学内容		15						
	掌握新时代劳动价值观的价值意蕴		15						
能力目标	单项技能	能积极参与日常生活劳动	30						
	综合能力	能结合专业参与创造性劳动							
素质目标	内化新时代劳动价值观		20						
	养成辛勤劳动、诚实劳动、创造性劳动的优良品格		20						
综合评价									

注：学生自评占总分的 30%，学生互评占总分的 30%，教师评价占总分的 40%，加权得出最终总分。综合评价分为五档，总分 90~100 分评价为"优"，80~89 分评价为"良"，70~79 分评价为"中"，60~69 分评价为"可"，60 分以下评价为"差"。

首位落户上海的养老护理员王程：青春养老人　守护夕阳红

"95后"的王程，年纪不大，却是上海首位作为重点人才引进落户的养老护理员，他还荣获了"2023年上海市五一劳动奖章"。

2015年，王程就读于长沙民政职业技术学院老年服务与管理专业，从大一开始，他就进入学校与上海市杨浦区社会福利院共建的现代学徒制订单班学习。在福利院见习，是王程第一次真正与老人日夜相伴：每天扶抱老人几十次，为他们翻身、喂饭、换纸尿裤，做全身清洁和更衣，一天工作10个小时以上，但只要忙起来，时间往往一转眼就过去了（图1-3）。"这么年轻为什么要当养老护理员？"面对很多人的疑问，王程回答说："每个人都有衰老的一天，我希望每一位老人都能得到及时

图1-3
王程正在照顾福利院老人

的关爱，度过有尊严的晚年。"朴实的话语，却反映了王程对于养老职业的坚定。

长沙民政职业技术学院自2000年创办老年服务与管理专业以来，已经培养4 000多名养老护理员，他们扎根基层、服务老人，力行"老吾老以及人之老"，将青春和汗水挥洒在养老护理行业的舞台上。

 案例分析

以王程为代表的一大批"青春养老人"的成长，既离不开国家对劳动价值观的弘扬，也离不开社会对"三百六十行，行行出状元"的认可，更离不开智慧健康养老服务与管理专业学子对新时代劳动价值观的躬身实践。因此，对劳动者而言，应该从心里撕掉体面、稳定、高薪等固化标签，树立正确的劳动价值观，在社会的多元分工中，寻找技能成才人生出彩的舞台。

思考题

请问你如何理解重复性劳动与创造性劳动之间的关系？

1.4
新时代劳动者的职业观

情境导入

东莞货拉拉司机王强浩从上大学开始兼职运货。他自己研究跑法，毕业后，全职投身货拉拉事业。于他而言，这项工作的吸引力不仅在于较高的收入，自由的工作时间与灵活的工作方式也同样重要。如今，在国家大力促进高质量充分就业的背景下，网约配送员、网约车驾驶员、互联网营销师等新兴就业岗位不断涌现，像王强浩这样的新就业形态劳动者规模迅速扩大。新业态蓬勃发展，不仅重塑着就业形态，更为青年就业带来了新选择、新空间。

话题讨论

在新的就业形势下，青年的职业观发生了哪些变化？这些变化如何重塑了他们的职业路径？

职业观是人们对某一特定职业的根本看法和态度，也是社会对从事某种专业工作人员较为恒定的角色认定。新时代劳动者应始终牢记习近平总书记的嘱托："幸福生活是靠劳动创造的，大家要保持平实之心，客观看待个人条件和社会需求，从实际出发选择职业和工作岗位，热爱劳动，脚踏实地，在实践中一步步成长起来"，在平凡的工作岗位上努力实现职业价值。

一、新时代劳动者职业观的鲜明导向

1. 劳动者职业的演化发展

人类社会的发展是社会分工不断深化的过程，每一次社会分工催生众多新职业。在传统社会经历了三次分工，劳动者所从事的职业从畜牧业到手工业，发展到商业。步入工业经济时代，职业高速分化，从传统的工人等职业扩展到服务业，再发展到信息技术主导的新职业。随着数字经济的到来，又催生了大量的新职业，《中华人民共和国职业分类大典》（2022年版）中纳入了整理收纳师等74个新兴职业；2024年5月人社部又发布公示，拟增加生成式人工智能系统应用员、用户增长运营师等19个新职业，同时增加直播招聘师、生活服务体验员等29个新工种。人工智能技术重塑传统行业，影响着未来职业结构。例如，作为国家首批智能制造试点示范企业，三一重工位于长沙的"18号厂房"

什么是
数字劳动

是亚洲最大的智能化制造车间之一，各环节全部实现自动化、信息化，是"中国智造"的代表，被誉为"中国最聪明的厂房"（图1-4）。新职业已成为我国经济社会发展变化的"晴雨表"，反映了社会的革故鼎新与迭代演进。新时代劳动者应该积极转变职业观念，主动适应新技术变革对职业的替代与创造效应，理性应对其带来的就业方式与就业机会的转变，优化就业择业策略，努力实现更充分更高质量的就业。

图1-4
湖南长沙三一重工"18号厂房"

2. 新时代劳动者职业观的价值追求

新时代劳动者职业观体现在追求一种使我们获得尊严的职业。当今社会的就业问题越来越复杂，这就要求劳动者要从社会需要和内心热情出发去选择职业。马克思认为，判断一份职业是否有尊严，至少要坚持三条标准：首先，是自己主动选择的；其次，包含创造性劳动而不是简单机械的重复性劳动；最后，要把个人的成长和社会进步联系在一起。

新时代劳动者职业观体现在追求一种为人类幸福而工作的职业。马克思在《青年在选择职业时的考虑》中把"为人类幸福而工作"作为自己职业选择的出发点和立足点，把职业当作事业来奋斗。新时代劳动者要站稳人民立场，将职业理想深深植根到人民的生产实践中去，传承老一辈奋斗者为人民谋幸福的使命担当，在以人民为中心的发展道路上接续奋斗。

新时代劳动者职业观体现在追求一种让我们自身完美的职业。马克思曾指出，青年要追求和选择使人类和自身趋于高尚的职业。如果从这一人生境界的高度来追求和选择职业，一定会使自己摆脱诸多世俗名利的困扰，真正实现人生由自然境界、功利境界，向道德境界的飞跃。

二、新时代劳动者职业观的内涵与表现

新时代劳动者的职业观要服从党和国家事业的需要，要满足社会和人民的需要，因此，新时代劳动者应树立科学理性的择业观、积极灵活的就业观、创新务实的创业观。

1. 科学理性的择业观

择业观是人生理想在职业选择上的具体体现，是一个人对职业目标的追求和向往。随着产业转型升级的推进和社会分工的进一步细化，业态变化带动新职业不断涌现，这就要求我们树立科学理性的择业观。一方面，随着新质生产力的发展，产业对创新型人才和技能型人才的需求快速增长。对于高校毕业生等青年群体来说，要客观看待个人条件和社会需求，从实际出发选择职业和工作岗位。另一方面，不管选择了什么职业，都要全力以赴地投入工作中，真正做到干一行、爱一行、专一行、精一行。以科学理性的择业观引导就业预期，科学把握就业方向和职业目标，才能在将来走上工作岗位后摆正工作态度。

2. 积极灵活的就业观

就业观是指面对就业时的观点和心态。丰富多样的新兴就业形态与模式的发展为高校毕业生提供了更多的就业契机。例如，由数字商业平台衍生出大量的互联网相关

服务性职业，产生了诸如网约车司机、快递员、电商、外卖骑手、代驾、网络直播等新职业。据统计，我国灵活就业人员已达2亿人，占全国就业人口的14.3%。在面对新职业岗位的不确定性、不稳定性、高挑战性时，这就要求大学生不断提高综合素养、打造核心能力、培养创新思维。也需要提前做好职业规划，提升自身抵抗风险能力。同时应立足所学专业，深度了解和关注所处行业动态、发展趋势及政策导向，精准把握该行业的宏观发展脉络、全面深入了解新兴行业的前沿信息、行业趋势与实际需求。

3. 创新务实的创业观

大众创业、万众创新已经成为就业新常态，大学生也成为创新创业的生力军和排头兵，在创新创业中表现出强劲的发展势头和就业张力。创新务实的创业观要求新时代劳动者有积极创业的思想准备。新时代劳动者要具备创业的勇气，也要具备创业的能力。新时代劳动者，尤其是青年群体本来就具有知识文化的优势，又恰逢科技、政策良好发展的环境，更要注重将创新创业与劳动创造相互结合，努力成为新时代有梦想的创业青年，以创新创业方式传承劳动精神。

三、新时代劳动者职业观的实现路径

1. 树立正确的职业认知

职业认知是个体对职业性质、职业特点以及职业环境的评价，以此判断和评估社会提供的职位是否符合自己的需要。职业认知是一种动态的认识过程，是职业认同和职业价值观形成的基础。树立正确的职业认知，首先要求大学生在择业过程中对自己形成客观全面的认识，清楚地了解自己的职业能力、职业倾向、职业兴趣。其次，能够对职业内容、职业规范以及职业所处环境形成客观全面的认识。最后，大学生要形成科学的职业认知，认识到不同职业虽然有分工上的差异，但没有高低贵贱之别。

2. 形成科学的职业信念

职业信念是指对自身所从事职业的价值持有坚信不疑的态度，以及由此而产生的源源不断的工作热情和动力。职业信念是劳动者对职业发展和职业追求的根深蒂固的想法，它决定了职业目标的实现方式、实现速度和实现程度。职业信念的实现依赖于各种现实社会因素，并不是空想和幻想，在对自我认识和职业认知的基础上，只有符合国家和社会发展的目标，才能形成科学而坚定的职业信念，这就要求新时代劳动者准确把握自身职业属性，强化职业认同；树立正确的职业角色价值目标，增强对自身职业角色的喜爱以及对职业的积极评价和良好的职业行为倾向性的感知，从而增强对自身劳动价值和意义的充分肯定。

3. 培育崇高的职业道德

劳模精神、劳动精神、工匠精神在劳动实践中产生和发展，与劳动者的职业活动与职业素养紧密相关，丰富和拓展了新时代职业道德建设的内涵。职业道德是道德在职业领域的集中体现，是与其行业相适应的一系列行为准则和行为规范。新时代劳动者要自觉践行以爱岗敬业、诚实守信、办事公道、热情服务、奉献社会为主要内容的职业道德，树立崇高目标，培养高尚志趣，提高鉴别力、自制力，形成良好的职业道德品质。

 学习评价

考察项目	评分要点		分值（满分100分）	学生自评（30%）		学生互评（30%）		教师评价（40%）	
				评分	评语	评分	评语	评分	评语
知识目标	了解新时代劳动职业观的科学内涵		15						
	理解新时代劳动职业观的价值意蕴		15						
能力目标	单项技能	能制定科学合理的职业目标	30						
	综合能力	能树立崇高的职业道德							
素质目标	树立科学正确的职业观		20						
	培养积极的就业思维模式		20						
综合评价									

注：学生自评占总分的 30%，学生互评占总分的 30%，教师评价占总分的 40%，加权得出最终总分。综合评价分为五档，总分 90~100 分评价为"优"，80~89 分评价为"良"，70~79 分评价为"中"，60~69 分评价为"可"，60 分以下评价为"差"。

八宝山"火玫瑰"女子火化班：她们选择了这份"向死而生"的职业

火化工作是殡葬行业最辛苦的工种。清理炕面的残物收集器重达100多千克，清理炉膛的工具近5千克重。每捡拾完一具遗体的骨灰，火化师都要用这些工具清理炕面和炉膛，每天重复几十次。这是"95后"云小林的工作日常。云小林是北京市八宝山殡仪馆近20年来第一位女性遗体火化师。工作6年来，她已成长为优秀的技术骨干，是"火玫瑰"女子火化班组成员之一。而"火玫瑰"女子火化班组打消了身边不少人担心女性能否胜任火化师的疑惑。

"火玫瑰"女子火化班组成立于2022年，是全国殡葬系统唯一一支女子火化班组，班组成员平均年龄26岁，均来自专业院校。她们虽然年轻，但技术过硬，用女性的细腻、耐心和亲和力，让逝者得以安息、生者得到慰藉。她们还致力于宣传生命文化、研讨火化礼仪，让公众感受到殡仪服务的温情和关怀。2023年9月，"火玫瑰"女子火化班组荣获第五届"感动社会·民政榜样"宣传教育活动榜样集体。

案例分析

"火玫瑰"女子火化班组的案例充分说明，任何职业都不会埋没人才，也不会束缚人的创造力，关键在于我们对待职业的态度。这就要求我们不仅要掌握一门职业技能，还要树立正确的职业观，把个人的理想追求融入党和国家事业之中，才能科学把握就业方向和职业目标。

思考题

请思考你有什么兴趣、特长和价值观念，你该如何根据自己的兴趣、特长、价值观等内容树立正确的职业观？

 活动示例

以班级为单位在校园开展"向生活中的劳动者致敬"的活动，走近校园中的普通劳动者，了解他们的工作职责，并一起体验他们的劳动生活。

活动目的

1. 观察校园各岗位普通劳动者，了解他们的工作职责。

2. 体验身边劳动者的劳动，学习他们的劳动经验与智慧。

3. 感恩每一位劳动者的付出，并理解每一种职业都是有价值的劳动岗位。

活动步骤

1. 现场观察。学生分组对生活中的劳动者进行观察，了解对应校园岗位的工作流程。

2. 体验实践。协助相关岗位劳动者开展工作，并争取在专职校园岗位劳动者的指导下独立完成部分工作。

3. 劳动感恩。每人为所体验校园工作岗位的专职劳动者写一封感谢信，阐述自己的岗位工作体验，体会到的该岗位工作的关键和价值所在，表达对该岗位劳动者辛苦劳动的真挚感谢。

4. 总结交流。各小组结合体验活动进行交流，形成展示报告，并派代表汇报本组劳动体验情况及收获。

活动评价

通过活动，体会劳动的艰辛，感悟劳动的价值，并理解每一种职业都是有价值的劳动岗位，从而树立一种崇尚劳动、尊重劳动者的意识。

 参考文献

1. 马克思，恩格斯.马克思恩格斯文集：第1卷[M].北京：人民出版社，2009.

2. 马克思，恩格斯.马克思恩格斯文集：第3卷[M].北京：人民出版社，2009.

3. 马克思，恩格斯.马克思恩格斯文集：第8卷[M].北京：人民出版社，2009.

4. 中共中央关于进一步全面深化改革　推进中国式现代化的决定[N].人民日报，2024-07-22（1）.

5. 习近平.在党史学习教育动员大会上的讲话[J].求是，2021（7）：4-17.

6. 刘向兵，李珂，曲霞.大学生劳动教育通识[M].北京：高等教育出版社，2022.

7. 姜正国.劳动教育与工匠精神教程[M].北京：北京理工大学出版社，2021.

8. 胡君进，檀传宝.马克思主义的劳动价值观与劳动教育观——经典文献的研析[J].教育研究，2018，39（5）：9-15+26.

9. 王秀杰，邱吉.劳动教育思想的历史嬗变与价值创生进路[J].河南师范大学学报（哲学社会科学版），2022，49（5）：150-156.

10. 张正光.新时代劳动价值观跃迁的四重维度[J].上海师范大学学报（哲学社会科学版），2022，51（1）：52-61.

11. 孙岩，钟文娜，陈亚男.新时代劳动价值观研究[J].中国劳动关系学院学报，2019，33（1）：118-124.

12. 刘经纬，崔捷明.新时代劳动价值观的生成逻辑、科学内涵及培育路径研究[J].山东工会论坛，2022，28（3）：58-68.

13. 贺超海.中国古代劳动教育思想研究[J].南昌工程学院学报，2023，42（5）：1-6.

14. 张永情.中国传统劳动观的三重维度及其当代价值[J].宿州教育学院学报,2023,26（1）：100-105.

15. 魏志玲，聂伟.工匠精神融入职业院校学生职业观的困境与突破[J].职教论坛，2019，（7）：161-164.

16. 张凤都.大学生职业观形成机理分析[J].中国高校科技，2017，（11）：58-60.

17. 刘柯欣.未成年人的职业理想与择业取向[J].青年发展论坛，2023，33（4）：34-45.

专题 二

培养积极的劳动职业精神

劳动创造价值，劳动创造美好。人们在劳动过程中凝结成的宝贵精神品质，如劳动精神、工匠精神、劳模精神，是激励我们在平凡岗位上做出不平凡业绩的重要力量，是永远值得我们学习感悟、身体力行、久久为功的高尚理念。推进中国式现代化建设，不仅需要大批科学技术专家，更需要千千万万技艺精湛的能工巧匠，用自己辛勤的双手创造更多美好的事物。

● **学习目标**

知识目标：

1. 理解劳动精神、工匠精神、劳模精神的内涵。

2. 领会劳动精神、工匠精神、劳模精神的当代价值。

3. 掌握培育劳动精神、工匠精神、劳模精神的方法、路径。

能力目标：

1. 能够根据具体案例，分析归纳劳动精神、工匠精神、劳模精神的核心要素。

2. 能够搜集相关资料，讲述当代劳动模范、大国工匠的先进事迹。

3. 能够积极发挥劳动精神，拟定一份职业生涯规划。

素质目标：

1. 认识热爱劳动、敬业乐业的积极意义，增强劳动自豪感。

2. 感悟劳模工匠的优秀品质，树立"争当模范""成为匠人"的职业观。

3. 深刻把握优秀劳动品质，激励自己为中国式现代化建设作出力所能及的贡献。

2.1

扎根时代，
体悟劳动精神

金秋十月，举国同庆。当人们沉浸在浓浓的节日氛围里，享受美好的假日时光的同时，各地还有不少劳动者选择坚守工作岗位，用负责与奋斗向祖国献礼（图2-1）。从城乡建设到科技创新，从农业生产到国防保障，劳动者的身影遍布各个角落。国家电网河南新乡县供电公司组织运维人员对变电站及输配电线路进行巡视检查，保障民众用电安

图2-1
各行各业的劳动者

全；中铁六局广州公司数千名施工管理及作业人员坚守岗位，用责任与担当高质量完成城市建设目标；交通运输部在假期全力加强服务供给，让游客出行更加舒心……劳动者的默默付出，成了这个假期最温暖的注脚。

每一位平凡的劳动者，都在用双手编织自己的美好生活，用奉献托举起国家的发展与进步。"劳动最光荣"不仅是一句口号，更是一种共同的价值观念。回首中华人民共和国成立以来，从艰苦探索到改革开放，再到迈向新时代的伟大征程，正是一代又一代劳动者凭借着对职业的坚守和对

责任的担当，成就了一个个发展的奇迹。以劳动筑基，以劳动圆梦。向每一位劳动者、拼搏者、奋斗者致敬，让劳动精神凝于心，见于行，共同向着更美好的明天出发。

（资料来源：根据《光明网》报道整理）

话题讨论

一切平凡的工作，都可以创造出不平凡的成就。每一个辛勤付出的劳动者，每一个拼搏奋斗的普通人，都是全面建成社会主义现代化强国的重要参与者，都值得我们尊敬和学习。请结合上述材料，谈一谈现在与未来你如何"让劳动精神凝于心，见于行"。

一、劳动精神的丰富内涵

劳动精神是关于劳动的理念认知、价值追求以及行为实践等的集中体现，主要体现为崇尚劳动、热爱劳动、辛勤劳动、诚实劳动。党的二十大报告指出要"在全社会弘扬劳动精神、奋斗精神、奉献精神、创造精神、勤俭节约精神"。在新时代背景下，劳动精神具有鲜明的时代特色、深厚的文化底色和坚实的实践本色。

1. 崇尚劳动

劳动精神第一个层面的内涵，就是崇尚劳动。崇尚意为尊重而推崇，为什么要尊重而推崇劳动呢？因为劳动在人类发展和社会进步中发挥着至关重要、须臾不可或缺的作用。马克思认为：劳动不仅是谋生的手段、幸福的源泉、价值的来源，而且还是推动人类社会发展的强大动力和彻底解放人类的必要途径。习近平总书记高度强调劳动之于人类发展、社会进步和党的建设的巨大意义，认为"劳动是人类的本质活动，劳动光荣、创造伟大是对人类文明进步规律的重要诠释""劳动是推动人类社会进步的根本力量""劳动，是共产党人保持政治本色的重要途径，是共产党人保持政治肌体健康的重要手段，也是共产党人发扬优良作风、自觉抵御'四风'的重要保障"。

2. 热爱劳动

劳动精神第二个层面的内涵，就是热爱劳动。热爱是一种积极的情感，是驱动人们做出某种行为的强大动力。只有爱得深沉，才能做得执着；只有热爱劳动，才能吃苦耐劳、任劳任怨、不计报酬、不计代价。热爱劳动的情感源于劳动本身。热爱劳动是劳动过程中自我本质确证、劳动成果外部鼓舞和劳动交往中他者认同的结果，又激发着人们以更昂扬的热情投身劳动。通过劳动，人们确认了自己的本质，收获了充裕的物质财富和精神财富，同时还赢得了他人的广泛赞许，而这些又会进一步激发人们的劳动热情和愿望。而不参加劳动、不愿意劳动的人，很难真正体验到劳动的快乐，也很难真正生发对劳动的热爱和对劳动者的尊重。

3. 辛勤劳动

辛勤劳动是中华民族的优良传统，也是新时代强国富民的重要途径，关系到新时代劳动者的劳动意识、劳动能力和劳动风貌。新时代青年学生肩负重任，想要成为国家栋梁之材，就要学会劳动、自主劳动、创新劳动，并在辛勤劳动中传承和发扬劳动精神，以劳动的本质应对人工智能带来的变革。

辛勤劳动是劳动精神之魂。勤勉不懈的精神，是辛勤劳动观念的核心体现。这一精神要求我们在工作过程中，始终保持高度的热情与干劲，持续努力，不懈追求。在面对困难和挑战时，这种精神能引领我们保持积极向上的态度，不断取得新的成就。与此同时，坚持不懈的毅力在追求目标的过程中至关重要，要求我们在遭遇挫折和困难时，能够不屈不挠、勇往直前、坚定信念，直至取得成功。

辛勤劳动能够夯实劳动信念。辛勤劳动并不意味着机械地重复劳动，而是要求我们追求卓越、精益求精，让我们在工作中不断寻找改进的空间，提升自己的职业技能和素质，从而实现更高的成就。马克思主义劳动观强调，教育与生产劳动相结合是造就全面发展的人的唯一方法。青年学生应经历充分的劳动实践，塑造坚定的劳动意志。坚定的劳动意志能指引我们辨析复杂的社会环境，坚决抵制那些不合理的诱惑。

4. 诚实劳动

诚实劳动，作为一种高尚的劳动态度和职业道德，是社会进步的重要推动力量，也是培育个人品德的坚强基石。

诚实劳动培育诚信品质。诚信不仅是我们工作得以高效推进的保障，更是团队协同合作、携手共进的核心纽带。"劳动是财富的源泉，也是幸福的源泉。人世间的美好梦想，只有通过诚实劳动才能实现；发展中的各种难题，只有通过诚实劳动才能破解；生命里的一切辉煌，只有通过诚实劳动才能铸就。"

诚实劳动培育敬业精神。敬业精神是一种对工作全身心投入、尽职尽责的态度。在诚实劳动的过程中，我们需要全身心地投入工作中，认真负责地完成每一项任务。这种敬业精神，不仅有助于提高工作效率，更能让我们在职业生涯中不断取得新突破、新收获。

二、劳动精神的当代价值

1. 崇尚劳动是中国梦的基本价值取向

中国梦有其深厚的价值基础、鲜明的价值取向，构成了实现中国梦的价值支撑。正是由于劳动对于中国梦的决定性作用，中国梦的基本价值取向包含着崇尚劳动。

崇尚劳动是社会主义生产方式的价值观体现，是社会主义核心价值观的应有之义。马克思认为，在共产主义社会高级阶段，劳动已经不仅仅是谋生的手段，而且本身成了生活的第一需要。这表明，随着社会生产方式的进步，不仅劳动的价值能够充分实现，而且劳动的评价也在不断提升。崇尚劳动就是要牢固树立劳动最光荣、劳动最崇高、劳动最伟大、劳动最美丽的观念。劳动的"四最"明确了劳动的经济价值、政治价值、文化价值、社会价值。崇尚劳动就是要尊重劳动。劳动价值有大小，劳动分工无贵贱。不论是体力劳动还是脑力劳动，不论是简单劳动还是复杂劳动，一切有益于社会的劳动，都应该得到承认和尊重。崇尚劳动就是要热爱劳动。劳动体现了人的本质，是人的积极的、创造的活动。热爱劳动是身心健康的标志，热爱劳动的社会是兴旺发达的社会。崇尚劳动就是要欣赏劳动。劳动创造美，劳动本身包含美，劳动塑造审美观。人在自觉劳动、创造性劳动中收获的不仅仅是物质上的满足，更重要的是一种劳动创造带来的精神上的愉悦。

2. 热爱劳动是中华民族的传统美德

热爱劳动是中华民族的传统美德和优秀文化基因，也是党和国家对广大劳动者的殷切希望。习近平总书记强调，全社会都要热爱劳动，都要以辛勤劳动为荣，以好逸恶劳为耻，要教育孩子们从小热爱劳动、热爱创造，通过劳动和创造播种希望、收获果实，也通过劳动和创造磨炼意志、提高自己。

劳动的巨大作用，决定了劳动和劳动者理应受到全社会的尊重和推崇。热爱劳动就是要推许劳动之美、认可劳动者的价值与地位。习近平总书记曾经多次在不同场合礼赞了广大劳动者，强调"光荣属于劳动者，幸福属于劳动者"，强调要充分调动广大劳动人民的积极性、主动性和创造性，强调无论时代条件如何变化，我们始终都要热爱劳动、尊重劳动者，始终重视发挥工人阶级和广大劳动群众的主力军作用。习近平总书记强调，"劳动没有高低贵贱之分，任何一份职业都很光荣""任何时候任何人都不能看不起普通劳动者"。习近平总书记的这些重要讲话意在强调，虽然人们的社会分工不同、收入和待遇不同、所处的岗位和工作环境不同，但都是社会主义劳动者，都通过自己独特的方式为社会作贡献，因此都应得到广泛承认，都应受到社会的普遍尊重。

3. 辛勤劳动传承奉献精神

劳动创造文明，奉献源于热爱。劳动是人类生存和发展的基本手段，彰显着人类文明进步过程的客观规律性和主体选择性，是推动人类社会进步的根本力量。辛勤劳动不仅是中华优秀传统文化基因的时代延续，更是对马克思主义劳动观的继承和弘扬，体现着社会主义发展的内在要求。辛勤劳动要求我们具有正确的劳动态度和积极的劳动心理，即具有主动参与劳动的自觉态度和积极创造劳动成果的自愿心理。奉献精神来源于对劳动的热爱，来源于对劳动价值的参悟，更来源于对美好生活的深切向往。马克思曾在《哥达纲领批判》中提出"劳动已经不仅仅是谋生的手段，而且本身成了生活的第一需要"。从辛勤劳动和奉献精神的关系来看，二者是相辅相成的，一方面，个体在劳动岗位上的辛勤付出本身就是奉献精神的一种表现；另一方面，奉献精神通过辛勤劳动得以在个体的精神生活和物质生活中展现。

辛勤劳动是中华民族的优良传统。回望历史可知，辛勤劳动是中华民族历代承继的优良传统，舍己为人、克己奉公、鞠躬尽瘁等品质也沉淀在我们的精神世界中，是中华民族传统美德的重要组成部分。时至今日，奉献精神仍旧是社会主义劳动者最鲜明的精神特质。通过辛勤劳动和无私奉献，我们创造出了人民群众美好生活所需的物质财富，也不断丰富和充盈着人民群众的精神世界。

4. 诚实劳动坚守奋斗精神

诚实劳动是创造美好生活的基础，任何投机取巧式的成功换来的只是一时的风光，美好生活的实现只能依靠诚实的劳动和奋斗。时代需要我们坚守奋斗精神。回顾五千年来的发展历程，中华民族通过辛勤劳动和艰苦付出，创造了绵延不绝的中华文明，开辟了中国特色社会主义现代化建设的新局面。正是依靠这种奋斗精神，中华民族虽饱经风霜磨难，但仍旧辉煌精彩不断。

自近代以来，实现中华民族伟大复兴成了全体中华儿女的共同夙愿。党的二十大报告强调："从现在起，中国共产党的中心任务就是团结带领全国各族人民全面建成社会主义现代化强国、实现第二个百年奋斗目标，以中国式现代化全面推进中华民族伟大复兴。"为了实现这一伟大梦想，我们必须在劳动实践中大力弘扬奋斗精神。

三、劳动精神的培育路径

1. 价值引领

"劳动最光荣"体现的是劳动者的劳动符合社会提倡的价值观念，劳动者也将因此获得社会的认可与回馈。人具有社会性，社会价值观念对个人的思想和行为具有引领导向作用。党的十八大提出将"富强、民主、文明、和谐，自由、平等、公正、法治，爱国、敬业、诚信、友善"作为社会主义核心价值观的基本内容，其中敬业、诚信等品质都与劳动紧密相关，辛勤劳动、诚实劳动也是中华民族自古以来的传统美德。

2. 实践夯实

在劳动实践中积累成就、体验幸福，是培育和强化劳动精神的主要途径。我们在管理个人生活，参与家庭劳动、学校劳动、生产劳动和服务型劳动的过程中，坚持认真做好每件事，在劳动结束后，仔细回想此次的收获有什么，是什么给自己带来了愉悦。在实践中夯实劳动精神是一个长期的过程，经历的时间越久，积累的经验越多，劳动精神就会越深厚。

3. 科技助力

科技的发展，使得许多繁重的体力劳动被机器所取代，但这并不意味着劳动精神的缺位。相反，科技的发展，为人们提供了更高效、更智能的劳动工具，需要我们不断学习，不断进步；通过科技，可以实现更加智能化、个性化的劳动方式，让劳动更加有趣、更加富有创造性；通过科技教育，人们更加了解科技的发展趋势，更加熟悉科技的应用，可以更加专注于劳动的过程，更加注重劳动的价值。因而，借助科技力量，可以更好地培育劳动精神，让劳动成为一种享受，让劳动帮助我们创造更多社会价值。

（1）课堂活动：谈谈身边的劳动榜样。

（2）活动目标：了解身边劳动榜样真实的成长经历，发掘其闪光点，加深对劳动精神的理解，激励自己成长。

（3）活动形式：请每位同学讲一个自己感触最深的劳动故事，下一位同学从前面同学的故事中选取相关话题，讲述自己的劳动故事，以此类推。

（4）活动过程：全班共分成4组进行劳动故事接龙，每人限时2分钟，后一个故事的主题应与前一个故事的内容相关联。各组讲述完毕后，推选出本组最有感染力的故事在全班分享，其他小组同学按照劳动故事的精彩程度进行"点赞"，并搜集故事中的关键词。

考察项目	评分要点		分值（满分100分）	学生自评（30%）		学生互评（30%）		教师评价（40%）	
				评分	评语	评分	评语	评分	评语
知识目标	掌握劳动精神的内涵及当代价值		15						
	掌握劳动精神的培育方法		15						
能力目标	单项技能	通过具体案例分析归纳劳动精神	30						
	综合能力	说出典型劳动者的先进事迹							
素质目标	认识到热爱劳动、敬业乐业的积极意义，增强劳动自豪感		20						
	树立"争当模范""成为匠人"的职业观		20						
综合评价									

注：学生自评占总分的30%，学生互评占总分的30%，教师评价占总分的40%，加权得出最终总分。综合评价分为五档，总分90~100分评价为"优"，80~89分评价为"良"，70~79分评价为"中"，60~69分评价为"可"，60分以下评价为"差"。

做一名人民最需要的人

2008年大学毕业后，陈国瑞原本计划留学深造，但那一年，汶川发生了特大地震，人民子弟兵舍生忘死抗震救灾的精神深深感动了他，于是他选择参军入伍，报效祖国，最终经过努力，他成为一名光荣的特种兵。军旅生涯结束后，陈国瑞退伍，被安置在济南市城肥清运管理一处工作，每天凌晨三点，他就要和同事们打着头灯，挑着粪桶，悄无声息地穿行在城市的老街小巷，清理居民家的厕所（图2-2）。

刚开始工作的时候，有一次挑粪扁担的铁钩断了，陈国瑞被粪水溅了个透心凉，同学聚会上还被大家调侃为厕所所长，让他一度心情跌入了谷底。他也曾抱怨过、委屈过，为什么别人的生活都可以光鲜亮丽，而自己却要每天跟粪桶打交道？后来，班长对他说："大家需要我们，这就是我们工作的价值所在。全国劳模时传祥也是一名淘粪工，他曾说过'宁愿一人脏，换来万家净'。他毫不利己、专门利人的崇高精神，受到了党和人民的高度赞扬，所以我们的工作是崇高的，也是最美的！"

听完班长的话，陈国瑞一个人跑到了30千米外的时传祥纪念馆，参观完前辈的生平事迹后，他在塑像前泪流满面。时传祥前辈曾说："我要永远听党的话，当一辈子淘粪工。"这句话深深地触动了他，当兵时，为了保卫祖国和人民，他刻苦训练，什么苦都吃过，现在是一名淘粪工，就要以"宁愿一人脏、换来万家净"的情怀，为居民百姓的幸福生活而努力奋斗。从那一刻起，陈国瑞坚定了城肥事业，不但要干而且要干好。后来，他带领着班组同志们搞科研创新，成功申请了两项国家实用新型专利，还被评为"全国向上向善好青年"。

图2-2
陈国瑞在工作中

（资料来源：根据"中国军网"报道整理）

✎ 案例分析

一代人有一代人的"长征"，一代人有一代人的担当。只有把自己的小我融入祖国的大我、人民的大我之中，与时代同步伐，与人民共命运，才能更好实现人生价值，升华人生境界。

1. 请结合自身生活经历，谈谈你对新时代劳动精神的理解。

2. 请结合自身专业技能，谈谈以后应如何弘扬和践行劳动精神。

2.2

强能善技，
弘扬工匠精神

情境导入

　　1 600摄氏度的高温、日熔化量560吨、600吨、950吨的三座窑炉，烈火熔岩，是他们没有硝烟的"战场"；原料、熔窑、锡槽、退火和冷端，500米长的生产线是他们日夜奋战的"阵地"；锋利如剑、薄如蝉翼，晶莹的玻璃是他们日复一日拼搏的收获……他们是担负着公司浮法玻璃生产任务，荣获"全国工人先锋号"的耀华（秦皇岛）玻璃有限公司生产运行部。为满足汽车级特尺薄玻自动取

图2-3
晶莹世界中闪耀的"工匠精神"

片的需求，他们配合动力设备部等相关部门，成立颜色线冷端问题攻关小组，电气工程师康分辉带领攻关小组负责线控调试工作。30多个日夜，大家以现场为家，对辊道速度、掰边机运行、堆垛机抓取等诸多数据进行采集、分析，根据玻璃排产计划，及时调整、优化线控参数，摸索出满足生产特尺玻璃的线控参数，为公司颜色汽车玻璃的优质稳产提供了保障（图2-3）。

（资料来源：根据"央视网"报道整理）

2016年，国务院政府工作报告中提到"提升消费品品质"时，强调"培育精益求精的工匠精神"。这是"工匠精神"概念首次出现在中央政府工作报告中，标志着"培育工匠精神"的诉求已上升到国家意志和全民共识的层面。那么大家认为我们需要怎样的工匠精神呢？

一、新时代工匠精神

新时代工匠精神的基本内涵，主要包括执着专注、精益求精、一丝不苟、追求卓越这四个方面内容。其中，执着专注是工匠精神的基础，精益求精是工匠精神的核心，一丝不苟是工匠精神的特质，追求卓越是工匠精神的灵魂。

新时代工匠精神有着深厚的文化底蕴和清晰的历史纵深，它发展成熟于产业变革实践，浸润着"精于工、匠于心、品于行、名于世"的工匠文化，工匠精神在中华民族物质文明创造过程中已经发挥并仍在发挥着强大的精神动力及智力支持作用，契合了在新时代新征程发展新质生产力的新需要。

新时代工匠精神是真理之道与手艺之技的有机融合，可以精炼为"道技合一"，即真理之道与手艺之技在劳动者身上协调统一的具象化，是人们不断追求美好生活的内在与外在表现。真理之道相对而言比较稳定，但手艺之技一直有着鲜明的时代特色。

二、新时代工匠精神与新质生产力

新时代工匠精神归属于社会意识，新质生产力归属于社会存在，与新质态的生产关系共同构建起客观存在的社会经济基础，二者在价值指向、价值主体、价值成效上具有一致性。在我国经济新常态下，新时代工匠精神是一种增加新动能、促进产业转型升级的生产力。它根植于中华优秀传统文化，是与现代化、工业化、信息化生产相匹配的"执着专注、精益求精、一丝不苟、追求卓越"品质要素，它从提升产品质量出发，为质量强国战略的建设和实施提供支撑。

新时代工匠精神赋能新质生产力发展的依据。新时代工匠精神展现了中华民族自信自强、守正创新的情感意志和思维行动，是实现中国式现代化的勇毅探索。新质生产力是由原创性、颠覆性科技创新推动，应从源头和底层解决关键技术问题。新质生产力中最积极、最活跃、最根本的因素是人才，支撑创新驱动的根本是创新型人才，其中包括能工巧匠和高级技师。习近平总书记2020年《在全国劳动模范和先进工作者表彰大会上的讲话》中指出："劳动者素质对一个国家、一个民族发展至关重要。""技术工人是支撑中国制造、中国创造的重要基础。"职业教育与新质产业发展深度融合，成为培养更多高素质技能人才、卓越工程师、能工巧匠、大国工匠的重要路径。

三、新时代工匠精神赋能新质生产力的路径

新质生产力是在劳动实践中形成，符合新发展理念，对高质量发展具有强劲推动力、支撑力的先进生产力质态。发展新质生产力，关键在于"精品"意识、核心在于"创新"实践、特点在于"质优"力量，这就需要与弘扬工匠精神有机结合，培养高素质技能人才，相互成就于中国式现代化伟大事业之中。

1. 工匠精神在职业道德上要求"执着专注"

执着专注是工匠精神的基础，体现的是拥有高超技艺和精湛技能背后蕴藏的敬业美德，可概括为内心笃定、耐心执着、坚持不懈。中华民族的血液中自古就流淌着敬业美德。因为内心笃定，才会"衣带渐宽终不悔，为伊消得人憔悴"；因为耐心执着，才会"如切如磋，如琢如磨"；因为坚持不懈，才会"路漫漫其修远兮，吾将上下而求索"。执着成就梦想，专注决定未来。从执着于把青春扎根在田野中、领跑乡村现代化的"新农人"，到专注创新、攻克行业技术难题的新时代产业工人……各行各业执着专注所涵养而成的敬业美德，成为推动中国巨轮行稳致远的内在精神动力。

"敬业者，专心致志以事其业也。"本职工作是敬业美德形成和发展的现实基础。对待本职工作，常怀敬畏之心，专心、守职、尽责，应当受到社会尊重和爱戴。无论是党员干部还是普通群众，无论是优秀企业家还是普通从业者，只要以一种尊敬和严谨的态度来对待自己的工作，尽心竭力、专心致志、任劳任怨，就会得到国家和社会认可。通过选树先进典型、强化规范引领，才能使"干一行、爱一行、钻一行"蔚然成风，才能激昂并开拓全社会攻坚克难的奋进力量，才能"保持战略定力，咬定青山不放松，不为各种风险所惧，朝着既定的战略目标，坚定不移向前进"。

2. 工匠精神在践行过程上要求"精益求精"

"没有金刚钻，揽不了瓷器活"，要具备"干一行，爱一行，精一行"的职业品

质。"精益求精"说明践行工匠精神是过程性的、不断走向深化的。新质生产力要求劳动者不仅要集中精力进行技术创新和应用，还要精准对接高科技、高效能、高质量的特征，做到善于学习，成为知识型劳动者；善于实践，成为技能型劳动者；善于钻研，成为创新型劳动者。

3. 工匠精神在实践行动上要求"一丝不苟"

一丝不苟是工匠精神的特质，描述的是工匠认真细致、笃实严谨、从不马虎的工作态度，表明对工作充满热情和责任感，不会因工作烦琐和复杂而敷衍塞责，而是全力以赴做到最好。

唯有一丝不苟，懂得严谨认真是核心竞争力，人们才会做到恪尽职守、勤勉工作、不辱使命、不负重托。"贡艺既精苦，用心必公平。"无论在什么岗位，从事何种工作，一丝不苟的态度才是最核心的竞争力。事实上，工作中经验并不是完全可靠的，当环境和细节悄然改变时，经验就会出现盲区。所谓"差之毫厘，谬以千里"。拥有责任重于泰山的意识，才会有"如履薄冰、如临深渊"的自觉，才会尽全力做好每一个细节。面对未知的挑战，心存敬畏、一丝不苟才能抵御风险，才能锻造勤业操守，做到勤奋但不盲目。只有不断追求工作的高质量高标准，勤于创造、勇于奋斗，才会在平凡的岗位上创造不平凡的业绩。

4. 工匠精神在精业能力上要求"追求卓越"

追求卓越是工匠精神的灵魂，是在工作中不断突破自我、超越自我以达到"更上一层楼"的过程，表明人在改造外部世界的同时，也会把目光转向自身，高度重视并努力实现人自身的改造。马克思认为："环境的改变和人的活动或自我改变的一致，只能被看作是并合理地理解为变革的实践。"对于广大劳动群众而言，"变革的实践"或者自觉地实现自我改造，意味着在一丝不苟、脚踏实地工作的同时要树立远大抱负并为之奋斗；意味着需要以自我革新的勇气打造和锤炼自己，增强实干能力，磨砺过硬本领，将敬业升华为精业，找到人生出彩舞台。

🔲 **学习评价**

（1）课堂活动：填写"我的工匠成就值清单"（表2-1）。

（2）活动目的：通过认真填写清单，深入把握工匠精神的本质。

（3）活动过程：每位同学有10 000能量币，请根据自己对工匠精神的理解，将能量币分配到不同的选项中（每个选项不设上下限，但总计不超过10 000），并阐述分配理由。

表2-1 我的工匠成就值清单

姓名		班级	
序号	工匠特质	能量币	阐述理由
1	全身心投入自己热爱的事业		
2	喜欢与他人合作完成任务		
3	不在乎别人的冷嘲热讽		
4	具备精益求精的精神		
5	在工作中能做到专注执着		
6	严格要求自我，追求卓越		
7	具备人无我有的创新意识		
总计			

考察项目	评分要点		分值（满分100分）	学生自评（30%）		学生互评（30%）		教师评价（40%）	
				评分	评语	评分	评语	评分	评语
知识目标	掌握体现新时代工匠精神的内涵		15						
	阐述如何弘扬工匠精神		15						
能力目标	单项技能	根据具体案例，说出工匠精神的要义	30						
	综合能力	讲述新时代工匠的先进事迹							
素质目标	体悟工匠精神，树立强能善技的决心		20						
	激励自己做一些力所能及的贡献		20						
综合评价									

注：学生自评占总分的30%，学生互评占总分的30%，教师评价占总分的40%，加权得出最终总分。综合评价分为五档，总分90~100分评价为"优"，80~89分评价为"良"，70~79分评价为"中"，60~69分评价为"可"，60分以下评价为"差"。

磨刀不误车床工　0.01毫米彰显真功夫

"我们需要观察刀具磨削的角度和范围，通过调整机床托板将刀具磨出我们需要的形状。"锉、削、磨、抛，不到5分钟，一片磨损废旧的刀头就被改制成了可二次利用的新刀头，而变废为宝的正是有着三十多年工龄的中国兵器首席技师罗军（图2-4）。

1990年，罗军从江麓技校毕业后，进入江麓集团从事一线车工工作。在大多数人眼里，整日与数控机床打交道的一线工作是单调乏味的。但在罗军看来，胸有丘壑天地宽，人生何处不青山，干工作就是要"做一行，爱一行，精一行"。

作为工业机床的"牙齿"，刀具是关键耗材。罗军注意到，集团每年在刀具上的成本高达几千万元，因刀具损耗而产生的开销相当可观。几经实践，罗军带领团队成功发明了一种多功能磨刀装置，可对废旧刀具进行二次改制，延长刀具使用寿命。有了这个装置，磨一把刀只要五分钟，精度能控制在0.01毫米以内。使用该项装置，从上手到熟练操作，只需要培训一周的时间，极大提高了生产效率，为集团节约了至少20%的刀具成本。

在罗军的身上，像这样的创新实例还有很多，以其名字命名的创新型工艺"罗军大螺距螺纹反向车削法"，解决了军品项目特种螺纹切削加工中的关键技术问题，他自主研制的"关于普通类数控机床自动拉料工艺技术"将烦琐的大批量工件多次人工手动换料转化为设备自动定位更换，生产效率提高8倍以上……凭着对"小改造""小发明"的爱好，罗军把工作创新当成了永恒的事业追求，并乐此不疲。

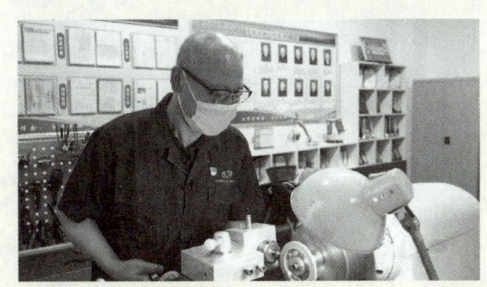

图2-4
罗军在工作中

2014年，江麓集团成立了以罗军名字命名的创新工作室，作为关键技术带头人，罗军言传身教，发挥"传帮带"的作用，培养了一批在省市技能大赛中脱颖而出的优秀数控技能人才。罗军的贡献不仅限于企业内部的人才培养，他还被多所职业技术院校聘为客座教授、首席专家，以及技能培训领域的"双师型"导师，他将多年来工作中实施成功的项目汇聚成册，在技能讲座中普及推广，也将创新创造的种子播撒在了职工和学生当中。

"这个多功能磨刀装置的设计图纸我已经在业内公开了，大家可以在此基础上推陈出新，根据自己的需求加以改进，这对于刀具的二次刃磨将产生非常积极的效果。"罗军淡然一笑，展现了大国工匠的风范与胸襟：不去计较个人得失，而是着眼于行业的未来与发展，将自己的潜心研究无偿公布，为的就是有人能站在他的肩膀上发现更美的风景，探寻到更多的真理。

（资料来源：根据"光明网"报道整理）

 案例分析

　　罗军的故事，不仅是中国无数基层劳动者通过不懈奋斗实现自我价值的真实写照，更是新时代工匠的一曲赞歌。他用实际行动践行了"工匠精神"，展现了当代中国劳动者的风采，激励着每一个追梦人勇往直前，共同书写中华民族伟大复兴的辉煌篇章。

2.3

奋斗不息，
践行劳模精神

情境导入

　　高中学历的巨晓林刚到工地，看着铁路电气化专业技术知识的图纸犹如"天书"，心里直发怵。他暗下决心要在这个行业闯出名堂，上班他跟着师父学，下班追着师父问，记下70多本、130多万字的笔记。经过30多年锲而不舍的努力，他创新施工方法，给公司创造巨大经济效益。巨晓林还写出了10万字的《接触网施工经验和方法》书稿，填补了我国铁路接触网施工技能培训教材的空白，成为铁路施工一线技术工人的学习"宝典"。

图2-5
巨晓林在工作中

　　巨晓林坚守"农民工也要懂技术"的信念，克服常人难以想象的困难，坚持在工作中学习，在学习中工作，掌握了大量从事本职工作所需的新知识和新技能，实现了由实干型向知识型农民工的跨越（图2-5）。

话题讨论

巨晓林用忠诚和勤奋赢得了公司内外的一致赞扬，用智慧和汗水谱写出知识型新型工人的精彩华章。请联系自身实践经历，谈谈自己的感想。

一、劳模和劳模精神

"劳动模范"这一称号，是当代社会对于优秀劳动者的肯定与褒奖，他们产生于时代，服务于时代，造福于时代。劳动模范不仅是劳动者群体的楷模与典范，更是全社会的精神信仰和道德标杆，他们激励着人们在工作和生活中永葆初心、力争上游，争做时代的领跑者和引路人。

劳模精神的内涵主要包括爱岗敬业、争创一流，艰苦奋斗、勇于创新，淡泊名利、甘于奉献。这一精神体现了劳动模范对工作的热爱和专注，追求卓越和创新，以及在困难面前坚持不懈和无私奉献的精神。劳模精神是党和国家宝贵的精神财富，也是助推中国式现代化发展和中华民族伟大复兴的强大精神力量。它继承并发展了中华民族优秀传统文化的劳动观念，树立并彰显了一种辛勤劳动、诚实劳动、创造性劳动的新理念，营造并弘扬了一种劳动光荣、技能宝贵、创造伟大的时代风尚。

二、弘扬劳模精神

人民创造历史，劳动开创未来。在劳模精神激励下，千千万万劳动者正在各自岗位上埋头苦干，以自己的拼搏付出、奋发进取汇聚成实现中华民族伟大复兴的磅礴力量。新时代大学生作为中国特色社会主义建设者和接班人，要坚定理想信念，大力弘扬和继承"爱岗敬业、争创一流、艰苦奋斗、勇于创新、淡泊名利、甘于奉献"的劳模精神，自觉担当起时代使命。

1. 强化思想观念，提升价值认同

思想和认识决定着我们的行为和决策的方向和质量，只有强化劳动观念提高认识，才能真正激发大学生学习劳模精神的内生动力，才能使劳模精神的培育立竿见影。因此，大学生要不断加强对自身的教育，不断提高自身学习能力和劳动能力，在学习和劳动的过程中自觉摒弃对劳模精神的错误认知，真正地理解劳模精神的内涵、

感悟劳模精神对自身发展的重要意义。只有不断提升对劳模精神的正确认知，形成正面的情感体验，才能真正地提高明辨是非的能力，提升对劳模精神的认同度。

2. 坚定劳动信念，注重实践养成

大学生学习劳模精神不应该只是停留在理论层面，更重要的是付诸实践，要以丰富的实践活动助力大学生劳模精神的养成。"将所知所学转化为客观的物质生产力，必须依靠实践；使中华民族伟大复兴的中国梦以及广大青年的个人理想得以实现，同样依靠实践。"利用教学实践活动或者假期带领大学生到基层、到劳模所在单位进行社会实践，使其在实践中真正走近劳模、体验劳动，感悟劳动的价值、劳动的快乐以及劳模精神对其自身发展的重要意义，以此来激发大学生的劳动潜能，引导大学生树立尊重劳动、崇尚劳动的信念，并在建设中国特色社会主义的伟大实践中自觉地发扬劳模精神。

3. 强化媒体宣传，发挥示范效应

劳模是民族的精英、人民的楷模。宣传好劳动模范、劳模精神，是党和国家高度重视的一项工作。我们要加大对劳动模范和先进工作者的宣传力度，讲好劳模故事、讲好劳动故事、讲好工匠故事，弘扬劳动最光荣、劳动最崇高、劳动最伟大、劳动最美丽的社会风尚。作为媒体，应该成为宣传劳模精神的主力军，深入挖掘社会中典型劳模人物和事例，广泛宣传这些劳模和先进人物的崇高精神。一个典型就是一面旗帜，一个典型可以带动一大片，产生"一花引来万花开"的效应，真正发挥劳动模范的示范引领作用。

三、践行劳模精神

劳模精神作为中国共产党人的精神谱系之一，植根于中华优秀传统文化的深厚积淀，它是民族精神和时代精神的集中体现，是中国人民宝贵的精神财富，也是践行社会主义核心价值观的重要载体。

1. 爱岗敬业，争创一流——不变的奋斗底色

伟大出自平凡，英雄来自人民。在中国共产党领导人民进行革命斗争和社会主义建设的过程中，就涌现出了一批批"劳动英雄"："边区工人"赵占魁穿着湿棉袄在高达2 000摄氏度的熔炉前工作，终日汗流浃背，从不叫苦叫累；中华人民共和国成立后，当家做主的工人阶级为党分忧、为国解难，全力投身社会主义革命和建设洪流，

大庆"铁人"王进喜立下"宁肯少活二十年，拼命也要拿下大油田"的铮铮誓言；改革开放号角吹响，劳动模范勇立时代潮头，开拓进取，产业工人许振超先后6次打破集装箱装卸世界纪录，创下令世界惊叹的"振超效率"；党的十八大开启中国特色社会主义新时代，越来越多知识型、技能型、创新型的劳动者为实现中华民族伟大

图2-6
全国劳动模范高凤林正在做焊接工作

复兴梦想而奋斗，"金手天焊"高凤林先后为90多发火箭焊接过"心脏"，攻克航天焊接200多项难关，成为航天航空领域名副其实的"大国工匠"（图2-6）。在劳模身上，体现了一以贯之的强烈的主人翁事业心和责任感，勇攀高峰的坚定志向和坚韧品格，崇尚劳动、恪尽职守的高尚情操。时代在变，奋斗的底色永远不变。

2. 艰苦奋斗，勇于创新——不变的奋斗情怀

包文杰于2016年大学毕业后入职于国家电网蒙东检修公司锡林郭勒盟输电工区，从事特高压输电线路运检工作，先后获得过国家电网公司无人机巡检技能竞赛二等奖、内蒙古自治区无人机巡检技能竞赛第一名、国家电网公司技术能手、内蒙古自治区"五一劳动奖章"、内蒙古自治区"全区技术能手"、全国五一劳动奖章、全国"最美职工"等多项荣誉称号（图2-7）。入职以来，包文杰带领团队奋斗在内蒙古特高压智能巡检领域第一线，创造了巨大的经济价值和社会价值，用智慧和汗水培育出了累累硕果，在平凡的岗位上留下了一串串闪光的足迹。包文杰说："从人工巡检到无人机巡检，变的是作业方式，不变的是想守护绿水青山的心，在草原上放飞梦想，我

图2-7
包文杰在工作中

很喜欢。"创新是劳模精神不断发展、与时俱进的时代内涵。2020年11月24日，在全国劳动模范和先进工作者表彰大会上，习近平总书记向劳动者发出号召："要增强创新意识、培养创新思维，展示锐意创新的勇气、敢为人先的锐气、蓬勃向上的朝气。"劳模精神随着时代发展不断变化，实践要求越来越高，引领价值越来越大，当今社会更加强调增强创新意识、提高创新能力。

3. 淡泊名利，甘于奉献——不变的奋斗品格

叶志成是浙江省劳动模范、国家电网温州市洞头区供电公司线路安装队队长，自1986年参加工作以来，在电网建设一线岗位上他一干至今。在电网建设任务极其繁重的时候，他每天起早摸黑，跋山涉水，放弃节假日休息时间，与施工队员一起拉线、排杆、立杆……在野外常常一待就是十几个小时。唯有不懈奋斗，才能创造幸福、实现梦想。

全国劳动模范、中铁一局五公司高级测量师白芝勇从一名普通技术员到"金牌测量师"，二十多年职业生涯中，他始终以"干一行爱一行，钻一行精一行"的精神，默默扎根一线、兢兢业业，不断实现人生的自我超越。他和他的团队精测的线路占到了中国高铁运营总里程的十分之一。这些劳动模范以自身淡泊名利，甘于奉献的奋斗品格谱写着动人的劳动华章。

 学习评价

（1）课堂活动：评选"班级劳模"。

（2）活动目的：通过评选活动，加深对劳模精神的理解，激励自己向身边的"班级劳模"学习。

（3）活动过程：结合同学们在日常生活管理、校园环境创设、社会公益服务、实习实训等劳动实践中的表现和劳模精神特质，投票选出3位"班级劳模"，并请获得此项荣誉的同学在班级内进行交流发言。然后，请同学们对比"班级劳模"的特质，反思自己身上的优点与不足，填写以下表格（表2-2）。

表2-2　班级劳模评选活动反思表

姓名		班级	
序号	班级劳模的特质	自己身上的优点	自己身上的不足
1			
2			
3			
4			
5			

考察项目	评分要点		分值（满分100分）	学生自评（30%）		学生互评（30%）		教师评价（40%）	
				评分	评语	评分	评语	评分	评语
知识目标	理解劳模精神的内涵		15						
	阐明如何弘扬和践行劳模精神		15						
能力目标	单项技能	根据具体案例，说明体现哪些劳模精神	30						
	综合能力	说出新时代劳模的典型事迹							
素质目标	自身行为能彰显出劳动模范的风采		20						
	融入劳模精神写一份职业生涯规划书		20						
综合评价									

注：学生自评占总分的 30%，学生互评占总分的 30%，教师评价占总分的 40%，加权得出最终总分。综合评价分为五档，总分 90~100 分评价为"优"，80~89 分评价为"良"，70~79 分评价为"中"，60~69 分评价为"可"，60 分以下评价为"差"。

📖 案例

"自己干的活，自己要放心。"这是田浩荣的口头禅。为了让自己放心，他严格把控每一处细节。作为全国劳动模范，田浩荣认为自己是一名"普普通通的装配钳工"，但他更是企业生产线上数控车床机械装配领域的关键人才（图2-8）。

图2-8
田浩荣在工作中

一直以来，对于"大国工匠"这个词，宝鸡机床集团首席技能专家田浩荣觉得，这是包括他在内每一个技术工人的向往。身穿蓝色工服、戴着眼镜的他，每天的工作，是在车间里机器的轰鸣声中开启的。对于自己是如何一步步走向高级技术工人之路的，田浩荣回忆说，1989 年自己从宝鸡技师学院（原宝鸡技工学校）毕业后分配到宝鸡机床厂装配车间成为一名普通钳工，而在这个岗位上他一干就是10年。从刮研、主轴箱的装配、数控机床的认识等方面他将学校所学的知识和理论转化为实践，他自己评价这是打基础的时间，对日后的工作也产生了深远的影响。投身技术一线30多年，他干过总装钳工、刀架刮研，也干过普车箱体装配，累计装配各类数控车床上千台，完成各类中高档高附加值新产品和试制任务30多种。由他探索完成的"田浩荣数控车床主轴装配操作法"，累计为企业创造经济效益200多万元。

案例分析

田浩荣是生产一线成长起来的集知识型、技能型、创新型于一体的产业工人优秀代表。他长期扎根一线、苦练技能，不断攻克技术难关、练就了机床装配的绝招绝技，是装备制造业典型的专家型技能人才。像田浩荣这样高素质的技能人才及队伍是立企之本、兴企之源。他们数十年如一日，以精湛技艺创新实干、爱岗敬业，践行工匠精神、劳模精神，为企业新品研发、结构调整、转型升级、技能传承作出了突出贡献。

思考题

根据所学专业，你认为你自己应具备怎样的专业素养？你将来应该怎么提升自己的专业素养？

活动示例

活动内容：把全班同学分成4个小组，每小组同学结合自己的专业填写一份劳动精神清单（表2-3），并选派一名同学进行详细的阐述。

表2-3　劳动精神清单

组别	成员	
类别	工匠精神	劳模精神
关键词		

类别	工匠精神	劳模精神
特质		
身边的榜样人物		
教师评价		

参考文献

1. 习近平.在全国劳动模范和先进工作者表彰大会上的讲话[M].北京：人民出版社，2020.
2. 陈好敏.新时代劳动精神的三维审视[J].思想教育研究，2024（3），109-115.
3. 李俊峰，王晓岚.劳动教育基本属性的三重维度[J].教育理论与实践，2022（24）：3-7.
4. 刘向兵，曲霞.党史百年历程中劳动教育的功能及其实现[J].教育研究，2021（10）：4-10.
5. 李承秋，韩丽颖.新时代大学生劳动精神培育探究[J].社会科学战线，2024（1）：273-280.
6. 徐晓阳.以劳模精神引领新时代劳动教育[J].人民论坛，2022（3）：104-106.
7. 韩喜平，郝婧智.关于劳模精神、劳动精神、工匠精神内涵的规律性阐释[J].思想理论教育，2021（12）：41-46.
8. 郑子君.劳动精神在新时代的内涵和价值[J].人民论坛，2021（19）：82-84.
9. 李珂.劳模精神[M].北京：中共党史出版社，2020.
10. 曲霞，刘向兵.新时代高校劳动教育的内涵辨析与体系建构[J].中国高教研究，2019（2）：73-77.

专题 三

培育系统的劳动知识和能力

- 3.1　掌握生活劳动技能

- 3.2　练就生产劳动技能

- 3.3　提升社会服务技能

本专题旨在让学生了解掌握相关劳动知识和技能的意义，掌握提升生活劳动技能、练就生产劳动技能、提升社会服务技能的内容和途径，具备良好的生活劳动能力、生产劳动能力、服务劳动能力，更好地适应各种岗位，实现个人的良好发展和社会服务。

● **学习目标**

知识目标：

1. 了解生活劳动技能、生产劳动技能和社会服务技能的意义。

2. 掌握生活劳动技能、生产劳动技能和社会服务技能的具体内容。

3. 熟悉提升生活劳动技能、生产劳动技能和社会服务技能的途径。

能力目标：

1. 能够分析和概括不同行业领域需要的劳动技能要点。

2. 能够在劳动实践场景中，提炼和总结出不同的劳动技能要求。

3. 能够参与不同的劳动实践场景并具备完成任务的劳动技能。

素质目标：

1. 培养积极参与各种劳动实践的态度和情感。

2. 树立"干一行爱一行、钻一行精一行"的责任意识。

3. 养成勇于实践和探索不同行业领域新技能的习惯。

3.1

掌握生活劳动技能

情境导入

"90后"退伍士兵把内务标准引入家政服务，业务拓展到全国20多座城市

李清龙从四川大学锦城学院毕业后参军入伍。退伍后，面对社会上竞争激烈的就业形势，他也曾一度陷入迷茫。李清龙发现，整理师是家政行业的一个新兴领域。家人和朋友得知他的想法后都不理解，但李清龙坚持自己的选择，自费报名了整理师培训班，学习收纳技巧，并拍视频、开直播，把所学的知识和技能分享给网友。很快，他就掌握了空间收纳、衣物整理的方法和技巧，视频的播放量也不断增加。排着队列唱着军歌，迈着整齐的步伐走进小区，用部队的内务标准做家政服务……截至目

图3-1
退伍军人彰显使命担当

前，"90后"退役士兵李清龙的家政公司业务已经拓展到全国20多座城市，员工里的退伍军人比例达到了95%（图3-1）。

（资料来源：人民日报综合央广军事，有删减）

💬 话题讨论

"一屋不扫，何以扫天下"的典故我们耳熟能详，这一典故生动讲述了掌握生活劳动技能对于个体发展的重要性，掌握生活劳动技能不仅是个体生活的必备素养，更是学生立足社会、走向职场的必备素质。上述案例中，退伍士兵李清龙正是着眼于生活劳动技能，利用军队内务所长将家政服务作为自己就业创业方向，借用部队的军事化元素，打造具有军队标准、军队特色的高水准家政服务，取得了职业发展道路上的成功。

习近平总书记曾提出"幸福不会从天降，美好生活靠劳动创造"。掌握生活劳动技能是创造美好生活的必要技能，生活劳动技能是指个体运用已有知识经验，满足"衣、食、住、行、用"自身生存发展需要，而不断积累起来的完成特定工作所需的知识、技术和能力的总和，生活无小事，生活的方方面面涉及多项生活劳动技能，家务劳动、烹饪食材、投资理财、人际交往和居家安全等活动无不在锻炼、提升个体全方位的能力和素质。

一、生活劳动技能意义

开展劳动教育是培养德智体美劳全面发展的社会主义建设者和接班人的必要教育手段和核心教育内容，掌握生活劳动技能又是劳动教育的重要组成部分，对学生成长成才具有重要的意义和价值。

1. 树立正确劳动观念

习近平总书记强调"必须牢固树立劳动最光荣、劳动最崇高、劳动最伟大、劳动最美丽的观念"。劳动是一切成功的必经之路，一切财富和幸福的源泉。劳动观是指对劳动的看法和认识，是关于劳动一切问题答案的总和。目前，大众对于劳动教育仍存在一些错误认识，集中表现为重智轻劳的倾向、劳动理论学习与实践脱离、劳动教育主责方主要在学校等。新时代劳动教育的新要求，其内容基础包含实干兴邦的劳动实践观、民族复兴的劳动发展观、崇尚劳动的劳动价值观、热爱劳动的劳动教育观等。掌握和提升生活劳动技能，将劳动理论学习与劳动实践活动密切相关，将劳动实践回归落实到家庭、学校及社会生活场景中，能够有效纠正家长及学生存在的错误劳动观念，帮助学生涵养劳动情怀，牢固树立劳动最光荣、劳动最崇高、劳动最伟大、劳动最美丽的观念，让劳动教育真正发挥以劳树德、以劳增智、以劳强体、以劳育美的作用。

2. 养成良好劳动习惯

古人云："修身、齐家、治国、平天下。"扎实掌握生活劳动技能不仅关系到个体的成长成才，更关系到家庭和谐兴旺，以及国家的长治久安。

小学生一、二年级周一至周五平均家务劳动时间约为17.33分钟，三至六年级约为17.49分钟，初中生约为17.02分钟。这说明我国中小学生的家务劳动时间不足。[①]良好生活劳动习惯的养成有赖于丰富的生活劳动经验，有赖于生活劳动技能的掌握和提升。学生在参与学校、家庭和社会生活劳动的过程中，熟练掌握集体卫生扫除等必要的学校生活劳动技能、洗衣做饭等必要的家庭生活劳动技能、购物出行等必备的社会劳动技能，进而养成勤于动手、善于思索、乐于尝试、敢于承担等良好的劳动习惯。

3. 增强社会适应能力

深入实施科教兴国、人才强国、创新驱动发展战略，坚持尊重劳动、尊重知识、尊重人才、尊重创造，迫切需要全面加强新时代劳动教育，源源不断培养高素质技能人才、大国工匠、能工巧匠。掌握生活劳动技能是个体立身处世之本，是个体适应社会、参与社会生活的重要基础。掌握生活劳动技能帮助学生建立生活秩序感，培养规则意识和秩序意识，更好地适应学校、工作等社会生活环境。掌握生活劳动技能帮助学生提升生活责任感，学生切实参与到和谐家庭建设的过程中，将充分认识到主人翁角色的重要性，从而树立勤俭节约、理性消费的观念。掌握生活劳动技能帮助学生培养生活收获感，在参与生活劳动过程中更好地认知自己的能力，从劳动活动中获得收获感、幸福感和价值感，培养耐心细致、吃苦耐劳的精神，增强社会适应能力。

二、生活劳动技能的内容

生活劳动技能涉及学校、家庭和社会多元劳动情景，据此，生活劳动技能可分为学校生活劳动技能、家庭生活劳动技能和社会生活劳动技能。

---

① 顾建军.居家劳动也是一种教育（新论）[N].人民日报，2020-03-13（5）.

1. 学校生活劳动技能

教育、科技、人才是中国式现代化的基础性、战略性支撑，这要求职业院校以大力培养大国工匠、能工巧匠、高技能人才为己任，构建与国家战略需要、社会生产发展联系紧密的劳动教育体系。"70后"的劳动课，多在田地里：麦熟时，学校放起麦假，孩子回到家里帮父母收割麦子；"80后"的劳动课，多在课堂上：竹木扎框、糊上棉纸，自制风筝放飞在课后的欢声笑语里。学校是学生掌握生活劳动技能的主阵地，学校是掌握生活劳动技能的主导性场所、关键性地点，实施好新时代劳动教育是学校的一项重要工作任务。学校劳动教育课程是提升学生生活劳动技能、提高学生生活劳动质量的关键因素，学校劳动教育课程要密切结合经济社会发展变化、学生生活实际以及学生身心发展规律进行课程目标设定、课程设计、课程实施与课程评价。2020年3月，中共中央、国务院印发文件《关于全面加强新时代大中小学劳动教育的意见》指出要"把劳动教育纳入人才培养全过程，贯通大中小学各学段""在大中小学设立劳动教育必修课程"，为高职院校开展劳动教育课程指明了方向。

学校作为学生集体学习生活的实践环境，学校生活劳动主要包括宿舍生活劳动、校园环境劳动两方面，学校生活劳动技能涉及宿舍卫生清洁，教学区卫生清扫，校园环境净化、美化、绿化等方面的技能劳动。以打扫学生宿舍卫生为例，首先，学校利用劳动教育课程教育引导学生正确认知掌握宿舍卫生清扫技能的重要性；其次，学校劳动教育课程实践导师向学生演示如何高效进行宿舍卫生清洁，让学生初步学习掌握宿舍卫生清洁的技巧；再次，让学生在宿舍环境现场进行实践，由实践导师进行指导；最后，实践导师向学生布置宿舍大清扫任务，以宿舍为单位进行卫生清扫劳动技能的强化训练，帮助学生强化宿舍卫生劳动技能的学习。

2. 家庭生活劳动技能

家庭是掌握生活劳动技能的基础性场所、原生性地点。家庭生活劳动技能以学生参加家务劳动为核心，包含家庭情景下的卫生清洁、整理归纳、烹饪与营养、家居美化、家用器具使用与维护等技能劳动。参加力所能及的家庭劳动是学生认知家庭生活、熟悉家庭生活的关键举措，学生可以通过参加家庭劳动，建立与家庭成员、家庭事务的有机联系，从而逐步认识到秩序感、责任感和收获感。

3. 社会生活劳动技能

社会是掌握生活劳动技能的支撑性场所、协同性地点。社会生活劳动技能是指学生所需要掌握的适应社会生活情境的知识、技术和能力的总和。在社会生活情境下，学生面临更为复杂的生活劳动场景，提升社会生活劳动技能，不仅要求学生掌握必备的生活劳动常识，同时对学生问题解决能力、创新创造能力、辩证思维能力等提出了更高的要求。以日常购物为例，面对琳琅满目的商品，我们先要确定购物需求，根据购物预算、商品品类等方面，按照物美价廉、货比三家等购物原则，最终挑选出最为合适的商品。

三、提升生活劳动技能

生活劳动技能提升关系到我国人才培养，进一步提升生活劳动技能需要从丰富生活劳动技能资源、激活学生的劳动主体性和发挥多元主体引领作用三方面着手。

1. 丰富生活劳动技能资源

学习和掌握生活劳动技能需要多元化的劳动教育资源。一是需要加强生活劳动技能理论资源供给，将掌握生活劳动技能作为重要的劳动教育内容。学校发挥主导作用，在劳动课程中选取具有典型性的生活劳动技能案例进行深入讲解和实践演练。二是需要加强生活劳动技能实践资源供给，学校、家庭和社会应当为劳动教育教学提供生活劳动技能锻炼场景，创设模拟生活劳动技能情景，学生得以将生活劳动技能理论知识运用到劳动情境中，真正达到提升劳动素养的目的。

2. 激活学生的劳动主体性

学生是掌握生活劳动技能的重要教育主体，学生参与生活劳动技能的能动性决定着劳动教育的实效性，因而，掌握生活劳动技能必须着眼于劳动主体性的激发。一方面，要积极引导学生正确认知生活劳动技能的重要性，在日常教学过程中注重生活劳动技能相关劳模案例的讲解，潜移默化地将新时代劳动教育观念教授给学生。另一方面，要激活学生参与生活劳动技能的主动性，采取特定教学方法，鼓励学生取得劳动成绩，并利用五一劳动节等契机开展生活劳动技能相关学生活动。

3. 发挥多元主体引领作用

教师、家长和社会劳动工作者等都是学生掌握生活劳动技能的育人主体，要充分发挥榜样示范作用。学校教师设立卫生委员，划定学生卫生责任区，将生活劳动情况纳入优秀宿舍、优秀班级评选的考核项目；家长设定家庭清洁日，定期开展家庭卫生环境清洁，定期教学生学习烹饪一道美食，鼓励学生参与洗碗、做饭等家庭劳动；环卫工人等社会劳动工作者坚守职业道德，认真完成劳动，营造和谐美好的社会生活劳动环境，号召学生以实际生活劳动技能提升参与到社会生活建设过程中。

 学习评价

考察项目	评分要点		分值（满分100分）	学生自评（30%）		学生互评（30%）		教师评价（40%）	
				评分	评语	评分	评语	评分	评语
知识目标	认识生活劳动技能价值		15						
	认识生活劳动技能内涵		15						
能力目标	单项技能	创新解决生活劳动技能问题	30						
	综合能力	参与生活劳动技能协作							
素质目标	自觉参与生活劳动活动		20						
	安全规范开展生活劳动		20						
综合评价									

注：学生自评占总分的 30%，学生互评占总分的 30%，教师评价占总分的 40%，加权得出最终总分。综合评价分为五档，总分 90~100 分评价为"优"，80~89 分评价为"良"，70~79 分评价为"中"，60~69 分评价为"可"，60 分以下评价为"差"。

 案例

全国劳动模范：环卫劳模蔡凤辉

　　国家博物馆周边及人民大会堂周边区域等共 28 万多平方米的面积，都是蔡凤辉和同事们的作业区域。在这个北京城最核心的区域里，他们需要 24 小时值守，不间断作业，保障路面整洁，无垃圾废弃物。正因为如此，他们有了另外一个名字——天安门的"美容师"。2012 年至今，蔡凤辉带领天安门人工保洁班先后承担了纪念中国人民抗日战争暨世界反法西斯战争胜利 70 周年大会、庆祝中华人民共和国成立 70 周年大会、庆祝中国共产党成立 100 周年大会等重大环卫保障任务。

多年来，蔡凤辉从上百次重大环卫服务保障中总结出24字工作方针——人机结合、网格管理、快速捡拾、定期冲刷、监督检查、专业高效，并且一直按照这24字工作方针默默坚守着自己的岗位。因为连续作业，她曾旧疾复发，病倒住院；为了完成重大保障任务，她曾连续两个多月未能回家。"劳动最光荣、劳动最崇高、劳动最伟大、劳动最美丽"已经成为蔡凤辉的座右铭，也让蔡凤辉对环卫工人这一职业有了更深刻的理解。

（资料来源：人民政协网，有删改）

案例分析

作为工作在首都环卫战线上的女环卫工人，全国劳动模范蔡凤辉十几年来坚守环卫工人的工作岗位，认真履行天安门的"美容师"的工作职责，扎实掌握卫生清洁这项生活劳动技能，在平凡岗位上做出了不平凡业绩。作为新时代青年，我们要向全国劳动模范蔡凤辉学习，通过家庭、学校和社会多元情景下的劳动实践掌握生活劳动技能，大力发扬劳模精神、劳动精神，养成良好的劳动习惯，为构建和谐家庭、和谐校园、和谐社会作出力所能及的贡献。

思考题

在新质生产力背景下，我们提升生活劳动技能对今后择业就业有哪些方面的意义与价值？

拓展阅读

3．2

练就生产劳动技能

情境导入

　　某职业学院毕业生小齐，作为优秀学生干部，在大学时期多次代表学校参加会计职业技能大赛，她认真备赛孜孜不倦，在大量的知识储备和超强的计算能力支撑下，在各种大赛中取得优异成绩，是学校技能比赛中的优秀代表。小齐毕业后顺利地来到一家会计师事务所工作，但她在接手了几次真实会计工作后却感觉自己学习的专业技能知识无法支撑现实的工作要求，面对真实的数据财务资料，小齐一遍遍默念着在校期间老师教过的公式和计算方法，却仍然不能解决真实工作中的问题，这让小齐感觉十分棘手和苦恼。你认为应该怎样做，才能将书本知识转化为实际能力，在工作中掌握过硬的职业技能呢？

劳动是人类的本质特征，是人类拥有的独一无二的特点，是人区别于动物的本质属性。恩格斯曾在《自然辩证法》中指出，"劳动创造了人本身"。人类社会的第一物质性生产活动是劳动，人们通过劳动实现自身的价值，创造无限的物质生活条件。对于新时代青年学生而言，学好一技之长，掌握一项专业技能是他们生存立命的基本要求，也是立足社会的首要条件。但是目前毕业生和在校学生大多因机械化地学习书本知识而受限，缺少实操能力本领。缺乏实践的知识是空洞而低效的，如何才能让大学生的脑力劳动与体力劳动、实践能力相结合促使同学们将知识转化为工作中的实际能力呢？

一、生产劳动的意义

1. 生产劳动的科学概念

劳动价值论以生产劳动的科学概念为基础。马克思以此为依托，系统探讨了劳动过程、劳动力、劳动的实现形态、劳动的协同方式这些成组的概念体系，对劳动概念的生成、发展及流变加以详察。这一理论发掘了劳动价值论与唯物史观的相互嵌入的规定，深化了对实践过程的理解。劳动是人类社会生存和发展的基础，是生产物质资料的过程，通常是指能够对外输出劳动量或劳动价值的人类运动，劳动是人维持自我生存和自我发展的唯一手段。

2. 生产劳动含义的发展

马克思从物质生产劳动实践出发把握人类社会历史发展，创立了以劳动本体论为基础的劳动哲学体系，实现了人类社会历史哲学的革命。马克思劳动哲学认为劳动工具既具有主体性又具有客体性，并在不同历史时期呈现出不同特点。

随着现代社会的发展，生产劳动也被赋予了不同的时代价值。首先生产劳动是推动社会发展的基础，通过劳动可以生产出各种商品和服务，满足人们的需求，为社会创造价值。其次，劳动是人类社会发展的基础，而职业规划是对个人职业发展道路进行规划的过程，所以劳动技能与职业发展之间有着密切的联系和影响，对于高职学生而言，提升劳动生产技能对于自身职业发展规划有着重要的意义，通过劳动发挥自己的能力和潜力，为社会作出贡献，实现自我价值。通过自己的努力和付出不断积累经验及工作能力，提升处理事务的能力，并得到相应的回报和认可增强自信心和自尊心，成为有益于社会的专业技能人才。最后，实现高质量发展是新时代我国经济社会发展的必然要求，生产劳动是经济发展的重要动力，通过提高劳动生产率和劳动创造的价值，可以促进经济的发展和繁荣。

3. 生产劳动的实践意义

劳动实践是指通过实践劳动活动来锻炼个人能力并获得实践经验的过程。生产劳动即创造财富和价值的劳动，迄今为止的价值创造及其运行均以商品生产为中心，本质上都是在劳动过程全面提供技术条件和物量关系的基础上，建立了劳动过程和社会生产过程的直接联系，促进劳动和生产的社会结合。

二、生产劳动技能的内容

1. 农业生产劳动

我国作为农业大国，在农业生产、农业科技和农产品出口等方面具有重要的地位（图3-2）。

农业劳动力的供给资源主要来自农村人口资源，所以农村人口资源的状况直接决定着农业劳动力供给资源的状况，而每个农户都需要一个较为固定的从事家务劳动的成员，所以从这个角度看，在农村社区和城市社区人口数量相同的情况下，农

图3-2
农业生产劳动场景

村社区供给生产的劳动力与人口的比率相对较低。农业自然资源承受农业劳动力的耐力较强，不像在非农产业中，资金和设备吸纳劳动量具有明显的上限。促成农业劳动力供给具有很大的弹性。但随着社会经济的发展，传统农业向现代农业的过渡进程加快，要求农业劳动力具有较高的科学文化素质。但是，在传统农业生产方式中形成的农业劳动力供给资源，却不能适应现代农业的要求。在传统农业向现代农业转变过程中，发生了农业劳动力供给资源过于庞大，而有效供给又严重不足的社会经济现象，所以培养当代高职学生的农业生产劳动技能，提升其绿色农业、智慧农业的意识，符合当代的社会需求和发展方向。

现代服务业是指以现代科学技术特别是信息网络技术为主要支撑，建立在新的商业模式、服务方式和管理方法基础上的服务产业。这一领域涵盖了众多行业，如金融、信息技术、物流、教育、医疗保健、文化创意等，它们共同构成了现代经济体系中不可或缺的重要组成部分。

然而现代服务业的生产劳动技能，不仅要求从业者具备扎实的专业知识，还强调对新技术、新方法的快速掌握和应用能力。随着信息技术的飞速发展，数据分析、云计算、人工智能等前沿技术正在深刻改变服务业的运作模式和效率。因此，现代服务业的从业者需要不断提升自己的综合素质，包括创新思维、团队协作能力、跨文化交流能力等，以适应快速变化的市场需求和不断提升的服务标准。这些技能的提升，将为现代服务业的持续发展和产业升级提供有力支撑。

2. 工业生产劳动

在工业生产劳动方面，工厂生产的正常进行，除需要劳动力、厂房设备等基本条件外，还会受到科学技术、政策、资金、管理等因素的制约（图3-3）。工业产品最终要在市场上销售出去，才能实现其价值。因而无数大小规模的工厂都在市场上不断寻找自己的位置，从销售产品中获得利润。不同的工业，其投入因素在总投入中所占的比重有很大的差别，不同地区和不同的

图3-3
工业生产劳动场景

工业部门，由于工业生产的社会、经济、技术条件的差异，以及工业生产的性质不同，对工业生产投入的主要因素也不同。

3. 发展新质生产力

新质生产力之新，表现为生产要素及其结构的质态之新。重大科学发现对技术创新的积极赋能和促进，表现为先进生产力发展的重大质态变革。科学技术对生产力要素结构、生产力组织形态，以及生产力运行机理和经济发展态势，都会产生深刻影响。新质生产力的新意集中体现在科学、技术、产业、经济等领域的深度协同。新质生产力之新，最重要的不仅在于发明和运用了什么新技术，而更在于怎样解放和发展新质生产力，其中的关键在于为创新决策人才和责任担当者，创造宽松的规则秩序。无论是从科学进步、技术进步，还是社会经济来观察，新质生产力含义既有普适性，

也具有中国特色。新质生产力虽然以科技创新为核心，但更需关切的是经济的更新，即市场经济有效运行规则对科技创新行为规范的决定性作用，特别是实现二者相互协同的改革之举。

新质生产力由创新起主导作用，符合新发展理念的先进生产力质态，呈现以生产要素创新配置为基本内涵，数据作为关键要素进入生产函数；彰显人的本质力量，劳动者是核心影响因素和主体动力源；以科技创新为驱动力，新产业、新模式、新业态是其主要表现形态。基于新质生产力、"数字新农人"[①]与职业培训之间耦合逻辑分析发现，"数字新农人"是新质生产力形成和发展的关键变量，而新质生产力与职业培训双向驱动助力"数字新农人"培育。

三、生产劳动促发展

1. 多元化劳动相结合

在现代社会，经济发展主要依赖于劳动生产率的提高和劳动创造的价值。但不能止步于农业劳动、工业劳动等基本的范畴，生产劳动在当代社会被赋予了不同的意义，是经济发展的重要动力。同时，生产劳动的形式和内容也在不断发生变化，更加注重智能化、自动化和环保化。因此，想要加强职业教育和培训，提高人们的劳动技能和素质，就必须发展多元化的劳动形式。

我们倡导多元化劳动形式相结合，旨在将传统劳动与现代科技、体力劳动与脑力劳动、个人劳动与团队协作等多种劳动形式融为一体。我们不仅要珍视和保留那些蕴含着深厚历史底蕴和独特智慧的传统劳动技能，更应积极开拓具有现代意义的劳动技能，如掌握先进的数字化技术、精准的数据分析能力，将体力劳动与脑力劳动相结合。在生产劳动中，个人劳动得到充分发挥，团队成员之间形成合力，共同面对困难和挑战。同时，团队协作也能够增强个人劳动的效果，提高整个团队的工作效率，这些技能不仅有助于当代学生适应快速发展的现代社会，更是推动社会进步的重要力量。

2. 培养实践劳动能力

劳动教育对于各阶段学生的发展都有很大的意义，掌握劳动本领是我们成长成才的基本要求。2022年，习近平总书记在党的二十大会议上强调"全面贯彻党的教育

---

① 数字新农人：即拥有数字技能及素养，以互联网为工具，从事农业生产、流通、服务的群体。

方针，落实立德树人根本任务，培养德智体美劳全面发展的社会主义建设者和接班人""着力培养担当民族复兴大任的时代新人"。高等职业教育在我国教育体系中占有举足轻重的地位，高职院校的最重要功能是培养面向生产、建设、管理、服务第一线的专业型高技术人才。基于此，高职院校应该根据当前院校学生的综合素质、劳动素质的现状以及学校劳动教育的现状，为学生打造适合其终身发展的劳动教育课程体系，使学生的劳动技能得以提升、劳动观念得以形成、劳动习惯得以养成。所以，培养高职学生的实践劳动能力对于其自身的发展具有重要的意义，这需要学校及社会为学生提供多样化的劳动体验机会，将所学知识应用于劳动实践中，提升其劳动技能和解决问题的能力。高职院校应积极开展劳动教育，发挥高职院校"产学研结合""校企合作"等优势和特色，培养以社会和就业为导向的高素质人才。随着我国经济高质量发展，"中国制造""中国创造"越来越成为国际市场上竞争的高地，而与此同时，制造业却面临着"技工荒"的艰难处境，如何使高素质技能人才能够留得下、干得好，并逐步使自己成长为一名大国工匠，是高职院校劳动教育需要深入思考的问题。

3. 智慧劳动促进发展

随着时代的迅速发展，学生劳动教育的要求也随之变化，现在的劳动教育是系统化、全方位的教育。劳动教育是中国特色社会主义教育的重要内容，直接决定社会主义建设者和接班人的劳动精神面貌、劳动价值取向和劳动技能水平，加强劳动教育就是不断增强学生的劳动技能与水平。显然，加强劳动教育已经被提升到了前所未有的高度，这是贯彻落实党的教育方针、贯彻新时代党中央关于教育工作部署的重要举措。

百年大计，教育为本。全国教育大会的精神深刻揭示了教育对于国家繁荣与民族复兴的基石作用，政府需肩挑重担，明确职责，确保教育优先发展的战略地位得以落实，如同润物春雨，滋养知识的田野。教育的根本目的，是培育既心怀国家、品德高尚，又体魄强健、智慧深邃、勤劳肯干的社会主义建设者和接班人。学校不仅要传授知识，更要教导新时代学生加强对于劳动教育的认识与了解，让促进学生全面发展成为教育工作者的行动指南和最终归宿，教育之光，才能照亮民族的未来之路。劳动教育作为促进人全面发展的育人活动，对学生的品格形成和健康成长具有关键作用。随着智能技术的发展，传统劳动教育面临着极大挑战，智慧劳动教育已有兴起之势。为了探究智慧劳动教育的内涵与发展，立足于智能时代劳动教育的时代，从研究劳动教育的重要性切入，探究智慧劳动教育的内涵，从教学环境、立场、功能和形式四个方面对智慧劳动教育进行剖析，揭示智能时代劳动教育的内涵与发展：劳动教育教学环境从传统课堂到社区，劳动教育立场从"固本培元"到"融会贯通"，劳动教育功能从"生存工具"到"自我实现"，劳动教育形式从"单一学科"到"教育生态"。

　　总之，生产劳动在现代社会仍然具有极其重要的意义，它不仅是社会发展和个人成长的基础，也是经济发展的重要动力，更是人民幸福生活的重要保障，全社会应积极发展多元化劳动，智慧化劳动，不断探索和创新劳动方式，共同推动国家的进步与发展。

学习评价

考察项目	评分要点		分值（满分100分）	学生自评（30%）		学生互评（30%）		教师评价（40%）	
				评分	评语	评分	评语	评分	评语
知识目标	了解生产劳动的含义		15						
	了解劳动技能内容和意义		15						
能力目标	单项技能	掌握生产劳动技能	30						
	综合能力	将劳动技能运用到实践中							
素质目标	领悟生产劳动的不同时代意义和价值		20						
	在实践中运用多元智慧化劳动技能		20						
综合评价									

注：学生自评占总分的 30%，学生互评占总分的 30%，教师评价占总分的 40%，加权得出最终总分。综合评价分为五档，总分 90~100 分评价为"优"，80~89 分评价为"良"，70~79 分评价为"中"，60~69 分评价为"可"，60 分以下评价为"差"。

宝武宝山钢铁股份有限公司热轧厂技能专家王军在多年的刻苦钻研和付出下，由一名普通的岗位辅助工成长为新时代的技术工人、国家科技进步二等奖获得者，累积总结先进操作法5项、技术秘密26项，获国家专利168项、PCT国际专利申请4项，诸多创新成果每年为宝钢创造直接经济效益超亿元。

图3-4
王军在工作中

　　发明和创新来之不易。热轧带钢柱塞式层流冷却系统、层流冷却技术研发、高强度全密封精整矫直机支承辊技术……王军在生产一线摸爬滚打近30年，在他看来，并没有辛苦和劳累，他一直保持激情，发现问题，解决问题（图3-4）。

　　2008年，王军创新工作室成立，这个由10名一线工人、5名现场技术人员组成的团队，在王军的全程指导下，近年来培育出3名宝钢工人发明家大奖获得者。之后，又在个人创新工作室的基础上，建立了3个产线创新工作室。

　　"工人不是仅仅靠体力工作，更需要靠智慧工作，激发一线工人创新，'中国制造'走向'中国智造'的道路就会更快、更顺。"王军说，只要有创新意识，每个人都可以成为发明家。

（资料来源：人民网，有删改）

案例分析

　　案例中的王军是一名乐于奉献，勇敢创新的技术工人。他从一名一线工人到高技能专家，"像科学家一样做工人"是他的座右铭。在此过程中，他辛勤付出，努力创造，在宝钢股份提供的创新沃土上，他像科学家那般钻研和执着，几十年如一日地探索着。他还带动他人，越来越多地一线工人走向科研道路，成为立足岗位的科学家。创新意识是时代发展的重要课题，我们作为新时代的青年，要敢于尝试，敢于创新，拼搏进取，克服困难，为实现中华民族伟大复兴而奋斗！

思考题

　　请结合实际谈谈如何理解生产劳动的基本含义和现代生活中赋予生产劳动的现实意义？

3.3

提升社会服务技能

情境导入

裴立聪是黑龙江省某速运公司大庆分公司收派员（图3-5）。他坚持快递员职业操守，工作中自觉践行劳模精神，每天提前10分钟到岗，日工作平均14个小时以上，每年派送邮件4万多件，收件近万件，收派件数量名列公司前茅。他认真履行操作规程、优化派送流程，5年累计收送快件20余万件，从未出现延时、误送、损坏、丢失等状况，准确率达100％。他以客户满意为服务标准，所负责的片区客户数量不断增长，好评如潮。他多次捡到贵重物品，送还失主，赢得客户夸奖。他还积极参与志愿服务活动，获得大家的认可。他先后荣获大庆市该速运公司十佳快递员、全市"最美快递员"、黑龙江省邮政快递业"优秀快递员"、全省五一劳动奖章等荣誉，2024年荣获全国五一劳动奖章。

图3-5
裴立聪在工作中

话题讨论

据统计，我国服务业2015年在国民经济占比中首次超过50%，2023年达到54.6%，连续9年占据国民经济"半壁江山"。裴立聪通过自己的社会服务劳动获得了社会的认可和尊重。社会服务劳动是劳动的高级形式，对人的发展有着深远的影响和重要的作用。请思考你为从事社会服务劳动已经做了哪些准备呢?

一、社会服务劳动的意义

社会服务劳动是指为满足社会需求，通过社会服务机构和专业人员，提供的各种形式的服务活动。社会服务劳动是一种非物质生产的劳动形式，它产出的是无形的服务产品。服务性劳动教育是推动学生接触社会、深入生活、参加各种形式的公益劳动，用自己所学知识提供服务，不断提高实践能力与道德素养，培育为人民服务、为公众谋利益的良好思想品德的教育。主要有以下几点意义。

1. 帮助树立服务意识

同学们通过参加社会服务劳动，可以在服务实践中提升专业认知，发展共情能力，强化服务意识，更好地理解他人需求和感受，培养自己的奉献精神。通过社会服务劳动帮助同学们学会倾听、理解、表达、沟通等技巧，并从中习得服务的基本规范与技能，形成良好的服务价值观，更好地理解和尊重他人。

2. 提升实践服务技能

社会服务劳动作为推动经济社会发展的"保障器"，服务性劳动诸如会务服务、志愿服务、法律咨询、医疗救助、社区服务、科技培训等需要大量专业人才才能实现。专业型服务以扎实的专业知识与熟练的专业技能为依托，针对特定人群开展。同学们通过开展专业服务劳动，既可以实现实践环节与理论学习的有效衔接，也有助于推动同学们在专业服务劳动实践中提升相关职业技能，延伸与拓展专业知识，激发专业兴趣与学习热情，巩固专业技能与学习潜能、塑造职业素养与道德品格，从而更好地促进学生成长成才、提升服务效果，成为高素质技能人才。

3. 强化社会责任感

高职学生作为劳动者中的"预备军"，以后将在各种社会实践中不断地锻炼自我，只有将新的知识和感悟内化于心，外化于行，把实践操作与理论知识融会贯通，才能够更好地满足社会的需要，实现自身的价值。我们在社会服务的过程中能够强化荣誉感、使命感与责任感，激发岗位意识、责任意识、服务意识与团队意识等职业素养，从而更好地适应社会，得到社会的认可。

二、社会服务劳动的内容

1. 志愿服务

根据中国志愿服务网统计，截至2025年6月18日，全国志愿者总数为2.39亿人，志愿服务队伍总数135万个，志愿项目总数1 307万个，服务时间总数540 801万小时。其中，大学生志愿者是志愿服务队伍中的主力军，志愿服务也是大学生热爱参与的校园活动之一。我们可以结合自己的专业主要开展以下服务项目。

（1）帮扶老年人服务：组织开展以孤寡老人、困难老人等为重点服务对象，以敬老爱老助老、心理健康辅导、生活照顾等活动为主要内容的帮扶服务。如志愿者可以利用每个周日下午到行动不便的老人、残疾老人家中服务，为他们免费按摩、量血压、打扫卫生，陪他们聊天，教他们使用手机等。

（2）科普志愿服务：以社区居民、村民为服务对象，组织开展以生活服务数字化的应用场景、普及科技知识、法律维权知识、劳动技能知识等宣传教育活动，提高居民科学文化素质和劳动者素质，争做社区、乡村的义务科普员。

（3）文艺宣传志愿服务：参与对社区、乡村、中小学等群众性文艺团体的培育、指导、扶持工作，开展以公演为主要内容的文艺展演活动等，丰富人民群众的业余文化生活。

（4）治安志愿服务：参与组织开展治安排查活动，检查各类不安全因素，以达到降低事故发生率的目的。举办抗灾避险逃生知识培训、演练活动，积极参与险情巡查、协助排险工作。在受灾期间，帮助动员群众安全转移、落实救灾救济工作，进行灾后生产自救等。

（5）体育健身服务：帮助社区居民、村民进行体育健身、户外锻炼，组织开展社区、村民群众性体育健身活动，做义务体育指导员。

（6）帮助青少年服务：以青少年为服务对象，突出关注家庭经济困难学生、留守儿童、单亲家庭的儿童，通过开展爱心助学，结对助学活动，对其开展学业辅导、给予家庭温暖，助力其健康成长。

（7）环保志愿服务：可以广泛参与卫生大扫除、清洗乱涂画、清理卫生死角、捡拾垃圾（果皮、纸屑）等活动；参与植树、美化绿化小区和美丽乡村建设等活动。

（8）便民助民服务：以社区居民、村民为对象，组织开展政策宣传、信息咨询、健康义诊、免费体检、家电维修、修复破损路面、更换路灯、护栏、下水管道等便民、助民活动。

（9）赛事服务：负责为各项大赛活动服务，服务内容有以下几个方面：如外语翻译、电脑操作、礼仪服务、安全保卫、体力服务、综合服务等。

（10）志愿无偿献血：积极参与宣传倡导无偿爱心献血精神，培训献血知识等。

2. 社会实践

社会实践活动是培养我们创新精神、实践能力和社会责任感的重要方式，也是提升我们综合素质的有效手段之一。主要有以下几种形式。

（1）调研实践：调研实践是社会实践活动的一种重要形式，通过深入实地调研和实践活动，我们能够更好地了解社会现状、熟悉社会运行机制，并通过分析和总结问题，提出相应的建议和解决方案。调研实践的主要方式包括问卷调查、访谈、座谈等，通过这些形式，我们可以与真实的社会问题接触，提高自己的专业知识和能力。

（2）实习实践：实习实践是社会实践活动的另一种重要形式，它通过与企事业单位合作，将所学知识应用到实际工作中，帮助我们更好地了解自身专业领域，并提升实际操作能力。实习实践的主要形式包括暑期实习、寒假实习等，通过实践，我们能够更加深入地了解自己所学专业与实际工作的对接点，为将来的就业打下坚实的基础。

（3）社会创新实践：社会创新实践是指通过创新思维和实践行动，解决社会问题，并产生一定的社会效益。我们可以通过社会创新实践活动，动员社会资源，开展各种创新项目，从而推动社会的进步与发展，比如红色"1+1""三下乡"等实践活动。社会创新实践活动不仅能够培养我们的创新精神和实践能力，还能引导我们关注社会问题，为社会发展作出积极贡献。

（4）参观考察实践：我们可以在学校的组织下进行一些参观活动，这些参观可分为两类：一类是自己所在地的现代化企业，另一类是本地的一些人文景观。通过参观现代化企业，我们可以感受现代化企业文化和企业管理，体验现代化高科技。通过参观本地的人文景观，如历史博物馆、科技馆、地质博物馆、遗址、红色教育基地等，我们可以了解本地的人文情况，增强我们对区域性文化的了解。

3. 创新创业

创新创业是指基于技术、产品、品牌、服务、商业模式、管理、组织、市场、渠道、流程等方面的创新而进行的创业活动。创新是特点，创业是目标。创新强调的是开拓性与原创性，创业强调的是通过实际行动获取利益的行为。目前高职学生可以参与的创新创业大赛有如下几种。

（1）中国国际大学生创新大赛：该赛项由教育部组织，聚焦"五育"融合创新创业教育实践，旨在开启创新创业教育改革新征程，激发青年学生创新创造热情。高职学生可以参与职教赛道、产业命题赛道、萌芽赛道和"青年红色筑梦之旅"等活动。这是目前国内最高规格的创新创业赛项，也是激发高职学生创新创业的重要途径。

（2）"创青春"全国大学生创业大赛：大赛下设大学生创业计划竞赛（即"挑战杯"中国大学生创业计划竞赛）、创业实践挑战赛、公益创业赛3项主体赛事。大学生创业计划竞赛面向高等学校在校学生，以商业计划书评审、现场答辩等作为参赛项目的主要评价内容；创业实践挑战赛面向高等学校在校学生或毕业未满5年的高校毕业生，且应已投入实际创业3个月以上，以盈利状况、发展前景等作为参赛项目的主要评价内容；公益创业赛面向高等学校在校学生，以创办非盈利性质社会组织的计划和实践等作为参赛项目的主要评价内容。这是高职学生可以参与的另外一个重要创新创业赛事。

（3）"挑战杯"全国大学生课外学术科技作品竞赛："挑战杯"全国大学生课外学术科技作品竞赛（以下简称"挑战杯"竞赛），自1989年首届竞赛举办以来，始终坚持"崇尚科学、追求真知、勤奋学习、锐意创新、迎接挑战"的宗旨，在促进青年创新人才成长、深化高校素质教育、推动经济社会发展等方面发挥了积极作用，在广大高校乃至社会上产生了广泛而良好的影响，被誉为当代大学生科技创新的"奥林匹克"盛会。

（4）"挑战杯——彩虹人生"全国职业学校创新创效创业大赛："挑战杯——彩虹人生"全国职业学校创新创效创业大赛是在原有大学生"挑战杯"系列竞赛基础上，结合职业学校学生特点设立的科技学术竞赛，旨在增强职业学校学生创新创效、就业创业和职业转换的能力。

（5）全国职业院校技能大赛：是由教育部发起并牵头，联合国务院有关部门以及有关行业、社会团体、学术团体和地方共同举办的一项公益性、全国性职业院校学生综合技能竞赛活动。该赛事每年举办一届。是专业覆盖面最广、参赛选手最多、社会影响最大、联合主办部门最全的国家级职业院校技能赛事，也是高职学生展示自己专业学习成果和创新点的重要平台。

（6）全国乡村振兴职业技能大赛：由人力资源和社会保障部、国家乡村振兴局、新疆维吾尔自治区人民政府共同主办，首届大赛于2021年9月26日至28日在乌鲁木齐举行，其中设有学生组。该赛事旨在激励各类人才在乡村振兴进程中大显身手、施展才华、建功立业。

三、提升社会服务技能的举措

1. 提升数字素养与技能

随着数字时代的到来，从线下到线上，从实体到虚拟，从国家治理到生产生活，日新月异的数字技术发展成果处处可见、人人可及、时时可感。习近平总书记指出："要提高全民全社会数字素养和技能，夯实我国数字经济发展社会基础。"我们要多途径参与各类数字化技能培训，从而具备信息获取和处理能力、数字交流能力、数字内容创造能力、数字安全意识、数字化问题解决能力等一系列素养和技能，以更好地适应社会需要。

2. 加强沟通与协作能力

我们在参与志愿服务、社会实践、创新创业大赛等活动中，需要进行任务分工、互相支持和团队合作等实践，可以培养团队协作的意识和能力。同时，活动过程中需要我们合作交流、非语言沟通和团队协作讨论等实践，可以提高沟通技巧和能力。学校和教师可以通过组织团队活动、培养领导能力和提供反馈机制来促进学生团队协作和沟通能力的发展。

3. 增强专业技能与知识

随着社会的进步，人们对社会服务劳动的形式、内容、质量都提出了更高的要求。如在针对志愿者的调查中，有研究结果显示，超过半数的志愿者认为"自身知识水平以及社会实践能力的欠缺"制约了志愿服务的进一步开展，越来越多的志愿者也已经注意到从事志愿服务所需技能的问题。所以我们在完成各项社会服务劳动的过程中，需要先了解所在行业的基本知识、规则和趋势，以便更专业地为服务对象提供建议和服务。同时我们还需要学习与工作密切相关的技术技能，如使用特定软件或工具，提高工作效率和质量。只有认识到这一点，社会服务劳动做起来才能得心应手。

4. 参与培训与实践活动

我们如今面对各种知识的爆炸和冲击。首先需要明确自己的学习目标和需要提升的能力。积极参与到培训过程中，认真听讲，积极提问，与他人交流讨论，不断思考和反思。其次，要把握好时间，合理安排时间，充分利用每一个学习机会，不断提高自己的学习效率。再次，要积极参与到实践活动中，认真完成实践任务，不断积累实践经验，提高自己的实践能力。最后，要不断反思自己的学习和实践过程，总结经验教训，不断改进自己的学习方法和实践方式，提高自己的学习效果和实践能力。

 学习评价

完成社会服务劳动后，请进行自我评价和反思，填写自我评价和反思表（表3-1），为该次劳动体验画上一个圆满的句号，为下次劳动实践积累经验。

表3-1 社会服务劳动实践自我评价和反思表

姓名：	
项目名称：	
具体岗位：	
胜任情况：A.完全胜任B.基本胜任C.不能胜任	
期望尝试岗位：	
工作态度（工作态度是否积极正面）：工作态度积极、主动，时常保持良好的状态完成工作并解决问题	A.优秀　B.良好 C.一般　D.较差
工作技能（应用相关知识的能力）：能掌握比较全面、专门的业务知识，熟悉工作流程和方法	A.优秀　B.良好 C.一般　D.较差
工作效率（完成工作的速度与预期的标准相比）：高于预期效率，能早于期限完成	A.优秀　B.良好 C.一般　D.较差
执行力（落实并完成工作）：快速并优质地完成常规任务和领导指派的临时任务	A.优秀　B.良好 C.一般　D.较差
我的优势（本次实践体验中我做得好的方面）：	
我的劣势（本次实践体验中我做得不足的方面）：	
我的反思（对服务性劳动的认识和理解）：	

考察项目		评分要点	分值（满分100分）	学生自评（30%）		学生互评（30%）		教师评价（40%）	
				评分	评语	评分	评语	评分	评语
知识目标		理解社会服务技能价值	15						
		了解提升社会服务技能途径	15						
能力目标	单项技能	能够参与各种社会服务实践活动	30						
	综合能力	创新解决社会实践中的各种问题							
素质目标		具备参与社会服务的基本意识	20						
		适应社会服务的基本岗位需要	20						
综合评价									

注：学生自评占总分的 30%，学生互评占总分的 30%，教师评价占总分的 40%，加权得出最终总分。综合评价分为五档，总分 90~100 分评价为"优"，80~89 分评价为"良"，70~79 分评价为"中"，60~69 分评价为"可"，60 分以下评价为"差"。

 案例

热心大妈王兰花——她，让这满城尽是"兰花"香

共产党员王兰花用自己的执着与坚持，让"靠近我、温暖你"的兰花志愿服务精神传遍全城。

为民服务，永不退休。2004 年王兰花退休后，信任她的居民也没有忘记她，在遇到下水不通、暖气不热、困难老人需要照顾时，还会习惯性地去社区找她，找不到就给她打电话，甚至找上门去。于是 2005 年，她联系 6 名离退休干部和爱心人士，成立了吴忠市首个社区志愿者服务小组——王兰花热心小组。没有工作场所，她腾出家中的一间房；自己的手机号码，成了小组的热线电话。

帮助别人，快乐自己。多年来王兰花出钱又出力，总有忙不完的事、接不完的求助电话。她走路风风火火，脚底板走出老茧，大脚趾也被挤变形，只能穿软底鞋。她曾说，这辈子最大的幸运和收获有两项：一项是加在名字前的荣誉，是社会给她的；一项是跟在名字后的善行，是困难群众需要的。

一朵兰花，芬芳全城。金杯银杯，最好的是群众的口碑。把好事办到群众心坎上的王兰花和王兰花

热心小组，不仅收获了众多荣誉，更吸引了众多"新鲜血液"追随。曾经的受助者成了志愿服务队的骨干，队伍里有了更多年轻人的身影。2012年，王兰花热心小组成立了党支部，在党支部的领导和党员的示范带动下，离退休干部、职工中的党员参与进来，居民党员跟了上来，在职党员动了起来（图3-6）。如今，以王兰花名字命名的"兰花芬芳"，已成为一个响当当的志愿服务品牌。当地以"利通区兰花芬芳志愿服务"为统一活动名称，成立了多级志愿服务队，注册登记志愿者已超过6.5万人。

图3-6
王兰花在工作中

2021年，她荣获"七一勋章"。对她来说"七一勋章"是一份荣誉，更是一份责任、一份担当。正如王兰花所说："在今后的日子里，我将继续'有一分光，发一分热'，把志愿活动扎根基层，帮助居民解决操心事、烦心事、揪心事，同时引导更多年轻人和爱心人士参与到志愿活动中来，让'志愿服务、行胜于言'的主旋律唱响宁夏，为经济建设、社会发展和人民幸福添一把力。"

（资料来源：新华网，有删改）

📝 案例分析

王兰花作为一名退休老党员，把解决社区居民的操心事、烦心事、揪心事作为毕生事业，十多年如一日坚持志愿服务；她带领"王兰花热心小组"先后为居民解决各类困难，调解各类民事纠纷，开展公益活动，推动宁夏吴忠市利通区的志愿者从最初7人发展到6.5万余人。她把志愿服务当成一种文化、一种精神、一种风尚去践行。王兰花用实际行动诠释了"脚踏实地把每件平凡的事做好，一切平凡的人都可以获得不平凡的人生，一切平凡的工作都可以创造不平凡的成就"。作为新时代青年，我们要向"七一勋章"获得者王兰花学习，通过服务性劳动教育接触社会、深入生活、参加各种形式的公益劳动，用自己所学到的知识提供服务，不断提高实践能力与道德素养，培育为人民服务、为公众谋利益的良好思想品德，把自己的奋斗融入实现中华民族伟大复兴的历史进程。

思考题

在数字经济时代，我们该如何拓宽社会服务劳动技能的内容和途径？

活动示例

　　活动内容：每位同学选取生活劳动技能、生产劳动技能、社会服务技能其中之一，进行实践活动，可通过实践、竞赛、分享等形式，提升劳动技能与社会参与意识。

参考文献

1. 曹亚雄.马克思的劳动观的历史嬗变 [M].北京：中国社会科学出版社，2008.

2. 李珂，曲霞.1949年以来劳动教育在党的教育方针中的历史演变与省思[J].教育学报，2018，14（5）：63-72.

3. 王晓燕.全面构建体现时代特征的劳动教育体系[J].中国德育，2023，（13）：5-11.

4. 陈世涵.劳动，学生成长的必修课[N].人民日报，2023-02-09（14）.

5. 江思敏.高校劳动教育的实践方略——基于广茂幼师"五育"实践周案例的分析[J].科技风，2024，（28）：152-154.

6. 金碚.新质生产力的基本理论问题与底层逻辑[J].思想理论战线，2024，3（3）：108-114+141.

7. 唐莉.新时代高职院校劳动教育研究[D].西南科技大学，2023.

8. 徐艺凌.高职学生社区志愿服务的实施现状及路径研究[J].教育科学论坛，2024，（15）：72-74.

9. 左旭晨，王玮琨.高职学生志愿服务的实践育人功能及其实现路径研究[J].现代职业教育，2024，（13）：33-36.

养成良好的劳动品质

劳动品质是指劳动者在劳动过程中体现出的职业道德、专业素养、技术水平、工作态度等综合素质，是劳动者劳动意识、劳动理念、劳动态度、劳动习惯、劳动能力的集中展示，在当代社会的劳动观念中，表现为崇尚劳动、热爱劳动、辛勤劳动、诚实劳动、创造性劳动五方面。养成良好的劳动品质，在于倡导对劳动的尊重、肯定和积极追求。

● **学习目标**

知识目标：

1. 掌握劳动品质的构成要素。

2. 掌握崇尚劳动、热爱劳动、辛勤劳动、诚实劳动、创造性劳动的内涵及主要特征。

能力目标：

1. 能够理解劳动品质对劳动者的重要意义和价值。

2. 能够将良好的劳动品质内化于心，外化于行。

素质目标：

1. 树立崇尚劳动、热爱劳动、辛勤劳动、诚实劳动、创造性劳动的观念。

2. 具备培养优秀劳动品质的良好意识。

4.1

崇尚劳动

情境导入

　　北大荒原是指黑龙江省北部的三江平原、黑龙江治沙平原和嫩江流域曾经的大片荒芜地带。1947年，为响应毛泽东同志"建立巩固的东北根据地"的号召，伴随着解放战争的硝烟，一批军人来到这里，唤醒了沉睡的荒原。

图4-1
北大荒稻米收割作业场景

　　20世纪50年代以来，14万转业复员官兵、10万大专院校毕业生、20万内地支边青年、54万城市知识青年来到北大荒，义无反顾投身于这场人类历史上伟大的拓荒。几代农垦人前赴后继，用青春、智慧、生命浇灌黑土，让莽莽荒原变成锦绣良田，丛生荆棘变成滚滚稻浪（图4-1），形成了独特的北大荒文化。它是以北大荒精神为核心，以北大荒核心价值观为导向，融军旅文化、知青文化、移民文化和黑土文化为一体的、具有鲜明黑龙江垦区特点的一种文化体系。

● **话题讨论**

　　"开拓进取，争创一流"是北大荒精神的重要组成部分，也是比"艰苦奋斗，无私奉献"更高的时代要求。如果说"艰苦奋斗，无私奉献"是北大荒精神"量"与"过程"的要求，那么"开拓进取，争创一流"就是北大荒精神在新时期"质"与"结果"的要求。你还知道哪些对人类历史文明发展有重要意义的重大工程？

一、崇尚劳动的内涵

　　崇尚劳动是指对劳动的尊重和推崇，尊重劳动者的职业和劳动成果，鼓励劳动者通过劳动来创造社会价值，这是价值层面的高度认同。"劳动是人类的本质活动，劳动光荣、创造伟大是对人类文明进步规律的重要诠释。"习近平总书记指出："全面建成小康社会，进而建成富强民主文明和谐的社会主义现代化国家，根本上靠劳动、靠劳动者创造。"

1. 劳动推动人类社会进步

　　劳动在人类发展和社会进步中发挥着至关重要、须臾不可或缺的作用。马克思认为：劳动不仅是谋生的手段、幸福的源泉、价值的来源，而且是推动人类社会发展的强大动力和彻底解放人类的必要途径。习近平总书记高度强调劳动对于人类发展、社会进步和党的建设的巨大意义，认为"劳动是推动人类社会进步的根本力量"。

2. 劳动者创造现代化国家

　　劳动的巨大作用，决定了劳动和劳动者理应受到全社会的尊重和推崇。崇尚劳动就是要称赞劳动之美、认可劳动者的价值与地位。习近平总书记曾经多次在不同场合礼赞广大劳动者，强调"光荣属于劳动者，幸福属于劳动者"，强调要充分调动广大劳动人民的积极性、主动性和创造性，强调无论时代条件如何变化，我们始终都要崇尚劳动、尊重劳动者，始终重视发挥工人阶级和广大劳动群众的主力军作用，必须牢固树立劳动最光荣、劳动最崇高、劳动最伟大、劳动最美丽的观念。劳动没有高低贵贱之分，任何一份职业都很光荣，虽然人们的社会分工不同、收入和待遇不同、所处的岗位和工作环境不同，但都是社会主义劳动者，都在通过自己独特的方式为社会作贡献，因此都应得到人们的广泛承认，都应受到社会的普遍尊重。劳动价值有大小，劳动分工无贵贱。不论是体力劳动还是脑力劳动，不论是简单劳动还是复杂劳动，一切有益于社会的劳动，都应该得到承认和尊重。

二、培育崇尚劳动的荣誉感

崇尚劳动就是要欣赏劳动，要牢固树立劳动最光荣、劳动最崇高、劳动最伟大、劳动最美丽的观念。劳动创造美，劳动本身包含美，劳动塑造审美观。人们在自觉劳动、创造性劳动中收获的不仅仅是物质上的满足，更重要的是一种劳动创造带来的精神上的愉悦。

1. 巩固工人阶级的领导地位

崇尚劳动根本在于全心全意依靠工人阶级、巩固工人阶级的领导地位。工人阶级是我国先进生产力和生产关系的代表，是劳动者的主力军。改革开放以来，我国工人阶级队伍不断壮大，素质全面提高，结构更加优化，面貌焕然一新，先进性不断增强。同时，新的社会阶层产生，社会结构更加多样。越是在社会变革的背景下，越是要紧紧依靠工人阶级发展中国特色社会主义，充分发挥工人阶级的伟大创造力量，筑牢崇尚劳动价值观的制度基础和社会基础。

改革开放以来，我国经济实力增长突飞猛进，由此带来思想观念的变化，劳动观作为价值观的重要组成部分也相应地发生了变化。计划经济条件下奉行利他主义的价值观，而在市场经济条件下资本以追逐利益为目的，相应而生的便是利己主义的价值观，由此带来的便是个人的劳动观念以及劳动与资本关系的变化。当前社会上一些家长不希望子女到企业工作，也有一些青少年不想当工人，这种现象反映出工人阶级的主力军作用需要得到更大发挥，工人阶级的领导地位需要大力加强。只有充分发挥工人阶级的主力军作用，崇尚劳动的价值观才能真正牢固确立。习近平总书记强调指出，全心全意依靠工人阶级不能只当口号喊、标签贴，而要贯彻到党和国家政策制定、工作推进全过程，落实到企业生产经营各方面。

2. 树立科学的劳动价值观

崇尚劳动就是要全面了解劳动的光荣、伟大和美好。树立科学的劳动价值观，进而产生崇尚劳动的观念，走上热爱劳动的道路。

劳动没有高低贵贱之分，各行各业的劳动者都应该被尊重。尊重劳动、尊重劳动者是对劳动者的最大鼓励，也是树立正确劳动观念的基本要求。要在全社会大力宣传劳动光荣、技能宝贵、创造伟大的思想理念，引导全社会形成尊重劳动、尊重知识、尊重人才、尊重创造的浓厚氛围，让广大劳动者都能受到尊重和认可，努力提高自己的社会地位，从而更好地发挥自己的聪明才智，为建设中国特色社会主义事业贡献力量。

三、弘扬劳动精神

劳动精神明确提出"劳动最光荣、劳动最崇高、劳动最伟大、劳动最美丽"，这句话浓缩了马克思主义劳动本质观、劳动价值观、劳动社会观与劳动实践观，是马克思主义劳动精神的中国表达，也是我国社会主义新时代劳动精神的集中体现。

1. 认同劳动价值

现代科技的快速发展造成脑力劳动与体力劳动所创造的价值量差距持续扩大，随着现代社会数字化、智能化发展，数字劳动和智能劳动等新劳动形态正在代替一些传统的机械性和重复性的人类劳动，部分劳动者被现代智能系统所排斥和取代。科技与投资的耦合造成了脑力劳动在社会劳动中的占比不断上升，体力劳动被边缘化，体力劳动者的工作机会在减少，社会地位在下降，社会上出现了一些轻视体力劳动、瞧不起普通劳动者的现象。弘扬新时代劳动精神，就是要扭转唯脑力劳动论、体力劳动卑贱论、体力劳动简单论等错误认知，树立正确的劳动价值观，认识到劳动的根本价值和劳动者的社会作用。

2. 保护劳动创造

崇尚劳动就是要在认同劳动价值的基础上，尊重劳动、尊重劳动者、尊重劳动创造。崇尚劳动要求尊重和保护一切有益于人民和社会的劳动。劳动没有高低贵贱之分，一切人类文明成果都是脑力劳动与体力劳动共同作用的产物，纯粹的体力劳动或脑力劳动并不存在，因此，只要为我国社会主义现代化建设作出贡献的劳动都值得崇尚和尊重。崇尚劳动要求尊重劳动者所从事的职业和他们的劳动成果。任何一份职业都是光荣的，都是值得尊敬的。

总之，崇尚劳动是社会主义核心价值观的基石。物质贫乏或精神贫乏更不是社会主义，社会主义是靠神圣的劳动干出来的，劳动凝聚了民族走向复兴不竭的动力。

学习评价

请根据评价内容结合受评价者对崇尚劳动的认知和实践程度进行自我测评、学生互评和教师评价，并写出评分和评语。

考察项目	评分要点		分值（满分100分）	学生自评（30%）		学生互评（30%）		教师评价（40%）	
				评分	评语	评分	评语	评分	评语
知识目标	能够阐述崇尚劳动的内涵		15						
	能够说明如何弘扬劳动精神		15						
能力目标	单项技能	能够始终对劳动保持着高度的尊重和敬意	30						
	综合能力	能够积极倡导身边的人崇尚劳动，通过自己的言行影响他人							
素质目标	具备节约的习惯，珍惜他人劳动成果，主动营造节约光荣、浪费可耻的氛围		20						
	拥有尊重劳动、热爱劳动的态度，懂得无论是体力劳动还是脑力劳动，都具有不可替代的意义		20						
综合评价									

注：学生自评占总分的 30%，学生互评占总分的 30%，教师评价占总分的 40%，加权得出最终总分。综合评价分为五档，总分 90~100 分评价为"优"，80~89 分评价为"良"，70~79 分评价为"中"，60~69 分评价为"可"，60 分以下评价为"差"。

 案例

"大国工匠"裴永斌：手指测量如透视般精准，比肩数控机床

裴永斌是哈尔滨电气集团有限公司哈尔滨电机厂的一名高级技师，他的任务是生产水电站发电机组核心设备——弹性油箱。弹性油箱需要承载机组数千吨重量，品质关系到整座水电站的安危，其作业误差允许值为1/100毫米。

裴永斌在加工油箱内部时发现，车刀刀架遮挡入口，注入的冷却液也会产生烟雾，看不到走刀情况，于是他决定用手测量。他找来以前的废件，下班后一个人在车间练习。经过年复一年的训练，他终于练就了用手摸就能"盲测"油箱壁厚和表面粗糙度的绝技，可以感知1/100毫米的误差，测量精度不亚于数控机床专用仪器，因此他成为行业内公认的"金手指"。

　　中国生产水电机组的能力位居世界前列。"中国制造"就在每一位工匠细致入微的自我超越中走向更高层次的"中国创造"。

（资料来源：央视网，有删改）

 案例分析

　　裴永斌从部队转业以来一直是哈尔滨电机厂的车床工人。他充满创新精神，使数控机床的加工精度越来越接近完美。他凭借对岗位的热爱和对工作的执着，平均每年提出技术革新10多项，参与生产加工水电站发电机组核心设备——弹性油箱4 000多件，创造了无一废品的纪录，并先后获得全国劳模、中国首届质量工匠等荣誉称号。

 思考题

　　请你结合实际思考，为什么要大力弘扬劳模精神、劳动精神、工匠精神？

4.2

热爱劳动

情境导入

李维川毕业于辽宁省交通高等专科学校。目前他在中铁十四局带领测量团队做盾构机的"眼睛"，为盾构机保驾护航。盾构机是国之重器，如今，正在越来越多的工程中应用。由于盾构机在地下掘进，盾构司机看不见方向，需要依靠测量员的数据进行操作，对测量精度要求非常高。为保障盾构机精准前行，这支团队要"两班倒"，24小时提供实时数据。因此他们被称为盾构机的"眼睛"，必须做到万无一失（图4-2）。

李维川刚参加工作时盾构机在国内还很稀少，从事盾构测量的专业人才少之又少，李维川选择了坚持。他满腔热情扑在工作上，不断向老师傅们学习测量知识，一遍遍对掘进数据、地质情况进行复核。从业以来，他先后参与南水北调引水隧洞、扬州瘦西湖隧道、京唐高铁等多项重难点工程项

图4-2
盾构机施工现场

目的工程测量任务。为保证施工进度，李维川很多个新年都坚守在岗位上，不能与家人团聚。但他凭借着对工作的热爱，接连考取了工程测量员三级（高级）证书，通过了一级注册建造师考试，成长为高级技术人员。

（资料来源：央视网，有删改）

话题讨论

劳动是人们创造美好世界的基本方式之一。李维川十余年如一日，工作在城市交通建设第一线。工作不仅给他带来精神上的收获和成就，还获得了财富，提高了生活水平和实现了自我价值。请谈谈在你身边有哪些热爱劳动的人，他们的故事对你有怎样的启发？

一、热爱劳动的内涵

热爱劳动是指满腔热忱地去从事人类创造物质和精神财富活动，将对劳动的价值认同转化为劳动热情，这是情感层面的强烈表达。热爱劳动是身心健康的标志，热爱劳动的社会是兴旺发达的社会，要树立以辛勤劳动为荣、以好逸恶劳为耻的劳动观。

1. 热爱劳动的精神价值

热爱劳动体现了对自身价值的认同和积极进取的态度，它意味着通过自己的努力去创造、去奉献，彰显了人们的主观能动性和奋斗精神。热爱劳动是中华民族传统美德，劳动是获取世界上一切欢乐和一切美好事情的源泉。我们衣食住行的方方面面，能过上吃穿不愁的日子，坐在宽敞明亮的教室里学习，哪一样不是用辛勤的劳动创造出来的？是劳动创造了物质财富和精神财富，劳动创造了幸福生活，劳动创造了社会的和谐美好，所以说，劳动最光荣！

2. 热爱劳动的实践价值

热爱劳动是美好生活的基础。热爱劳动包括愿意付出体力和脑力，不怕辛苦与困难，认真完成各种劳动任务。这不仅涉及日常的家务劳动、生产劳动，还涵盖了社会服务劳动等多种形式。2022年6月8日，习近平总书记在四川考察时在讲话中指出："幸福生活是靠劳动创造的，大家要保持平实之心，客观看待个人条件和社会需求，从实际出发选择职业和工作岗位，热爱劳动、脚踏实地，在实践中一步步成长起来。"劳动是一切幸福的源泉，青年是祖国的未来、民族的希望，是实现中华民族伟大复兴中国梦的建设者与接班人。要不断培养青年一代热爱劳动、积极投身劳动的劳动态度，转变劳动观念，从"要我劳动"到"我要劳动"，让青年一代认识到劳动不仅仅是一种谋生的手段，更是生活的第一需要，享受劳动才能最终实现幸福劳动。要树立正确的择业观念，干一行爱一行，在热爱劳动中培养劳动态度，在工作岗位上实现个人价值，用切实的行动践行劳动精神。

3. 热爱劳动有助于塑造健康人格

热爱劳动也反映出我们对生活的热爱和尊重，它让人们懂得珍惜劳动成果，理解劳动对于个人成长和社会进步的重要意义。劳动对于培养每个人的健康人格也具有很重要的作用。研究发现：在生理和心理可承受并保证安全的条件下，青少年劳动时间越长，独立性越强；而青少年从事劳动的时间越长，就越有利于形成勤劳节俭的好品德。干家务可以培养吃苦耐劳、珍惜劳动成果、珍重家庭亲情、尊重他人等品质。

同时，热爱劳动能培养坚韧不拔的意志、责任感和团队合作精神，使人在劳动过程中不断提升自我、塑造品格。我们要热爱劳动，就需要把劳动变成一种习惯，如果养成了这种好习惯，劳动就成了一个愉快而自然的过程。劳动可以造就一个人，不爱劳动则难以成人。劳动增长见识，劳动是快乐的。我们要持之以恒，真正从内心把劳动当作自己生活中必须要做的一件事情来看待，比如在家帮助父母干家务，做一些类似洗衣服、洗碗、摘菜、买东西、打扫卫生、整理房间等这些力所能及的事情。

二、培养热爱劳动的情感

热爱劳动是中华民族的优良传统和文化基因，也是中华儿女的精神源泉和价值追求。

1. 通过榜样的力量树立价值观

"光荣属于劳动者，幸福属于劳动者。""劳动是一切幸福的源泉。"习近平总书记在2020年11月24日召开的全国劳动模范和先进工作者表彰大会上这样强调劳动者的光荣和劳动的价值。热爱劳动，要求我们拥有爱岗敬业的职业情感、认真钻研的工作态度、庖丁解牛的专业技能、力争卓越的价值追求，将"要我干"转变为"我要干"，立足岗位作贡献，在劳动中增强志气、骨气和底气，将小我融进大我，让劳动光荣、创造伟大奏响时代最强音。

树立榜样，建立热爱劳动的价值观我们可以从以下三方面着手。第一，榜样可以是家长和教师。家长或老师对劳动的积极态度和热爱，可以成为学生模仿的榜样。第二，学习劳动故事，通过学习先进劳动者的励志故事、先进事迹等，激发学生对劳动的崇敬之情。第三，参与家庭、学校组织的体现热爱劳动氛围的活动，通过绘画、写作等形式表达对劳动的热爱和赞美。

2. 通过劳动实践培养认同感

热爱劳动指的是人们对待劳动时所持有的积极情感态度和愿意投身现实劳动的心理倾向。热爱劳动要求热爱现实的劳动，而不是抽象的劳动。现实劳动要克服种种阻碍才能超越外在必然性，扬弃异化劳动、实现自由劳动的过程必然伴随着劳动者的阵痛与烦恼，必须克服一切不劳而获、投机取巧、贪图享乐的思想，通过现实劳动来体现价值、展现风采、感受快乐。

在劳动实践中培养劳动的认同感可以从以下五方面着手。第一，积极参与各种力所能及的劳动，如家务劳动、校园劳动、种植、养殖等活动，让自己在实践中感受劳动的乐趣和意义，通过劳动价值认可，获得成就感和满足感。第二，在日常生活中不断加强劳动价值创造，养成定期劳动的习惯，使劳动成为生活的一部分。第三，感恩劳动者的付出，进而激发自己对劳动的热爱。第四，适当参加一些劳动竞赛活动，增加劳动的趣味性和挑战性，提升参与热情。第五，还可以参加一些职业体验活动，了解不同职业的劳动内容，拓宽视野。

 学习评价

请根据评价内容结合受评价者对热爱劳动的认知和实践程度进行自我测评、学生互评和教师评价，并写出评分和评语。

考察项目	评分要点		分值（满分100分）	学生自评（30%）		学生互评（30%）		教师评价（40%）	
				评分	评语	评分	评语	评分	评语
知识目标	能够阐述热爱劳动的内涵		15						
	能够说明如何在劳动中培养劳动认同感		15						
能力目标	单项技能	能够通过劳动培养自己的耐心、细心和责任心	30						
	综合能力	能够全身心地投入体力劳动或脑力劳动中							
素质目标	具备兢兢业业、认真负责的劳动态度，并努力用自己的劳动为集体创造价值		20						
	具有较强的动手能力，乐于学习新的劳动技能，并且能够在实践中不断加以运用和提升		20						
综合评价									

注：学生自评占总分的 30%，学生互评占总分的 30%，教师评价占总分的 40%，加权得出最终总分。综合评价分为五档，总分 90~100 分评价为"优"，80~89 分评价为"良"，70~79 分评价为"中"，60~69 分评价为"可"，60 分以下评价为"差"。

📖 | **案例**

匠心成就"铣工状元"——董礼涛

"以匠心铸造'中国芯'，挺起中国装备制造业的脊梁！"怀揣着这样的愿望，董礼涛来到哈尔滨汽轮机厂有限责任公司成为一名数控铣工。

刚参加工作时，董礼涛利用休息时间，捧着书本仔细钻研，趴在铣床上反复琢磨。随着不断实践和钻研，他的技术稳步提高，研究出了一些独具匠心的加工方式，大幅度提高了工作效率。

2010 年，首台 30 MW 燃气增压机组国产化生产攻关的重任落在董礼涛肩上。那时，董礼涛成立铣工工作研讨小组，每天扎在车间，反复研讨，寻求突破。经过不懈努力，整套燃气增压设备国产化任务终于完成。如今董礼涛大师工作室已发展为"国家级技能大师"工作室。凭借着对工作的热爱，他工作3年就被称为"铣工状元""技术大王"，2020年获评"全国劳动模范"，2023年获评"大国工匠年度人物"。面对诸多荣誉，董礼涛依旧保有平常心和对事业的热忱。

（资料来源：新华社媒体，有删改）

案例分析

董礼涛凭借对工作的一腔热忱，执着、细致、创新的匠心精神和神"专"、善"改"、能"拼"的工作态度，获得如今的成绩。目前，董礼涛大师工作室已完成各类创新成果近百项，取得28项国家专利、命名操作法3项。董礼涛的匠心在于他将平凡的工作干出不平凡的成绩，别人能干的他要干，别人干不了的他想办法干，还要干得好。

思考题

请问你如何理解"只有奋斗的人生才称得上幸福的人生。""奋斗者是精神最为富足的人，也是最懂得幸福、最享受幸福的人。"

4.3

辛勤劳动

情境导入

据世界钢铁协会统计，我国2023年粗钢产量为10.191亿吨，连续27年位居世界第一。这与每一位钢铁工人的辛勤付出密不可分。

钢铁厂工作忙碌且繁重。工人们需身穿厚重的防护服，佩戴着安全帽和护目镜，尽职尽责地巡查各个生产环节（图4-3）。

图4-3
钢铁加工场景

熔炼工人需专注地监控着炉温和熔融状态，确保每一批钢水的质量符合标准。炼钢过程中，火光四射，热浪扑面而来，但他们毫不畏惧，牢牢把握着每一个操作细节。

在轧制区，工人们要用力地操纵着巨大的机械设备，将炽热的钢坯轧制成各种规格的钢材。在这过程中，要时刻保持警觉，耳听机器的运转声，眼观周围的环境，确保安全和生产效率。

车间里有的工人举起重物，搬运着钢筋、钢板；有的则忙着调试仪器，记录数据。尽管工作环境艰苦，但众人默契合作，互相鼓励，展现出对钢铁事业的执着追求和责任担当。

话题讨论

　　钢铁象征着坚韧与力量，钢铁工人辛勤付出，以默默无闻的奉献，为社会的进步与发展贡献着自己的力量。辛勤劳动不仅是个人价值的体现，更是推动社会前进的重要动力。

一、辛勤劳动的内涵

　　辛勤劳动是指个体或群体以持续、努力的态度投入体力和脑力，克服困难、追求目标的过程。辛勤劳动是对劳动过程及劳动强度的充分肯定，描述的是辛辛苦苦、勤勤恳恳从事生产劳动，是实践过程中的行动状态。

1. 持之以恒地投入劳动

　　辛勤劳动需要具备坚韧不拔的毅力和耐力，不被困难和疲劳轻易阻挡，日复一日地坚持付出努力。"人生在勤，勤则不匮。"只有辛勤劳动才能实现自己的梦想，只有通过勤劳的双手创造出来的财富，才是真正属于自己的财富。一分耕耘，一分收获。幸福生活需要付出勤奋的汗水，需要不断锻炼本领、提升能力，通过辛勤劳动来获得。在这个需要奋斗、需要勤奋的时代，应大力弘扬劳动精神，让勤劳致富和辛勤劳动成为劳动者最靓丽的底色，通过不断学习来提升自身的劳动素养，脚踏实地地干好本职工作，以实际行动谱写新时代劳动者之歌。

2. 专注与认真的态度

　　辛勤劳动要在劳动过程中全神贯注，对每一个细节都精益求精，以确保劳动的质量和效果。"业精于勤，荒于嬉。"中华民族勤于劳动、善于创造，正是因为劳动创造，我们拥有了历史的辉煌；也正是因为劳动创造，我们拥有了今天的成就。辛勤劳动是中华民族的优良传统和美德之一，世世代代的中华儿女凭借勤奋劳动，开垦了疆土，开发了资源，美化了河山；广大劳动人民代代相续，辛勤劳作，创造了灿烂辉煌的中华文化，积淀了充沛丰富的人文精神。在长期的劳作中，中国人民用双手和智慧创造了绚丽多彩的古代文明，推动了中国社会的进步和历史的发展。

3. 勤奋努力的特质

　　辛勤劳动要积极主动地去承担劳动任务，不懒惰、不敷衍，以高度的热情和积极性对待劳动。农业生产者用四季的辛勤耕耘，换来秋天的丰收喜悦；工人们用日复一日的辛勤劳作，生产出质优价廉的优质产品；老师们用年复一年的辛勤教学，获得桃李满天下的累累硕果。这些都体现出勤奋努力的特质。

4. 不怕吃苦的精神

辛勤劳动需要能够坦然面对劳动中可能遇到的艰辛和困苦，不抱怨、不退缩，勇于在艰苦环境中拼搏奋斗。"社会主义是干出来的。"热爱劳动的优秀品质镌刻于中华民族精神脉搏之中，代代相传，绵延至今，成为广大劳动群众书写当代中国历史发展、社会进步绚烂篇章的重要精神之源。"铁人"王进喜、"宁肯一人脏、换来万人净"的时传祥等一大批先进模范，响应党的号召，带动广大群众自力更生、奋发图强。

5. 对目标执着的追求

为了实现既定的目标或创造价值，不辞辛劳地付出，以辛勤的汗水浇灌劳动成果。功崇惟志，业广惟勤。三峡工程竣工、青藏铁路通车，南水北调、西气东输，"嫦娥"飞天、"蛟龙"潜水……每个"中国奇迹"的背后，都是众多劳动者经年累月的辛勤奋斗和对目标的执着追求。

6. 责任担当的体现

辛勤劳动是对自己所从事的劳动负责，为了达成更好的成果而不懈努力，为个人、家庭和社会贡献力量。辛勤的劳动者凭借着工作中的责任与担当在劳动中铸就的"铁人精神""两弹一星精神"等，成为激励各族人民意气风发投身社会主义建设的强大精神力量。在中国共产党的带领下，广大劳动群众不畏自然环境的艰难，不惧物质条件的贫瘠，勤于劳动，勇于斗争，取得了社会主义革命和建设的胜利。改革开放和社会主义现代化建设新时期，"蓝领专家"孔祥瑞、"金牌工人"窦铁成、"新时期铁人"王启明、"新时代雷锋"徐虎、"知识工人"邓建军、"马班邮路"王顺友等一大批劳动模范和先进工作者，干一行、爱一行，专一行、精一行，带动广大劳动群众锐意进取、积极投身改革开放和社会主义现代化建设，为国家和人民建立了杰出功勋。

二、端正辛勤劳动的态度

1. 树立远大理想辛勤劳动

周恩来总理在少年时代曾立下宏伟志向"为中华之崛起而读书"，体现了他为国家和民族而奋斗终生的责任感和使命感。现实生活中存在着各种困难和挑战，我们唯有树立远大的理想和宏伟的目标，才能发扬甘于奉献精神，勇于拼搏、敢挑重担，主动为全面建设社会主义现代化国家奉献自己的辛勤劳动。

习近平总书记曾怀着殷切希望寄语青年："历史和现实都告诉我们，青年一代有理想、有担当，国家就有前途，民族就有希望，实现中华民族伟大复兴就有源源不断的强大力量。"我国青年一代要适应当今世界科技革命和产业变革的需要，勤学苦练、深入钻研，要学好一技之长，用奋斗点亮青春。要让国家有前途、民族有希望，青年一代要把辛勤劳动当作自己终身进行的事业，为实现中华民族伟大复兴作出贡献。

2. 矢志奋斗实现劳动目标

辛勤劳动要求通过矢志奋斗实现劳动目标。对美好生活的向往、对人生目标的追求是人们持之以恒地付诸劳动实践的动力源泉。要坚定理想信念，坚持艰苦奋斗，依靠勤劳和汗水开辟人生和事业前程。辛勤劳动需要锤炼劳动意志以克服各种困难。劳动过程不会一帆风顺，往往荆棘丛生、充满坎坷，伴随着各种艰难险阻和风险挑战，劳动者必须顽强斗争、敢于担当，在攻坚克难中创造业绩，在知重负重、苦干实干中彰显劳动精神。辛勤劳动要求不懈奋斗、永久奋斗。追求人生幸福和自我实现不能急功近利，而是要努力练好人生和事业的基本功，依靠点滴作为和辛勤耕耘，实现完善自我、超越自我，在做好每一件小事、完成好每一项任务、履行好每一项职责中践行辛勤劳动。

3. 辛勤劳动要有创新智慧

人类是劳动创造的，社会也是劳动创造的，要激发劳动者的劳动积极性，在工作中实现辛勤劳动、创造性劳动。辛勤劳动要有劳动者的智慧，不能傻干、蛮干，有的"辛勤"可能会让我们在重复的劳作中难以突破。而创新智慧则为辛勤劳动注入了新的活力和可能性。

拥有创新智慧，能让我们在劳动过程中不断思考新的方法、途径和模式，提高劳动效率和质量。它可以帮助我们打破传统思维的局限，开拓新的领域和机会。比如，通过技术创新改进生产流程，或是通过创意想法创造出更有价值的产品或服务；通过新技术、新工艺、新材料、新设备，运用工程领域中的最新、最前沿的科技手段，提高工作质量和效率，促进产业的升级和转型，乃至推动经济社会发展。

同时，在辛勤劳动中激发的创新智慧也会进一步推动我们更加积极主动地投入劳动，形成良性循环。这样，我们不仅能实现自身价值的提升，也能为社会的发展和进步做出更大的贡献。当我们将辛勤劳动与创新智慧紧密结合起来时，就能在各个领域绽放出更加绚烂的光彩。

学习评价

请根据评价内容，结合受评价者对辛勤劳动的认知和实践程度进行自我测评、学生互评和教师评价，并写出评分和评语。

考察项目	评分要点		分值（满分100分）	学生自评（30%）		学生互评（30%）		教师评价（40%）	
				评分	评语	评分	评语	评分	评语
知识目标	能够阐述辛勤劳动的内涵		15						
	能够说明如何端正辛勤劳动的态度		15						
能力目标	单项技能	能够秉持勤奋努力的态度对待每一项工作和任务，善于自我激励，在劳动中保持热情和动力	30						
	综合能力	能够勤奋努力，全力以赴地完成每一项任务，以严谨的态度对待劳动成果，追求高质量和高效率							
素质目标	能够积极主动地承担责任，与他人协同工作，共同为目标而努力奋斗		20						
	勇于尝试不同类型的劳动，不怕辛苦和困难，相信通过自己的努力能够克服一切挑战		20						
综合评价									

注：学生自评占总分的 30%，学生互评占总分的 30%，教师评价占总分的 40%，加权得出最终总分。综合评价分为五档，总分 90~100 分评价为"优"，80~89 分评价为"良"，70~79 分评价为"中"，60~69 分评价为"可"，60 分以下评价为"差"。

案例

"人民工匠"许振超：精益求精　持续创新

许振超是山东港口青岛港青岛前湾集装箱码头有限责任公司工程技术部固机高级经理。2023年，许振超带领团队在轮渡装卸作业中首次打破世界集装箱装卸纪录，开启了"振超效率"。此后，他带领团队又先后8次刷新集装箱装卸世界纪录，让"振超效率"成为港航界"金招牌"。

为完成学习型、知识型、创新型的当代产业工人转变，他读过的各类书籍多达2 000余册，写下了几十万字的读书笔记。通过孜孜不倦地学习和奋斗，他带领团队进行技术攻关，解决传统集装箱装卸高能耗、高排放的问题，年节约生产成本2 000万元。近年来，许振超团队申报国家专利108项，完成技术革新项目998项，成为名副其实的"金牌工人"。他说"靠的是一代代劳动者挺起脊梁、奋勇争先的精神和劳作。辛勤劳动才是人间正道。"

许振超先后获得全国劳动模范、全国优秀共产党员、"改革先锋""最美奋斗者""人民工匠"等荣誉。

（资料来源：人民网，有删改）

 案例分析

许振超干一行、爱一行、精一行，精益求精做好本职工作，通过辛勤劳动成为当代产业工人的杰出代表。青岛港的现代化，离不开老一辈辛勤劳动的优良传统和精神力量，许振超身上体现的劳模精神、劳动精神、工匠精神也将被后辈广泛传承。

 思考题

请问你如何理解"人世间的一切幸福都需要靠辛勤的劳动来创造"这句话？

4.4

诚实劳动

情境导入

北京同仁堂是中药行业的老字号，创建于1669年，以"同修仁德，济世养生"为使命，不断强化质量管理，恪守"炮制虽繁必不敢省人工，品味虽贵必不敢减物力"的古训。2016年，这家百年老字号又荣获中国质量的最高荣誉——第二届中国质量奖（图4-4）。

图4-4
北京同仁堂招牌

一次，一名新来的员工正有板有眼地将制作安宫牛黄丸的药粉过箩。当班的张班长发现好几个略大于正常细粉的颗粒，她立刻判断是箩出了问题，急忙让员工把手上的活儿停下来，经检查发现在箩的槽梆处有一个小米粒大小的洞。找到症结后，张班长耐心地对新员工说：安宫牛黄丸是救人于危难的救命药，作为生产者不能有丝毫的马虎。我们必须随时注意生产过程中的点点滴滴，从细微处入手，要像保护自己的眼睛和生命一样珍视质量！

（资料来源：今日中国网，有删改）

 **话题讨论**

　　诚信是价值的根基，仁德是立身的根本。诚实劳动不仅关乎个人的成长和发展，更与社会和谐、企业竞争力、国家繁荣紧密相关，请结合自己的生活实际谈谈诚实劳动在生活中的重要意义。

一、诚实劳动的内涵

　　诚实劳动是指劳动过程中遵守职业道德、评价标准、法律规范，踏实肯干、实事求是，以诚信为基础完成劳动工作。

　　诚实劳动就是要在劳动活动和劳动交往中践行踏实做事、诚信做人的劳动规范。在劳动交往中要遵守以诚待人、守信践诺的道德要求，用诚实守信构建人与人之间的互信。

　　诚实劳动要求尊重实际、注重实效。在劳动过程中不能弄虚作假、不做表面文章、不搞花拳绣腿，要以实实在在的作风和行动，推动各项工作落实见效。诚实劳动要求信守承诺、诚恳待人。

　　诚实劳动是辛勤劳动的表现，也是创造性劳动的前提。我们崇尚劳动、尊重劳动，更要正确地付出劳动、从事劳动。诚实劳动是劳动者素质高低的衡量尺度，是人生态度的外在反映，是实现人生价值的重要手段，是立身处世的基本出发点。以诚为先、以诚为重、以诚为美，是劳动应有的品质。人世间的美好梦想，只有通过诚实劳动才能实现；发展中的各种难题，只有通过诚实劳动才能破解；生命里的一切辉煌，只有通过诚实劳动才能铸就。

二、形成诚实劳动的意识

1. 遵守诚实劳动的道德规范

　　诚实劳动是对劳动者品德的要求，表明劳动要实事求是、求真务实、遵纪守法。在实际工作中，求真务实意味着要脚踏实地、不弄虚作假，以科学严谨的态度对待每一项任务，严格遵守职业规范和法律法规，拒绝投机取巧和违法乱纪行为。遵纪守法是诚实劳动的底线要求，劳动者必须尊重并自觉维护法律权威，无论是对生产安全规定、质量标准还是环保要求，都应严格遵守，做到依法行事，在保障自身权益的同时也尊重和保护他人的权益。同时，诚实劳动还体现在对工作的热爱与负责上，唯有全心全意投入，才能为社会的发展和进步创造出丰富的物质财富与精神财富。在这个充满挑战与机遇的时代，广大劳动者应当将诚实劳动作为行动指南，坚持实事求是原则，立足国情，积极投身于中华民族伟大复兴和强国建设的宏伟事业中，用诚实的劳动书写属于自己的精彩篇章，共同为实现中国梦贡献力量。

2. 强化诚实劳动的工作态度

诚实劳动可以带来长远利益，以身边诚实劳动的典范为榜样，学习和效仿。强化诚实劳动价值观，不断强调诚实、勤奋、负责的价值观，使其深入内心。通过剖析不诚实劳动的案例，从中吸取教训，经常自我反思，检查自己在劳动中的表现是否诚实。

空谈误国，实干兴邦。劳动光荣源自诚实的付出，只有诚实劳动，持之以恒，才能在平凡的岗位上创造出非凡的事业。中国特色社会主义建设是一项伟大的事业，千千万万个劳动者都是平凡而伟大的人，中国特色社会主义的建成需要每一个平凡而又伟大的劳动者立足本职工作，脚踏实地。新时代需要有本领、有担当的劳动者，需要崇尚劳动、热爱劳动、诚实劳动的风尚，同时也需要将劳动精神培育成为社会主流。为此，要牢固树立终身学习的理念，不断提升自身的综合素质和专业技能，积极适应时代发展对劳动者提出的新要求，努力成为可堪大用、能担重任的栋梁之材。

3. 营造诚实劳动的社会氛围

我国社会主义市场经济体制不断完善，创造了举世罕见的经济快速发展的奇迹。然而，适应高质量发展要求的社会信用体系和新型监督机制还不够完善，要求劳动主体自觉遵守诚信经营的劳动规范，凸显劳动精神中"诚实劳动"的价值。国家和社会营造倡导诚实劳动的文化氛围，建立激励机制，对诚实劳动的行为给予肯定和奖励，激发积极性，让人们从小就明白诚实劳动的重要性，培养责任感；让人们意识到自己的劳动对他人和社会的影响，增强责任感。

三、诚实劳动的践行策略

1. 坚持诚实守信的工作作风

"人无信不立"这句《论语》中的话深刻地阐明了诚信对于个人的至关重要性。诚信是一个人在社会中安身立命的根本。一个有诚信的人，会得到他人的认可、尊重和信任，能够建立良好的人际关系，在各种交往和合作中更受欢迎。在工作中，诚信能让同事和合作伙伴放心与其共事，有助于事业的发展和成功。在生活的方方面面，坚守诚信能使自己内心坦然，活得问心无愧。相反，如果一个人缺乏诚信，总是出尔反尔、欺骗他人，那么他将难以在社会中立足，会失去他人的信任和支持，处处碰壁，甚至可能陷入孤立无援的境地。我们要始终将诚信视为为人处世的基本原则，以真诚和守信的态度对待他人和生活，这样才能在人生的道路上稳稳前行。

诚实守信的工作作风要从"言而有信""言行一致"的习惯开始，这里说的"言"就是一种隐形的契约，而"信"则是兑现契约。大学生在学校生活中，要谨言慎行，不能兑现的事情就不要承诺，只要做出承诺就不能轻易反悔。实现言而有信，需要学会判断自己兑现承诺的能力，即把"守信"作为行事依据判断是否可以"立言"。一旦作出了承诺就要"言行一致"，用行动去兑现。在生活和工作中，答应别人的事，无论付出多少艰辛、经历多少磨难，都应兑现自己的承诺。

2. 严守追求完美的工作信念

追求完美意味着在工作中始终以最高标准来要求自己，不满足于"差不多""还行"，而是力求做到极致。这会促使我们更加专注和投入，对每一个细节都精心雕琢，不断提升工作的质量和水平。

为了做到这一点，需要保持高度的责任心，对待工作一丝不苟，认真对待每一个任务和环节。要具备不断进取的精神，持续学习和提升自己的能力，更好地实现对完美的追求。同时，要有耐心和毅力，不能因为遇到困难或挫折就轻易放弃对完美的追求，而是坚持不懈地去克服和改进。并且要善于自我反思和总结，及时发现不足之处并加以完善，在不断追求完美的过程中实现自我成长和进步。

对于大学生而言，我们要在学习和实训中时刻注意培养质量意识，学会诚信做事。首先是要做好相关知识、技能的准备；其次是要对自己的劳动能力做出初步的判断，评价自己是否能够保质保量地完成任务；最后是在劳动过程中要严格遵守规章制度，熟悉工作流程和劳动标准，按生产要求制作产品。从做好每件小事开始，形成质量意识。在劳动中如果我们能够提升劳动能力、遵循劳动标准、坚持质量意识，就能减少失误，提升劳动生产率。

只有严守追求完美的工作信念，我们才能在工作中创造出卓越的成果，展现出自己的价值，为个人和组织的发展贡献更大的力量。

学习评价

请根据评价内容，结合受评价者对诚实劳动的认知和实践程度进行自我测评、学生互评和教师评价，并写出评分和评语。

考察项目	评分要点		分值（满分100分）	学生自评（30%）		学生互评（30%）		教师评价（40%）	
				评分	评语	评分	评语	评分	评语
知识目标	能够阐述诚实劳动内涵		15						
	能够说明诚实劳动的践行策略		15						
能力目标	单项技能	以最真实的态度去对待每一项任务，确保所做的一切都是基于事实和诚信	30						
	综合能力	对自己的工作成果负责，敢于承认不足并努力改进							
素质目标	能够始终坚守诚实的原则，在工作和生活中不偷奸耍滑、弄虚作假		20						
	秉持诚实的理念，坦诚地交流和协作，积极面对问题并寻求解决办法		20						
综合评价									

注：学生自评占总分的 30%，学生互评占总分的 30%，教师评价占总分的 40%，加权得出最终总分。综合评价分为五档，总分 90~100 分评价为"优"，80~89 分评价为"良"，70~79 分评价为"中"，60~69 分评价为"可"，60 分以下评价为"差"。

 案例

乡亲们信任的"收件人"——檀世旺

檀世旺是某快递公司在安徽省池州市石台县乡镇快递站的快递配送员。这里留守的老人大多不会用智能手机，所以大家干脆直接在收件人一栏填上檀世旺的名字。檀世旺也用心地在通信录里给乡亲们加上备注："路口第二户""村口第六户""银色铁门"……檀世旺每天都带着几百件寄给自己的快递，翻山越岭 200 余千米，跑遍全县 8 个乡镇，把快递完好无损地送到乡亲们的手中。

凭借诚信，檀世旺成了乡亲们的"集体收件人"。送快递之余，檀世旺还经常替村民上房补瓦、帮患病老人买药、为老人买衣服……檀世旺凭借诚信的服务，给予相亲们更多的帮助和关怀，担当起了沉甸甸的社会责任。

通过诚实劳动，檀世旺获得了全国五一劳动奖章、全国岗位学雷锋标兵、全国最美职工等荣誉。

（资料来源：中国文明网，有删改）

📝 案例分析

檀世旺每天会收到上百单需由他转送的快递，承载着的大多是远在他乡子女的心意，他像一只勤劳的蜜蜂，每天辛苦奔波。用诚信的服务守护了外出务工子女与家乡亲人之间的"心桥"。也正是这份诚实劳动，让外出务工人员可以安心工作。我们也要学习檀世旺的精神用自己的诚实劳动，为他人带来更好的服务或产品。

📖 思考题

习近平总书记说："面对外部诱惑，要保持定力、严守规矩，用勤劳的双手和诚实的劳动创造美好生活，拒绝投机取巧、远离自作聪明。"请问该如何理解这句话？

4.5

创造性劳动

 情境导入

　　时敬龙毕业于长春汽车工业高等专科学校，是一汽解放汽车有限公司商用车开发院试制部的数控机床技能师、高级工程师。2024年"五一"前夕，时敬龙获得全国五一劳动奖章，并作为获奖代表在人民大会堂发言。

　　一次，他承接了新能源汽车电池的石墨双极板试制任务。加工时需要将2毫米厚的石墨双极板毛坯精确加工到0.5毫米，并用0.3毫米的微小直径刀具雕刻出高精度的细小流道。他提前做了多种加工方案，可在加工时还是频繁出现裂纹、变形、崩边等问题。于是他一边查资料，对相关的200多个专利技术进行研究；一边进行加工试验。大家几乎每天不停地调整参数，反复试切。经过上千次试验后，终于研制出将双极板的制造精度做到头发丝直径的三分之一的加工工艺。

　　在数十年工作中，时敬龙带领团队精益求精，持续推进新技术、新工艺、新材料在自主核心产品精密制造中的成功应用，多次打破国外技术垄断，为解放品牌勇立潮头提供了有力技术支撑。

（资料来源：第一汽车网，有删改）

 **话题讨论**

时敬龙作为新时代的劳模工匠，专注钻研先进制造技术，追求极致创新，为铸就民族汽车品牌辉煌贡献自己的智慧和力量。在加快建设制造强国的当下，产业工人大有可为。请谈谈还有哪些创造性劳动改变了我们的生活。

一、创造性劳动的内涵

创造性劳动是指人们突破惯常的思维方式、生产方式、组织方式，创造和运用全新的思维观念、知识技术、工艺流程等，产生出新知识、新技术、新思维、新成果，从而提高劳动效率，或产生超值社会财富，或新成果的劳动。习近平总书记指出，"现在的劳动不能是过去的苦干、傻干，而应是'巧干''会干'，这样才'能干'。"

创造性劳动的内涵可以阐述为在创造性思维的支配下，具有科学知识和科学技术的劳动者，通过创造发明来改变人类与自然的物质交换过程，打破生产要素组合的均态，形成新的生产要素组合和新的劳动程序，使人类劳动在前所未有的程序上进行，从而加速人类物质财富和精神财富创造的生产活动。

创造性劳动有新颖性、价值性和风险性的特征。新颖性是指创造性劳动的产品（包括知识与技术）过去从来没有被公开使用过或者以其他方式为公众所知；价值性是指创造性劳动在创造价值上表现为"乘数效应"，与一般性劳动相比对产品价值的贡献要大得多；风险性是指创新意味着挑战和风险，创新与风险相伴而生，一切创新都是在战胜风险。

二、创造性劳动的诞生及发展

1. 创造性劳动的诞生阶段

当人类开始学会思考和解决问题时，就逐渐出现了创造性劳动的萌芽。早期人类为了更好地适应环境、获取食物和保障生存，开始创造性地学会使用工具，尝试制作简单的工具，这是具有里程碑意义的突破。石器的产生和使用便是人类最初的创造性劳动的体现。

2. 创造性劳动初步发展阶段

在漫长的历史进程中，人类通过创造性劳动不断改进生产方式、发明了新技术、创造了艺术作品，可以说，创造性劳动推动着人类社会一步一步向前发展，从原始走向文明，从简单走向复杂和先进。每一个伟大的发明、发现和进步，都离不开人类的创造性劳动，它伴随人类始终，是人类不断进步的源动力。

3. 创造性劳动蓬勃发展阶段

进入现代社会，科技的飞速进步为创造性劳动提供了更为广阔的空间。从互联网的兴起、人工智能的发展到各种创新商业模式的出现，都是创造性劳动的成果。

2024年5月，习近平总书记提出了发展新质生产力是推动高质量发展的内在要求和重要着力点后，创造性劳动在新工科、新医科、新农科、新文科等领域全面开花，不断涌现的新方法、新技术、新工艺、新标准促进了产业升级和技术变革。这不仅推动着物质文明的进步，也丰富着人类的精神文明。而且，随着教育水平的提高和社会环境的鼓励，越来越多的人投身于创造性劳动中，不断推动其向更高层次发展，持续塑造着人类社会的未来。

三、创造性劳动的社会价值

创造性劳动就是要充分展现人的创造本质，充分发挥人的主体精神，不仅创造常规的劳动产品，而且创造新的劳动产品；不仅重复性地从事劳动，而且不断改进工艺、技术、设计；不仅创造新的劳动产品，而且创造新的劳动方式。一个崇尚劳动的民族，必然是一个辛勤劳动、诚实劳动、创造性劳动蔚然成风，成为公民素质一部分的民族。

创造性劳动的表现形式多种多样，我们根据劳动主体发挥主观能动性对创造性劳动进行分类，可以分为四种表现形式。

1. 科学创新劳动

科学创新劳动是为进一步认识客观事物而获得新知识的创造性劳动。比如，实验科学先驱伽利略、经典力学始祖牛顿、第一个发现镭的女科学家居里夫人、对电磁学作出巨大贡献的法拉第、创立相对论学说的爱因斯坦以及编制出化学元素周期表的门捷列夫等科学家，他们都是从事科学创新劳动的光辉典范。

2. 技术创新劳动

技术创新劳动是为节约时间和空间，节约体力和精力，节约资源和能源而探索更简便的思想、方法及手段的创造性劳动。技术创新劳动并没有发现新知识的科学创新，而是能给社会带来巨大效益的技术创新。从产业发展的历史来看，在许多重要产业，包括高新技术产业，关键的并不是科学创新劳动，而是技术创新劳动。比如要做出0.5微米的集成电路技术产品，其科学原理早已为人们掌握，但如何降低成本、提高生产率，则需要复杂的技术创新劳动才能完成。

3. 产品创新劳动

产品创新劳动是为满足社会与个人的需要，设计与创造具有新使用价值的产品的创造性劳动。比如人们需要交通工具更快速、更安全、更舒适，不断进行创造性劳动，先后发明了马车、汽车、火车、飞机等运载工具，不断创造新的产品。

4. 人力创新劳动

人力创新劳动是发展人自身的劳动，它包括学习劳动和部分教育劳动。学习劳动和教育劳动都是塑造和培养劳动者新的能力和素质的劳动。由于人具有思想和个性，所以人力创新劳动并没有统一的模式，往往要因人而异，因材施教，处处实现创新。

四、践行创造性劳动

我们可以将创造性劳动划分为问题提出、思考探索、形成方案、实践验证四个阶段。

1. 问题提出阶段

创造性劳动是从发现问题、提出问题开始的。提出问题通常比解决问题更重要，因为提出问题需要有创新性的想象力，有价值的问题的提出需要基于知识和经验的积累以及对问题价值的判断。

2. 思考探索阶段

在这个阶段，需要围绕问题开展创造性思考和反复尝试，需要多方思维反复碰撞，不断进行组合、进行实验方案设计，以形成新的创意。

3. 形成方案阶段

在这个阶段，劳动者需要对研究的成果进行整理和验证，以确保其准确性和可靠性并形成创造性劳动方案。

4. 实践验证阶段

在实践验证阶段，主要是将理论、计划或设想付诸实际行动，并通过实际操作和观察来检验其有效性、可行性和正确性。在这个阶段，会具体实施相关的工作或活动，收集各种数据和信息，与预期的目标、标准进行对比。我们可能会遇到一些未曾预料到的问题和挑战，这就需要及时分析原因，寻找解决方案。

 学习评价

请根据评价内容，结合受评价者对创造性劳动的认知和实践程度进行自我测评、学生互评和教师评价，并写出评分和评语。

考察项目	评分要点		分值（满分100分）	学生自评（30%）		学生互评（30%）		教师评价（40%）	
				评分	评语	评分	评语	评分	评语
知识目标	能够阐述创造性劳动的内涵		15						
	能够说明创造性劳动四种表现形式		15						
能力目标	单项技能	能够勇于尝试新的技术和工具，不断拓展自己的技能边界	30						
	综合能力	面对复杂的任务，能够运用创造性思维构建出具有创新性的解决框架							
素质目标	拥有强烈的好奇心，渴望探索新的领域和方法		20						
	面对问题时善于打破常规思维，能积极尝试从不同的角度看待事物，寻求独特的解决方案		20						
综合评价									

注：学生自评占总分的 30%，学生互评占总分的 30%，教师评价占总分的 40%，加权得出最终总分。综合评价分为五档，总分 90~100 分评价为"优"，80~89 分评价为"良"，70~79 分评价为"中"，60~69 分评价为"可"，60 分以下评价为"差"。

"钻头大王"倪志福

倪志福，1933年出生于上海，1953年训练班学习结束后，进入了国营六一八厂（北京永定机械厂）当钳工。当时，工厂接受了一批给高锰钢减速器外壳钻孔的任务。高锰钢硬度很高，极难加工，不但打孔效率低，而且钻头磨损极快。一向爱好钻研技术的倪志福，对此产生了兴趣。他仔细观察加工的每一个细节，找到了钻头最薄弱的部分——钻心部分的外缘转角处。经过长期的钻研与探索，他打破了上百年来麻花钻头刀口平直的常规，创造性地将钻头磨成了三尖七刃的形状。奇迹发生了，钻孔又快又耐磨。经过无数次试验对比，钻头功效提高了2~3倍，寿命延长了3倍，具备高速耐磨、轻巧省力、排屑方便、寿命长、质量好、效率高的优点。该钻头被命名为"56型倪钻"，很快在国内外得到推广应用。这之后倪志福又与技术员共同发明了7种钻型。

倪志福这位从工人成长起来的工程师，为金属切削技术的发展作出了重大贡献，成为中国工人阶级的杰出代表。后来倪志福走上了领导岗位，先后担任过第十一届、第十二届中央政治局委员，第七届、八届全国人民代表大会常务委员会副委员长，中华全国总工会主席等重要职务，为我国的社会主义建设作出了重大贡献。

（资料来源：中国兵器工业集团公司网站，有删改）

 案例分析

在工作中刻苦学习、勤奋工作、善于总结，注重理论同实践相结合，工作深入细致，重视调查研究，富有开拓创新精神。倪志福时刻牢记党的教导，勤勤恳恳、任劳任怨、清正廉洁，对身边工作人员要求严格，为岗位创新创造了典范，为知识工人树立了榜样。

 思考题

请结合自身所学专业思考如何进行创造性劳动？

请结合自己专业实际，运用多种渠道搜索本专业领域中获得党和国家最高荣誉的代表人物（如"共和国勋章"获得者、全国五一劳动奖章获得者、全国劳动模范、大国工匠等）的先进事迹，从崇尚劳动、热爱劳动、辛勤劳动、诚实劳动和创造性劳动五个方面对其劳动观进行分析，并填入表4-1。

表4-1　先进事迹解析表

人物简介	主要劳动事迹	其成果对国家和社会的意义
崇尚劳动的表现		
热爱劳动的表现		
辛勤劳动的表现		
诚实劳动的表现		
创造性劳动的表现		

参考文献

1. 习近平.在同全国劳动模范代表座谈时的讲话[N].人民日报，2013-04-29（2）.

2. 习近平.在庆祝"五一"国际劳动节暨表彰全国劳动模范和先进工作者大会上的讲话[N].人民日报，2015-04-29（2）.

3. 闻言.在强国建设、民族复兴新征程上充分发挥主力军作用[N].人民日报，2023-12-19（6）.

4. 筱蕾.北大荒精神[J].党史博览.2022（9）：2+65.

5. 教育部职业教育发展中心组编.劳动教育（高职本科版）[M].北京：高等教育出版社，2023.

6. 教育部职业技术教育中心组编.劳动教育读本（高职版）[M].北京：高等教育出版社，2021.

7. 赵放，王千文.职业院校劳动教育教程[M].北京：高等教育出版社，2022.

8. 庄得宝，刘文静.弘扬劳动精神的四重意蕴[J].求知，2024（5）：49-52.

9. 陈好敏.新时代劳动精神的三维审视[J].思想教育研究，2024（3）：109-115.

10. 梁丽丽，胡志博，杨清.高职劳动教育课程分析与教材改革的深入思考[J].哈尔滨职业技术学院学报.2024（1）：23-25.

专题测试

专 题 五

合法依规劳动

本章旨在引导学生了解劳动相关法律、法规、政策，加深对有关思想理论、法规政策的理解，主动成为建立健全安全教育管理并重的劳动安全保障体系的重要一环。树立正确劳动观念和就业观念是增强职业认同感和劳动自豪感的题中之义，掌握基本的劳动安全防护知识是劳动安全风险防范与管理的关键之举，了解自身劳动权益、学会维护自身劳动权益更是检验劳动教育组织实施成效的决胜之要。劳动谱写时代华章，奋斗创造美好未来，作为新时代大学生，要坚定地走技能成才、技能报国之路，踊跃投身以高质量推进中国式现代化的火热实践中，争当全面推进强国建设、民族复兴伟业的开路先锋。

● 学习目标

知识目标：

1. 了解劳动组织的含义、作用和内容。

2. 了解劳动安全卫生规程。

3. 了解劳动法规以及劳动者权利保护的相关知识。

能力目标：

1. 能够辨识劳动组织。

2. 掌握基本的劳动安全防护知识。

3. 能够维护自己的劳动权益。

素质目标：

1. 增强树立正确劳动观念和就业观念的意识。

2. 增强依法劳动、安全劳动的意识。

3. 了解自身劳动权益，增强遵守劳动纪律的意识。

5.1

融入劳动组织

 情境导入

　　针对近期电信网络诈骗犯罪依然严峻的形势，班级团支部书记精心制作了课件向同学们宣讲如何辨别电信网络诈骗，增强安全防范意识。当听到有人使用个人身份证等信息注册空壳公司卖给别人挣钱犯法的时候，我们往往对什么是空壳公司有疑问，空壳公司是不是劳动组织呢？经查询我们了解到原来空壳公司没有开展劳动力资源配置、任务分配、工作协调等活动，并不属于劳动组织。

 话题讨论

　　同学们，那你们知道劳动组织的定义是什么吗？劳动组织能够发挥什么样的作用呢？

一、劳动组织的重要概念

1. 劳动组织的含义

劳动组织是企业或社会组织根据特定目标的需要，按照分工与协作的原则，正确处理劳动集体之间、劳动者之间以及劳动者与劳动工具、劳动对象之间的关系，建立的有效的劳动生产体系。比如企业、医院、学校、博物馆等，都是劳动组织。

（1）劳动组织早期形式。工业革命开始前以单个家庭或小型手工作坊为单位，劳动资源配置、劳动分工协作等劳动组织形式相对较为简单。

（2）劳动组织发展形式。伴随着工业革命的兴起和发展，手工业逐渐被机器大生产取代，优化劳动资源配置的流水作业、提高劳动生产效率的分工协作等劳动组织形式出现，劳动组织逐渐转变为以工厂为单位（图5-1）。

（3）劳动组织拓展形式。21世纪以来，伴随着经济与科技的全球化发展，线上办公、平台派单、灵活用工等新型劳动组织出现，劳动组织的内涵与形式不断发展延伸。

2. 劳动组织的意义

（1）优化劳动资源配置。劳动组织的合理设置，直接促进流水作业、分工协作等生产流程的规范、标准和优化，有利于实现有效劳动，提高劳动生产效率。

（2）保障劳动合法权益。现实生活中，劳动者的合法权益受到侵害的事件时有发生，如没有按时发放工资、工作超过工时限制、工作环境危害健康等，劳动组织的

图5-1
绿色产业园

合理设置，有利于维护广大劳动者的合法权益。

（3）促进劳动关系和谐。人与人在日常相处过程中不可避免地出现这样或那样的矛盾、误解和纠纷。劳动组织的合理设置，有利于正确处理劳动集体之间、劳动者之间以及劳动者与劳动工具、劳动对象之间的关系，团结工作力量。

（4）推动经济社会发展。劳动组织的合理设置，有利于激发劳动者创造美好生活的动力，加强技术创新以推动科技进步、产业升级，促进社会经济高质量发展，为实现中华民族伟大复兴奠定坚实基础。

二、劳动组织的核心内容

1. 明确工作内容，优化生产流程

（1）厘清任务。明晰工作任务、工作能力、工作标准、工作责任、工作场景等生产要素。

（2）设计流程。制定合理的工作计划和人员配置方案，优化劳动资源配置，促进劳动关系和谐。

2. 明确组织结构，优化人力资源

（1）服务需求。明确人员招聘、调配和培训等方面的实际需求，编制岗位说明书。

（2）满足预测。明晰部门结构、岗位结构、团队结构等组织架构，测算现有规模是否满足下一步发展要求。

（3）优化机制。在人员招聘、调配和培训方面吸取良好经验，探索建立长效机制。

3. 明确用人标准，优化选聘过程

（1）拓宽渠道。选择合适渠道，如开展社会公开招聘或组织内部选聘工作。

（2）灵活筛选。坚持人事相宜、人岗匹配的用人原则，对岗位候选人开展笔试、面试等选拔工作。

（3）严格录用。根据岗位候选人知识、能力和素质方面的综合情况，决定是否录用。

4. 明确培训质量，优化生涯规划

（1）目标分析。评估应聘者知识、能力和素质，以及现状、问题和下一步拟采取的对策，明确岗位要求和培训目标。

（2）计划安排。制定具有操作性强、可行度高的培训方案，详细做好培训时间、

场地、课程、师资、对象等计划安排。

（3）培训实施。结合实际需求开展培训工作，为确保培训工作符合岗位技术技能要求，应对培训过程和结果进行有效评估。

5. 明确评价方法，优化绩效管理

（1）统筹兼顾。与工作人员商定兼顾双方权力和利益的绩效目标，双方清晰绩效要求、接受绩效管理。

（2）全程监控。结合绩效目标实施落地情况，掌握关键进度、做好全程监控。

（3）结果应用。建立激励机制，加强员工关怀，促进员工发展，强化企业文化建设，推动特定目标实现。

三、劳动组织的融入策略

1. 树立正确的劳动观念

要厚植和坚守家国情怀，崇尚劳动、尊重劳动，树立劳动最光荣、劳动最崇高、劳动最伟大、劳动最美丽的观念。要体会"劳动创造美好生活"，体认"劳动不分贵贱"，热爱劳动，尊重普通劳动者，培养劳动精神，把个人理想追求融入国家和民族事业之中。

2. 树立正确的就业观念

要结合所学专业做好职业生涯发展规划，充分认识自身的特色与优势，提前熟悉自己规划的职业路线。要坦然接受当下自己的不完美，清醒认识自身知识、能力、素质与目标岗位匹配的差距，从而见贤思齐、奋起直追。要时常关注形势政策、行业动态、招聘条件，避免自身就业意向与社会需求不相吻合而产生矛盾。

3. 掌握熟练的技术技能

要积极参与实习实训等教育教学和企业实践，以熟练、精湛的技术技能体现自己认真的学习和工作态度。培养终身学习习惯，不断提升自身的履职能力和服务水平，快速适应就业岗位和时代发展的需要。

4. 积累厚实的知识储备

要增强自身学习能力，知识是能力的基础，要不断积累知识，不断创造新的认识，从而积累和储备技术技能、职业素养、劳动法律等方面的知识。积极参加公司组织的培训课程和活动，并且充分利用业余时间进行自我提升。

5. 培养良好的职业素养

要主动联系同事，通过询问、交流，熟悉所在劳动组织的工作流程、标准和当下重点推动的项目，以及同事的工作职责等。要充分尊重同事，善于团结同事，敢于表达自己对工作的思考，避免过度依赖同事的帮助。要适应企业文化，充分了解和尊重所在劳动组织的文化和价值观，努力实现单位的特定目标。

 学习评价

请你根据所学专业为自己精心设计一份职业体验方案，为更好融入劳动组织做好准备，并进行学习评价。

考察项目	评分要点		分值（满分100分）	学生自评（30%）		学生互评（30%）		教师评价（40%）	
				评分	评语	评分	评语	评分	评语
知识目标	正确理解劳动组织的含义		15						
	正确理解劳动组织的意义		15						
能力目标	单项技能	防范职业陷阱	30						
	综合能力	能够进行职业体验							
素质目标	劳动观念、就业观念正确		20						
	弘扬劳动精神、工匠精神		20						
综合评价									

注：学生自评占总分的 30%，学生互评占总分的 30%，教师评价占总分的 40%，加权得出最终总分。综合评价分为五档，总分 90~100 分评价为"优"，80~89 分评价为"良"，70~79 分评价为"中"，60~69 分评价为"可"，60 分以下评价为"差"。

极寒天气点外卖　九成受访者支持平台延长配送时间

中国青年报社曾开展"极寒天气下该不该点外卖"的网络问卷调查，显示51.27%的受访者认为极端天气行驶不安全，骑手危险系数高，不应该点；48.73%的受访者认为应该点，不点会让骑手失去收入。

某外卖平台专送吉林天成站点骑手王硕新表示在极寒天气下，希望消费者尽量不点，吉林天气较冷，下大雪时实在是不好送。"当然要点！我就是干这个工作的，还要养家糊口，大伙儿都不点我们就下岗了。"另一外卖平台北京东直门商圈骑手张冬表示："我一天跑10~12小时，根据天气情况每单补贴1元或2元，2023年12月那几天，天气补贴加冲单奖励，我拿到了差不多1 000元。"北京东直门站点的骑手周生表示极寒天气下如果必须点外卖，希望大家能更多地体谅、包容。

（资料来源：《中国青年报》，有删减）

 案例分析

2023年11月，人力资源社会保障部印发《新就业形态劳动者休息和劳动报酬权益保障指引》《新就业形态劳动者劳动规则公示指引》《新就业形态劳动者权益维护服务指南》，指导平台企业依法规范用工和新就业形态劳动者依法维权，维护新就业形态劳动者的基本权益。

恶劣天气下，外卖"点"或"不点"没有对错之分，个人应当注重弘扬社会主义核心价值观，对劳动者予以更多的关心和尊重；平台企业应当依法规范用工，对劳动者予以更多的关怀和激励；相关部门应当持续畅通维权渠道，对劳动者予以更多的关注和保障。

 思考题

同学们请仔细想一想，你身边都有哪些劳动组织？有没有哪些不是劳动组织但原来你误以为是劳动组织的呢？

5.2
学会劳动安全防护

 情境导入

　　大学毕业后，同学们都将奔赴自己期盼已久的工作岗位，也对自己未来的职业发展充满着无限的遐想，既要面对刚走上新工作岗位的挑战，也要面对如何在生产劳动过程中避免发生危及自身安全和健康的事故。安全和健康事关重大，关系到每一位劳动者及其家庭的稳定幸福。作为大学生，在未走上工作岗位前应学会劳动安全防护和职业病预防。

话题讨论

　　《中华人民共和国劳动法》规定，劳动者享有获得劳动安全卫生保护的权利。劳动者应当完成劳动任务，提高职业技能，执行劳动安全卫生规程，遵守劳动纪律和职业道德。劳动者在任何生产劳动过程中都有可能面临潜在的生产安全隐患，需要每一位劳动者在生产劳动过程中学会劳动安全防护。

一、劳动安全防护的重要概念

1. 劳动安全的含义

劳动安全，又称职业安全，是劳动者享有在生产劳动过程中人身安全获得保障、免受职业伤害的权利，避免中毒、车祸、淹溺、触电、塌陷、爆炸、灼烫、火灾、坠落、机械外伤等危及劳动者人身安全的事故发生。每个劳动者都应该充分认识劳动安全的重要性，要掌握基本的劳动安全知识和技能，避免在生产劳动过程中造成人员伤害和财产损失。

2. 劳动保护的含义

劳动保护是指为了防止劳动过程中发生安全事故，消除危及人身安全健康的不良条件和行为，采取各种措施来保障劳动者的生命安全和健康的行为。其内容包括劳动安全卫生、女职工和未成年工特殊保护、工作时间与休假制度、职业健康等。

3. 安全生产的含义

安全生产是为了使生产过程在符合物质条件和工作秩序下进行，防止发生人身伤亡和财产损失等生产事故，消除或控制危险、有害因素，保障人身安全与健康、设备和设施免受损坏、环境免遭破坏的总称。每年6月为我国的"安全生产月"，其目的在于做好安全宣传和教育活动，提高全民安全生产意识。

4. 牢固树立劳动安全意识

劳动安全意识，是指人们在生产劳动过程中建立劳动必须要安全的观念，也是一种对潜在危险和安全风险保持戒备和警觉的心理状态，并懂得及时运用相关规避安全风险措施保护自我。任何生产劳动都有可能产生劳动安全问题，劳动者要牢固树立安全意识，做到以下几个方面。

（1）思想上要牢固树立重视劳动安全和坚持人民至上、生命至上的思想观念，克服侥幸心理和麻痹心态。

（2）了解和熟悉各项生产劳动工作内容、性质和要求，不做与生产劳动无关的一切活动。

（3）广泛学习安全知识，学会辨识劳动环境、设备、管理等可能存在的安全风险隐患，及时采取规避风险措施。

（4）严格遵守劳动纪律和安全规章制度，主动接受劳动安全教育。

（5）严格遵守设备安全操作规程和作业流程。

二、劳动安全的基本原则

《中华人民共和国宪法》第四十二条规定："国家通过各种途径，创造劳动就业条件，加强劳动保护，改善劳动条件，并在发展生产的基础上，提高劳动报酬和福利待遇。"其中"加强劳动保护，改善劳动条件"是我国安全生产的基本原则，用人单位管理人员和劳动者要正确理解和掌握安全生产基本原则的实质与内容，才能在生产劳动过程中切实保障劳动者的安全和健康。

（1）坚持"以人为本"的原则。坚持人民至上、生命至上，把保护生命安全摆在首位，坚持安全第一、预防为主、综合治理的方针，从源头上防范化解重大安全风险。

（2）坚持"谁主管、谁负责"的原则。安全生产的重要性要求管理者必须是责任人，要全面履行安全生产责任。

（3）坚持"管生产必须管安全"的原则。要求各级管理人员和劳动者在生产过程中必须坚持在抓生产的同时抓好安全工作。

（4）坚持"四不放过"原则。事故原因未查清不放过，当事人和群众没有受到教育不放过，事故责任人未受到处理不放过，没有制定切实可行的预防措施不放过。

（5）坚持"三同时"原则。劳动安全卫生设施必须符合国家规定的标准，必须与主体工程同时设计、同时施工、同时投入生产和使用，保障劳动者在生产过程中的安全与健康。

（6）坚持"三不伤害"原则。在生产劳动过程中建立互相监督原则，即不伤害自己，不伤害他人，不被他人伤害。

三、劳动者在安全生产中享有的权利与应履行的义务

《中华人民共和国劳动法》《中华人民共和国安全生产法》等法律法规，都规定了劳动者享有的安全生产和劳动保护的基本权利和应履行的义务。

劳动者在从事生产劳动过程中享有知情权、获得劳动保护的权利，批评、检举和

控告的权利，拒绝违章指挥、强令冒险作业的权利，紧急避险权，获得工伤保险和民事赔偿的权利，民主管理、民主监督的权利。

而劳动者在安全生产中也需要履行相应的义务，如劳动者在从事生产劳动过程中应遵守本单位的安全生产规章制度和操作规程，服从管理，正确佩戴和使用劳动防护用品，接受安全生产教育和培训，发现事故隐患或者其他不安全因素应当立即报告。

四、劳动安全风险的识别及劳动安全应急处理

1. 劳动安全风险的类型

劳动安全风险是指劳动者在生产领域从事生产活动的全过程中，因人的不安全行为、物的不安全状态、管理上的缺失、客观环境等原因影响劳动者身体健康，导致疾病，甚至导致人员伤亡的不安全行为。每一位劳动者都应该懂得识别和防范劳动安全风险。

人的不安全行为，是指在生产活动中，来自人员或人为性质的危险和有害因素。物的不安全状态，是指机械、设备、设施、材料等方面存在的危险和有害因素。管理上的缺失，是指管理和管理责任缺失所导致的危险和有害因素。客观环境因素，是指生产作业环境中的危险和有害因素。

2. 劳动安全风险的辨识方法

生产劳动过程中的危险有害因素错综复杂，且具有一定的潜伏性，因此，我们在生产劳动事前、事中、事后必须辨识出危险因素、不安全行为所覆盖的范围和损害。可通过常用的两种方法辨识。

（1）直观经验分析法。对照有关法律法规、生产标准、检查表等，借助于经验和判断能力对劳动安全危险、有害因素进行分析辨识。

（2）系统安全分析法。应用系统安全工程评价中的某些方法进行危险、有害因素的辨识。

3. 劳动安全应急处理

劳动安全应急处理是指在生产劳动过程中发生意外事故或紧急情况时，采取的一系列快速反应和处理措施，以最大限度地减少人员伤亡、职业病、财产损失和环境破坏。生产经营单位应当制定本单位生产安全事故应急救援预案，并定期组织演练。每一位劳动者都有权利和义务知晓本单位的生产安全事故应急预案，要主动了解应急预

案编制、应急组织体系建立、应急培训与演练、应急响应的启动、应急措施的实施、事故调查处理等程序，不断提高应急救援能力水平。

五、规范使用劳动防护用品

劳动防护用品是一种防御性装备，指用于保护劳动者在生产劳动过程中免遭或者减轻事故伤害及职业危害的个人防护装备。劳动者在生产劳动过程中必须规范穿着劳动防护用品。不同的职业或工种有不同的劳动防护要求和标准，对身体防护部位也有不一样的侧重点。防护用品的防护功能主要是防物体打击伤害，防吸入有毒有害物质、保护面部和眼睛、防听力损伤、防坠落、防物理和化学危害等，常见的劳动防护用品包括安全帽、呼吸护具、防护眼镜和面罩、听力护具、防护鞋、防护手套、防护服、防坠落护具、护肤用品等（图5-2），劳动者在上岗前必须接受规范使用劳动防护用品的培训，以保障在劳动过程中免受伤害。

图5-2
佩戴劳动防护用具

六、劳动安全卫生与职业健康

劳动者依法享有职业卫生保护的权利。用人单位应当为劳动者创造符合国家职业卫生标准和卫生要求的工作环境和条件，并采取措施保障劳动者获得职业卫生保护，预防、控制和消除职业病危害，防治职业病，保护劳动者健康及其相关权益。

职业病，是指企业、事业单位和个体经济组织等用人单位的劳动者在职业活动中，因接触粉尘、放射性物质和其他有毒、有害因素而引起的疾病。常见的职业病主要包括职业性尘肺病及其他呼吸系统疾病、职业性皮肤病、职业性眼病、职业性耳鼻喉口腔疾病、职业性化学中毒、物理因素所致职业病、职业性放射性疾病、职业性肿瘤、职业性肌肉骨骼疾病、职业性精神和行为障碍、其他职业病等12类。

职业禁忌，即职业禁忌证，是指劳动者从事特定职业或者接触特定职业病危害因素时，比一般职业人群更易于遭受职业病危害和罹患职业病或者可能导致原有自身疾病病情加重，或者在从事作业过程中诱发可能导致对他人生命健康构成危险的疾病的个人特殊生理或者病理状态。

用人单位应当对劳动者进行上岗前的职业卫生培训和在岗期间的定期职业卫生培训，普及职业卫生知识，督促劳动者遵守职业病防治相关法律、法规、规章和操作规程，指导劳动者正确使用职业病防护设备和个人职业病防护用品。

劳动者应当学习和掌握相关的职业卫生知识，增强职业病防范意识，遵守职业病防治法律、法规、规章和操作规程，正确使用、维护职业病防护设备及职业病防护用品，发现职业病危害事故隐患应当及时报告。劳动者不履行职业卫生义务的，用人单位应当对其进行教育。

国家如何
定义职业病

七、职业学校学生实习安全要求

职业学校学生实习，是指职业学校学生按照专业培养目标要求和人才培养方案安排，由职业学校安排或者经职业学校批准学生自行到企（事）业等单位进行职业道德和技术技能培养的实践性教育教学活动。实习学生应遵守国家法律法规、校纪校规和实习单位安全管理规定，知晓实习期间劳动保护和劳动安全、卫生、职业病危害防护条件，认真完成实习方案规定的实习任务，提高自我保护意识。未经教育培训或未通过考核的学生不得参加实习。

职业学校和实习单位要依法保障实习学生的基本权利，并不得有以下情形。

（1）安排、接收一年级在校学生进行岗位实习。

（2）安排、接收未满16周岁的学生进行岗位实习。

（3）安排未成年学生从事《未成年工特殊保护规定》中禁止从事的劳动。

（4）安排实习的女学生从事《女职工劳动保护特别规定》中禁止从事的劳动。

（5）安排学生到酒吧、夜总会、歌厅、洗浴中心、电子游戏厅、网吧等营业性娱乐场所实习。

（6）通过中介机构或有偿代理组织、安排和管理学生实习工作。

（7）安排学生从事Ⅲ级强度及以上体力劳动或其他有害身心健康的实习。

除相关专业和实习岗位有特殊要求，并事先报上级主管部门备案的实习安排外，实习单位应遵守国家关于工作时间和休息休假的规定，并不得有以下情形。

（1）安排学生从事高空、井下、放射性、有毒、易燃易爆，以及其他具有较高安全风险的实习。

（2）安排学生在休息日、法定节假日实习。

（3）安排学生加班和上夜班。

学习评价

向老师、家人、朋友等了解你所学专业对应的工作岗位可能会遇到的劳动安全卫生风险有哪些，结合所学知识，给出你防范和化解劳动安全卫生风险的建议，并对本节学习进行评价。

考察项目	评分要点		分值（满分100分）	学生自评（30%）		学生互评（30%）		教师评价（40%）	
				评分	评语	评分	评语	评分	评语
知识目标	掌握劳动安全防护的基本知识		15						
	掌握劳动安全风险的辨识方法		15						
能力目标	单项技能	岗位工作任务性质与劳动安全风险的识别	30						
	综合能力	能够规避劳动安全风险							
素质目标	专业学习与劳动安全教育有机融合		20						
	培养劳动安全意识		20						
综合评价									

注：学生自评占总分的30%，学生互评占总分的30%，教师评价占总分的40%，加权得出最终总分。综合评价分为五档，总分90~100分评价为"优"，80~89分评价为"良"，70~79分评价为"中"，60~69分评价为"可"，60分以下评价为"差"。

专题五 · 合法依规劳动   133

李某作为在校大学生到某勘察公司实习，双方签订了员工实习合同。2022年1月的一天，李某与其工作搭档刘某到山东省泗水县某村对房屋院落现状进行拍照工作，李某负责拍照，刘某负责扛竹梯和扶竹梯。刘某在院落外墙竖好竹梯，但李某未使用该竹梯，而是通过该户楼梯爬至屋顶。因需要到另一家平房的屋顶拍摄，李某见两屋顶中间有一横梯，便踩着横梯通过，结果横梯断裂，李某坠落摔伤，后被公司派人送往医院住院治疗。李某与公司就其是否进行了专业岗前培训、是否违规作业等产生分歧，无法协商一致，最终李某将某勘察公司及其独资自然人股东王某一并诉至法院。

　　法院审理后认为，根据李某与某勘察公司签订的员工实习合同及双方陈述等证据，可以认定双方之间成立劳务关系。改善生产作业条件，提供必要的安全设备，进行安全教育，组织安全生产，是接受劳务方的责任与义务。某勘察公司作为接受劳务方，未提供有效的证据证明其对雇员进行了安全警示教育并提供相应的安全防范设备，且在明知李某存在危险作业的情况下未予以制止，对损害结果的发生具有一定过错。李某在提供劳务过程中，未尽到谨慎的注意义务，未留意脚下环境及踩踏具有危险性的横梯，其对自身的损害结果亦具有一定过错。综合考虑某勘察公司、李某的过错程度，法院认为，某勘察公司负事故的主要责任，承担70%的赔偿责任，李某自行承担30%的责任。某勘察公司为一人有限责任公司，王某为其唯一股东，因未举证证实某勘察公司的财产独立于个人财产，应当对公司债务承担连带责任。法院遂判决某勘察公司赔偿李某医药费、误工费、残疾赔偿金等各项费用共计15万余元，王某承担连带赔偿责任。一审宣判后，某勘察公司、王某均提出上诉。济南市中级人民法院审理后依法判决驳回上诉，维持原判。

（资料来源：《人民法院报》，有删减）

案例分析

　　除了合法的劳动合同关系外，劳务、雇佣关系和谐是社会和谐的重要基础。即将步入社会的大学生参加实习，事关广大学生和企业的切身利益以及经济社会发展。实习生作为提供劳务者，应当在雇佣单位的管理下认真工作、辛勤劳动。雇佣单位应当为实习生申明工作流程、安全操作规范，对其进行安全警示教育，提供充分的安全防范措施，使其形成安全作业习惯。

　　安全生产人人都是"第一责任人"，作为职业院校学生应如何在实习上岗前快速了解、防范与化解工作环境、岗位任务、操作流程等方面可能存在的安全生产风险与隐患？

5.3

运用劳动法律

情境导入

　　每年毕业季，大量学生迈出校园，步入社会，开始自己的职业生涯。作为职场新人，第一份劳动合同不仅是保障自己权益的重要文件，更是未来职业发展的基石。毕业生在签订或解除劳动合同时往往不了解相关规定，导致自身的合法权益受到损害。

话题讨论

　　大学生在签订劳动合同时应当注意哪些事项？劳动合同与就业协议有什么区别？当发生了劳动纠纷时，应当通过什么途径去维护自身的合法权益？

一、劳动法律体系的主要内容

目前我国的劳动法律较为健全，构成了相对独立的劳动法律体系，可概括为四个方面的法律法规：劳动者主体保障方面、劳动保险与工伤赔偿方面、劳动合同方面、劳动争议处理方面（图5-3）。

图5-3
劳动法律

（1）《中华人民共和国劳动法》是国家为了保护劳动者的合法权益，调整劳动关系，建立和维护适应社会主义市场经济的劳动制度，促进经济发展和社会进步，根据宪法制定的法律。调整的对象主要是劳动关系及与劳动关系密切相关的其他社会关系。《中华人民共和国劳动法》共13章、107条，其内容包括：总则、促进就业、劳动合同与集体合同、工作时间和休息休假、工资、劳动安全卫生、女职工和未成年工特殊保护、职业培训、社会保险和福利、劳动争议、监督监察、法律责任及附则。该法律是中华人民共和国成立以来第一部全面规范劳动关系的劳动法律，不仅保障劳动者权利，也促进社会生产力的发展，对社会发展具有重要意义。

（2）《中华人民共和国劳动合同法》是为了完善劳动合同制度，明确劳动合同双方当事人的权利和义务，保护劳动者的合法权益，构建和发展和谐稳定的劳动关系，根据宪法制定的法律。《劳动合同法》共8章、98条，其主要内容包括：总则、劳动合同的订立、劳动合同的履行和变更、劳动合同的解除和终止、特别规定、监督检查、法律责任、附则。《劳动合同法》是劳动法体系的重要组成部分。

（3）《中华人民共和国社会保险法》是为了规范社会保险关系，维护公民参加社会保险和享受社会保险待遇的合法权益，使公民共享发展成果，促进社会和谐稳定，根据宪法制定的法律。《社会保险法》是调整规范社会保险关系，着力保障和改善民生的重要法律。《社会保险法》共12章、98条，其主要内容包括：总则、基本养老保险、基本医疗保险、工伤保险、失业保险、生育保险、社会保险费征缴、社会保险基金、社会保险经办、社会保险监督、法律责任、附则。《社会保险法》是我国人力资源与社会保障法治建设中的又一个里程碑，具有十分重要的意义。

（4）《中华人民共和国劳动争议调解仲裁法》是为了公正及时解决劳动争议，保护当事人合法权益，促进劳动关系和谐稳定，根据宪法制定的法律。调整的范围是因确认劳动关系发生的争议。《劳动仲裁法》共4章、54条，其主要内容主要包括：总则、调解、仲裁（一般规定、申请和受理、开庭和裁决）、附则。通过法律途径解决劳动争议，对维护社会稳定、构建和谐社会将起到积极而重要的作用。

二、依法保障劳动者行使劳动权

1. 劳动合同的运用

《中华人民共和国宪法》规定了公民有劳动的权利和义务，劳动合同是保障劳动者实现劳动权的法律形式。劳动合同是建立规范有效劳动关系的重要依据，明确了双方权利和义务。每一位劳动者都应了解和掌握订立劳动合同的各项要求，维护自身合法权益。

（1）劳动合同的订立。订立劳动合同应当遵循合法、公平、平等自愿、协商一致、诚实信用的原则。依法订立的劳动合同具有约束力，用人单位与劳动者应当履行劳动合同约定的义务。

（2）劳动合同订立的时间和形式。用人单位和劳动者建立劳动关系后，应当签订书面劳动合同。已建立劳动关系，未同时订立书面劳动合同的，应当自用工之日起一个月内订立书面劳动合同。用人单位与劳动者在用工前订立劳动合同的，劳动关系自用工之日起建立。

（3）劳动合同期限。劳动合同的期限分为固定期限、无固定期限和以完成一定工作任务为期限三种。用人单位与劳动者协商一致，可以订立其中任何一种期限的劳动合同。

（4）劳动合同的履行和变更。用人单位与劳动者应当按照劳动合同的约定，全面履行各自的义务。用人单位应当按照劳动合同约定和国家规定，向劳动者及时足额支付劳动报酬，严格执行劳动定额标准，不得强迫或者变相强迫劳动者加班。用人单位安排加班的，应当按照国家有关规定向劳动者支付加班费。劳动者拒绝用人单位管理人员违章指挥、强令冒险作业的，不视为违反劳动合同。

用人单位发生合并或者分立，变更名称、法定代表人等情况，不影响劳动合同的履行，原劳动合同继续有效，劳动合同由承继其权利和义务的用人单位继续履行。用人单位与劳动者协商一致，可以变更劳动合同约定的内容。变更劳动合同，应当采用书面形式。

（5）劳动合同的解除和终止。用人单位与劳动者协商一致，可以解除劳动合同。劳动者提前三十日以书面形式通知用人单位，可以解除劳动合同。劳动者在试用期内提前三日通知用人单位，可以解除劳动合同。

2. 劳动合同与就业协议的区别

《全国普通高等学校毕业生就业协议书》，简称"就业三方协议"，是毕业生、用人单位、学校三方明确毕业生就业工作中的权利和义务的书面协议。协议书一式三份，用人单位、毕业生、学校各执一份，复印无效。毕业生与用人单位订立劳动合同（聘用合同）或招录手续完成后，协议自动终止。就业三方协议不等同于劳动合同，两者存在主体、内容、适用法律、签订时间等方面的区别。

（1）签订主体不同。就业三方协议的主体是毕业生、用人单位和培养学校；劳动合同的主体是毕业生和用人单位。

（2）签订内容不同。就业三方协议内容涉及用人单位和毕业生基本情况，拟安排工作岗位意向，约定期限到单位报到，订立劳动合同，办理有关招录手续，接收档案和户口关系，毕业院校鉴证登记等内容；劳动合同内容主要涉及员工的劳动报酬、劳动保护、工作内容、劳动纪律、劳动权利义务等，双方约定的劳动权利与义务更为具体详细全面。

（3）适用法律不同。就业三方协议适用《中华人民共和国民法典》相关规定，劳动合同适用《中华人民共和国劳动法》《中华人民共和国劳动合同法》等法律法规。

（4）签订时间不同。就业三方协议一般在毕业生毕业前签订，签订时间一般在订立劳动合同前，而劳动合同往往是毕业生毕业后到用人单位报到后签订。

三、劳动合同风险规避的类型

（1）未签订劳动合同的风险规避。已建立劳动关系，应当签订劳动合同。用人单位应当自用工之日起1个月内订立书面劳动合同。规定用人单位自用工之日起满一年仍然未与劳动者订立书面劳动合同的，除在不足一年的违法期间向劳动者每月支付2倍的工资外，还应当视为用人单位与劳动者已订立无固定期限劳动合同。用人单位违反规定不与劳动者订立无固定期限劳动合同的，自应当订立无固定期限劳动合同之日起向劳动者每月支付2倍的工资。未签订劳动合同，有用人单位往往不自觉为劳动者缴纳社保或给予相应的福利，甚至有些用人单位用劳务合同替代劳动合同等行为，都侵犯劳动者的合法权益。

（2）劳动合同内容的风险规避。用人单位招用劳动者时，应当如实告知劳动者工作内容、工作条件、工作地点、职业危害、安全生产状况、劳动报酬，以及劳动者要求了解的其他情况；用人单位有权了解劳动者与劳动合同直接相关的基本情况，劳动者应当如实说明。用人单位招用劳动者，不得扣押劳动者的居民身份证和其他证件，不得要求劳动者提供担保或者以其他名义向劳动者收取财物。以欺诈、胁迫的手段或者乘人之危，使对方在违背真实意思的情况下订立或者变更劳动合同视为无效合同。

（3）试用期期限的风险规避。劳动合同期限3个月以上不满1年的，试用期不得超过1个月；劳动合同期限1年以上不满3年的，试用期不得超过2个月；3年以上固定期限和无固定期限的劳动合同，试用期不得超过6个月。同一用人单位与同一劳动者只能约定一次试用期。以完成一定工作任务为期限的劳动合同或者劳动合同期限不满3个月的，不得约定试用期。试用期包含在劳动合同期限内。劳动合同仅约定试用期的，试用期不成立，该期限为劳动合同期限。

（4）试用期工资的风险规避。劳动者在试用期的工资不得低于本单位同岗位最低档工资或者劳动合同约定工资的80%，同时试用期工资不得低于用人单位所在地的最低工资标准。

（5）试用期社保缴纳的风险规避。用人单位应当自用工之日起30日内为其职工向社会保险经办机构申请办理社会保险登记。未办理社会保险登记的，由社会保险经办机构核定其应当缴纳的社会保险费。试用期内不缴纳社保属于违法行为。

电子劳动合同订立指引

四、职业院校学生实习期间的依法劳动

职业院校和实习单位要依法保障实习学生的基本权利，学生参加岗位实习前，职业院校、实习单位、学生三方必须以有关部门发布的实习协议示范文本为基础签订实习协议，并依法严格履行协议中有关条款。实习协议是实习单位与实习学生确立劳动关系的重要依据，未按规定签订实习协议的，不得安排学生实习。实习协议应当明确各方的责任、权利和义务，协议约定的内容不得违反相关法律法规。任何单位或部门不得干预职业院校正常安排和实施实习方案，不得强制职业院校安排学生到指定单位

实习，严禁以营利为目的违规组织实习。

五、维护新就业形态劳动者劳动保障权益

新就业形态劳动者，是指线上接受互联网平台根据用户需求发布的配送、出行、运输、家政服务等工作任务，按照平台要求提供平台网约服务，并获取劳动报酬的劳动者。平台企业和平台用工合作企业要根据用工事实和劳动管理程度，综合考虑新就业形态劳动者对工作时间及工作量的自主决定程度、劳动过程受管理控制程度、是否需要遵守有关工作规则和劳动纪律及奖惩办法、工作的持续性、能否决定或者改变交易价格等因素，与符合确立劳动关系情形的新就业形态劳动者订立劳动合同，与不完全符合确立劳动关系情形的新就业形态劳动者订立书面协议。

新就业形态
劳动者指引
及指南

六、劳动纠纷的解决方式

劳动纠纷是指劳动关系当事人之间因劳动权利和义务产生分歧而引起的纷争。根据我国相关法律规定，用人单位与劳动者发生劳动争议后，可以采取多种途径予以解决。根据《中华人民共和国劳动争议调解仲裁法》规定，处理劳动争议的方式主要是协商、调解、仲裁、诉讼。

（1）协商。发生劳动争议，劳动者可以与用人单位协商，也可以请工会或者第三方共同与用人单位协商，达成和解协议。

（2）调解。若双方不愿协商或协商无法达成一致的，当事人可到企业劳动争议调解委员会、依法设立的基层人民调解组织、在乡镇、街道设立的具有劳动争议调解职能的组织申请调解。

（3）仲裁。不愿调解或调解不成的，应当向劳动争议仲裁委员会申请仲裁，劳动争议仲裁是劳动争议诉讼的法定前置程序。

（4）诉讼。当事人对仲裁裁决不服的，可以自收到仲裁裁决书之日起十五日内向人民法院提起诉讼。

学习评价

请结合所学知识，由2~3名同学组建团队，查找网络直播、网约车、外卖配送等平台企业与新就业形态劳动者确立劳动关系的方式，并形成调研报告、对本节学习进行评价。

考察项目	评分要点		分值（满分100分）	学生自评（30%）		学生互评（30%）		教师评价（40%）	
				评分	评语	评分	评语	评分	评语
知识目标	掌握确立劳动关系的要求		15						
	掌握劳动合同的运用		15						
能力目标	单项技能	掌握劳动合同订立、解除的程序	30						
	综合能力	能规避劳动关系未确认存在的风险							
素质目标	正确树立履约守纪的职业道德素养		20						
	培养正确运用劳动法律意识观念		20						
综合评价									

注：学生自评占总分的30%，学生互评占总分的30%，教师评价占总分的40%，加权得出最终总分。综合评价分为五档，总分90~100分评价为"优"，80~89分评价为"良"，70~79分评价为"中"，60~69分评价为"可"，60分以下评价为"差"。

案例

劳动人事争议典型案例

徐某于2019年7月5日从某科技公司餐饮外卖平台众包骑手入口注册成为网约配送员，并在线订立了《网约配送协议》，协议载明：徐某同意按照平台发送的配送信息自主选择接受服务订单，接单后及时完成配送，服务费按照平台统一标准按单结算（图5-4）。从事餐饮外卖配送业务期间，公司未对徐某上线接单时间提出要求，徐某每周实际

图5-4
正在工作的外卖员

上线接单天数为3—6天不等，每天上线接单时长为2—5小时不等。平台按照算法规则向一定区域内不特定的多名配送员发送订单信息，徐某通过抢单获得配送机会，平台向其按单结算服务费。出现配送超时、客户差评等情形时，平台核实情况后按照统一标准扣减服务费。2020年1月4日，徐某向平台客服提出订立劳动合同、缴纳社会保险费等要求，被平台客服拒绝，徐某遂向仲裁委员会申请仲裁。

（资料来源：人力资源社会保障部官网，有删改）

📝 案例分析

该案争议焦点是，徐某与某科技公司之间是否符合确立劳动关系的情形。根据《关于发布智能制造工程技术人员等职业信息的通知》相关规定，网约配送员是指通过移动互联网平台等，从事接收、验视客户订单，根据订单需求，按照平台智能规划路线，在一定时间内将订单物品递送至指定地点的服务人员。《关于维护新就业形态劳动者劳动保障权益的指导意见》根据平台不同用工形式，在劳动关系情形外，还明确了不完全符合确立劳动关系的情形及相应劳动者的基本权益。

该案中，徐某在某科技公司餐饮外卖平台上注册成为网约配送员，其与某科技公司均具备建立劳动关系的主体资格。认定徐某与某科技公司之间是否符合确立劳动关系的情形，需要查明某科技公司是否对徐某进行了较强程度的劳动管理。从用工事实看，徐某须遵守某科技公司制定的餐饮外卖平台配送服务规则，其订单完成时间、客户评价等均作为平台结算服务费的依据，但平台对其上线接单时间、接单量均无要求，徐某能够完全自主决定工作时间及工作量，因此，双方之间人格从属性较标准劳动关系有所弱化。某科技公司掌握徐某从事网约配送业务所必需的数据信息，制定餐饮外卖平台配送服务费结算标准和办法，徐某通过平台获得收入，双方之间具有一定的经济从属性。虽然徐某依托平台从事餐饮外卖配送业务，但某科技公司并未将其纳入平台配送业务组织体系进行管理，未按照传统劳动管理方式要求其承担组织成员义务，因此，双方之间的组织从属性较弱。综上，虽然某科技公司通过平台对徐某进行一定的劳动管理，但其程度不足以认定劳动关系。因此，对徐某提出的确认劳动关系等仲裁请求，仲裁委员会不予支持。

 思考题

　　实习协议是保障职业院校实习学生劳动权益的重要依据，在遇到实习单位不愿与实习学生签订实习协议时，你作为实习学生将如何处理？

5.4

维护劳动权益

近年，以互联网行业为首兴起了"996"甚至是"007"的加班文化，这些通常仅作为紧急情况下的临时加班制度，被越来越多的企业作为日常工作制度（图5-5），由于行业不同，生产方式不一样，制造业等传统产业的从业者作息安排，难以一刀切地按照8小时来计算。

图5-5
深夜写字楼内仍灯火通明

话题讨论

在尊重行业特殊性的基础上，体面劳动要达到的标准和要求是什么？劳动者应该享受哪些合法权益？大学生面临岗位实习和就业时，如何保护自身劳动者权益？

一、体面劳动的重要概念

1. 体面劳动的含义

"体面劳动"作为一种劳动理念，旨在确保劳动者在自由、公正、安全和具有人格尊严的条件下体面地从事劳动活动。实现"体面劳动"的核心在于尊重劳动，切实保障劳动者的尊严和权利，确保他们能够获得合理的劳动报酬、全面的社会保障以及稳定的就业岗位。"体面劳动"强调在全社会范围内，通过提升就业质量、完善社会保障体系、切实维护劳动者基本权益，并推动政府、企事业单位及工会三方之间的协商对话，来全面优化劳动者的劳动条件。

2. 体面劳动的具体内容及要求

体面劳动包括四个方面的具体内容：（1）劳动者的基本权利得到保障；（2）充分的就业岗位和合理的收入；（3）有效的社会保护；（4）通过社会对话解决问题。

在人类劳动与社会发展的历史长河中，劳动始终是推动社会前进的重要力量，深刻体现了人类生存与发展的本质内涵。无论是从事体力劳动的工人，还是投身脑力劳动的知识分子，每一位劳动者都应享有充分的劳动权利，受到社会的尊重与保护。体面劳动的内涵，涵盖了公正的就业机会、合理的劳动报酬、完善的社会保障以及政府与社会各界的共同参与和努力。这些要素不仅构成了体面劳动的核心内容，也全面反映了我国对于劳动者权益的高度重视和全面保障。

我国宪法明确规定，中华人民共和国公民享有劳动的权利和义务。国家通过制定和实施一系列法律法规和政策措施，积极创造劳动就业条件，加强劳动保护，改善劳动条件，提高劳动报酬和福利待遇，从而确保劳动者的合法权益得到充分保障。

然而，在现实生活中，劳动者权益受损的情况时有发生，因此，如果说劳动的尊重性是体面劳动的核心理念，那么维护劳动者权益就是体面劳动概念的基本要求。

3. 体面劳动的意义

体面劳动的意义包含以下四个方面的内容。

（1）让劳动者实现体面劳动是落实以人为本的要求。以人为本就是要尊重每一个劳动者的尊严和价值，关注他们的生存状态和发展需求。体面劳动不仅意味着劳动者能够获得合理的薪酬和福利待遇，更意味着他们在工作中能够充分发挥自己的才能和创造力，实现自我价值。

（2）让劳动者实现体面劳动是时代精神的体现。随着科技的不断进步和产业结构的转型升级，劳动者的职业选择和工作环境也在发生着深刻的变化。改革创新是时代精神的核心，它推动着社会的发展和进步，为劳动者提供了更多的机遇和挑战。而让劳动者实现体面劳动正是时代发展进步的体现。

（3）让劳动者实现体面劳动是社会建设的重要基石。党的二十大报告指出："必须坚持在发展过程中保障和改善民生，鼓励共同奋斗创造美好生活，不断实现人民对美好生活的向往。"体面劳动是增进民生福祉，提高人民生活品质，满足人民日益增长的美好生活需要的坚实基础。

（4）让劳动者实现体面劳动是尊重和保障人权的重要举措。劳动权是劳动者的基本权利之一，也是人权的重要组成部分。实现体面劳动需要保障劳动者工作中的基本人权，保障就业和生存权，保障知情权和参与权。

二、劳动者权利的重要概念

1. 宪法和法律对劳动权利的界定

在我国，宪法和相关法律都对劳动权利进行了明确的界定。宪法作为国家的根本大法，对劳动权利的规定具有原则性和宏观性，为整个劳动权益保障体系提供了基础和指导。而相关法律则根据宪法的原则，对劳动权利的具体内容和实施机制进行了详细规定，使劳动权利在实际操作中具有可操作性和可诉性（表5-1）。

表5-1　宪法及相关法律对劳动权利的界定和体现

	对劳动权利的界定	主要体现
宪法	宪法作为国家最高的法律规范，对劳动权利的界定具有总体性和指导性	① 保障劳动者的劳动权利：宪法规定，国家尊重和保障人权，其中包括劳动者的劳动权利。劳动者有权利选择职业、劳动条件和劳动环境，有权拒绝非法劳动。 ② 规定劳动者的平等权利：宪法强调劳动者在劳动过程中享有平等权利，消除一切形式的就业歧视，保障男女老少劳动者享有同等权益。

	对劳动权利的界定	主要体现
		③ 保障劳动者的人格尊严：宪法规定，劳动者的人格尊严不受侵犯，禁止侮辱、体罚和虐待劳动者
相关法律	在宪法的基础上，我国各类劳动法律对劳动权利的具体内容和实施机制进行了详细规定	① 劳动基准法：规定了劳动者的最低工资、最长工作时间、休息休假、安全卫生等基本权益。 ② 劳动合同法：明确了劳动合同的订立、履行、变更、解除和终止等环节的权利义务关系。 ③ 劳动争议处理法：规定了劳动争议的处理程序和方式，保障劳动者的合法权益得到及时有效的维护。 ④ 社会保险法：规定了劳动者在养老、医疗、工伤、失业、生育等领域的社会保险权益。 ⑤ 特殊人群劳动权益保障法：针对妇女、残疾人、未成年人等特殊人群，制定了专门的劳动权益保障法规

2. 宪法与相关法律在劳动权利界定上的关系

宪法与相关法律在劳动权利界定上相互补充、相互协调。宪法为劳动权利保障提供了原则性和宏观性，相关法律则根据宪法原则，对劳动权利的具体内容和实施机制进行详细规定，这种体系既保证了劳动权利的全面性，又体现了实际操作的可行性。在实际工作中，宪法和相关法律在劳动权利界定上起到了关键作用，共同构成了我国劳动权益保障的基石，为劳动者提供了有力的法律保障。

三、保护劳动者合法权益

1. 劳动者的义务

在我国，劳动关系是基于相互尊重、平等协商的原则建立的。劳动者在享有合法权益的同时，也应承担相应的劳动义务，这一原则不仅是劳动关系的基本准则，更是社会和谐稳定的重要保障。劳动者与用人单位之间的相互尊重和平等协商是劳动关系的基础。这种尊重不仅体现在用人单位对劳动者权益的充分保障，如提供优质的工作环境和生活条件，更表现在劳动者对用人单位的忠诚尽责。

劳动者应恪守劳动纪律，遵循职业道德规范，以此维护劳动关系的和谐稳定。劳动者应积极履行自己的职责，这不仅是对用人单位的负责，也是对自身职业生涯的尊重，劳动者应当自觉遵循相关规定，确保工作品质和效率，这样才能在激烈的市场竞争中立于不败之地。同时应不断提升自身的职业技能和素质，在市场变革和技术进步的时代背景下，只有不断学习和进步，提高自身素养，才能为企业的发展贡献力量，促进社会的和谐发展。

2. 保护劳动者合法权益的途径

劳动者是社会发展的基石，他们的合法权益受到保障是社会稳定和进步的重要前提，而维护劳动者的合法权益有以下多种途径。

（1）法律维权：法律是维护劳动者合法权益的基石。在实际工作中，劳动者若遇到侵犯自身权益的情况，可通过申请劳动仲裁、提起诉讼等法律途径维权。

（2）工会维权：工会是劳动者维权的重要组织。我国《工会法》规定，工会是劳动者自愿结合的群众组织，代表和维护劳动者的合法权益，工会有权参与企业劳动争议的调解、仲裁，对企业侵犯劳动者权益的行为提出异议，并协助劳动者维权，劳动者应积极参与工会活动，利用工会资源维护自身权益。

（3）社会维权：社会维权是指社会各界对劳动者合法权益的关注和支持。媒体、社会组织、社会各界人士等都应关注劳动者权益问题，对侵犯劳动者权益的行为进行揭露和批评，形成舆论压力。

（4）企业尽责：企业是劳动者的用人单位，承担着保障劳动者合法权益的责任。企业应严格遵守国家劳动法规，切实保障劳动者权益，提高劳动者的工作环境、待遇和福利，促进劳动者与企业共同发展。

（5）劳动者自我保护：劳动者自我保护意识的提高是维护自身权益的关键。劳动者应掌握一定的法律知识，了解自己的权益，增强维权意识，同时在工作中严格遵守安全生产规定，关注自身生命安全，遇到侵犯权益的情况时，要敢于站出来，积极维权。

四、大学生权益保护及相关问题

1. "五险一金"的具体内容

依据《中华人民共和国社会保险法》，用人单位必须为劳动者参加社会保险的五险，即基本养老保险、基本医疗保险、失业保险、工伤保险和生育保险（表5-2），否则违反《社会保险法》会被处罚。对于公积金，用人单位可以选择性购买，但是必须为劳动者提供社会保险，即"五险"是法定的，而"一金"不是法定的。

当前也有"五险二金"的提法，即再加上"企业年金"或"职业年金"，企业年金是企业为本企业职工提供一定程度退休收入保障的补充性养老金制度，职业年金是机关事业单位及其工作人员在参加机关事业单位基本养老保险的基础上，建立的补充养老保险制度。

表5-2 "五险一金"具体内容

	内容	缴纳比例	作用
五险	基本养老保险	个人缴纳8% 单位缴纳20%	累计交满15年退休后终生享受养老金
	基本医疗保险	个人缴纳2% 单位缴纳10%	报销部分医疗费用
	失业保险	个人缴纳1% 单位缴纳2%	缴费满1年，失业后按照缴费年限领取失业保险金，主动辞职不可以领取
	工伤保险	个人不缴纳 单位缴纳0.5%~1.2%	遭遇工伤时获得医疗费，在工作期间和上下班途中发生均算工伤
	生育保险	个人不缴纳 单位缴纳0.8%	生育后报销相关费用，同时可领生育津贴
一金	公积金	个人缴纳5%~12% 单位缴纳5%~12%	涉及买房、租房、装修时，可以使用

2. 高等职业院校实习生自身劳动权益保护

2021年12月，教育部等八部门印发了《职业学校学生实习管理规定》的通知，对职业院校学生实习做出以下规定：

（1）要切实把实习作为必不可少的实践性教育教学环节，持续加强规范管理、长效治理；（2）为实习管理画出了底线和红线，提出了实习组织、实习管理、实习考核、安全职责和保障措施等全链条、全过程的基本要求，针对实习关键节点明确了行为准则，对实习各方提出了刚性约束；（3）要求有关部门要指导职业学校、实习单位、学生以《职业学校学生岗位实习三方协议（示范文本）》为基础，签订三方协议；（4）各地有关部门要按照"管行业必须管安全、管业务必须管安全、管生产经营必须管安全"和"谁主管谁负责"的原则，定期组织自查、加强日常监管，特别是加强实习安全管理，健全突发事件应急处置制度机制（图5-6）。

3. 大学生就业权益保护及相关问题

大学生在就业中享有以下八项基本权益：

（1）自主择业权：劳动者享有选择职业的权利。实行并轨招生后的普通高校应届毕业生（委培生、定向生除外），在国家就业方针、政策指导下实行"双向选择，自主择业"。大学生就业只要符合国家有关就业方针政策，就可以自主选择用人单位，按照自己的兴趣爱好和能力来选择自己将要从事的职业，任何单位或个人不得干涉，更不可将个人意志强加于毕业生。

图5-6
实习老师指导学生

（2）公平待遇权：毕业生不分民族、性别、宗教信仰，享有平等的就业权利。用人单位在录用毕业生的过程中，也应公正、公平、一视同仁。

（3）信息知情权：毕业生有全面、真实获取用人单位信息的权利。在双向选择过程中，毕业生有权向用人单位了解具体的工作内容、工作环境、薪酬待遇、发展前景等情况，用人单位有义务向毕业生和学校如实介绍本单位的真实情况，并提供相应的资料。

（4）接受就业指导权：毕业生有权从学校接受就业指导，学校应成立专门机构，安排专门人员对毕业生进行就业指导，包括向毕业生宣传国家关于毕业生就业的有关方针、政策，择业技巧的指导，使毕业生通过接受就业指导准确定位、合理择业。

（5）违约及求偿权：毕业生、用人单位签订就业协议书后，任何一方不得擅自毁约。如用人单位无故要求解约、应对毕业生承担违约责任，支付违约金，毕业生有权利要求用人单位进行补偿。

（6）协商签约权：协商签约权要求一旦用人单位同意接受某毕业生，该毕业生就有权与用人单位平等协商签订就业协议书，或平等协商签订劳动合同，根据《中华人民共和国劳动法》的规定，订立和变更劳动合同，应当遵循平等自愿、协商一致的原则，不得违反法律、行政法规的规定。

（7）失业登记权：毕业半年以上未能就业并要求就业的大学毕业生，可持学校证明到入学前户籍所在城市或县劳动保障部门办理失业登记。劳动保障部门所属的公共职业介绍机构和街道劳动保障机构应免费为其提供就业服务。

（8）接受职业技能培训的权利：职业技能培训工作是全面提升劳动者就业创业能力、解决结构性就业矛盾、提高就业质量的一个根本举措，是适应经济高质量发展、培育经济发展新动能、推进供给侧结构性改革的内在要求。《中华人民共和国宪法》第四十二条规定："国家对就业前的公民进行必要的劳动就业训练。"《中华人民共和国劳动法》第三条规定，劳动者享有接受职业技能培训的权利。《中华人民共和国劳动法》第六十六条规定："国家通过各种途径，采取各种措施，发展职业培训事业，开发劳动者的职业技能，提高劳动者素质，增强劳动者的就业能力和工作能力。"

大学生就业权益自我保护有以下六种意识。

（1）法律意识：市场经济是法制经济，毕业生就业也必须走法治化之路。

（2）诚信意识：毕业生自己在求职过程中必须如实向用人单位介绍自己的情况。

（3）契约意识：一是重视和深刻理解就业协议的重要性，有通过就业协议来保护自己合法权益的意识；二是严格遵守、履行就业协议内容的意识。

（4）安全意识：识别和规避企业的费用陷阱、高薪陷阱、试用期陷阱、合同陷阱。

（5）证据意识：一是收集证据的意识，要求对方出示或者提供相关资料；二是保存证据的意识，以便将来在仲裁或诉讼时支持自己的观点；三是运用证据的意识，毕业生要有用证据证明案件事实的意识。

（6）维权意识：权益受到侵犯时不要惊慌，可依靠学校、国家行政机关、新闻媒体、法律援助、司法机关维权。

大学生求职应聘需警惕"六大陷阱"。

（1）警惕黑中介。求职者要核实中介机构营业执照的经营范围是否包括职业介绍业务，是否具备《人力资源服务许可证》。

（2）警惕假兼职。不要轻信既轻松又赚钱的"好差事"，要注意保护个人信息。

（3）警惕乱收费。应聘工作本身并不需要任何费用，警惕先交报名费、培训费等作为条件的招聘面试。

（4）警惕扣证件。任何单位和个人都没有权利扣留他人证件原件，求职者不要将证件原件交付他人，需要提供证件复印件时或者影印件时可在合适位置注明具体用途。

（5）警惕培训贷。增强辨别和防范意识，参加培训前要看培训机构是否具备培训资质、承诺薪资是否与社会同等岗位条件薪资水平大体一致。

（6）警惕非法传销。要了解国家有关禁止传销的法律规定，自觉抵制各种诱惑，坚信"天上不会掉馅饼"，树立拒绝传销的防范意识。

学习评价

考察项目	评分要点		分值（满分100分）	学生自评（30%）		学生互评（30%）		教师评价（40%）	
				评分	评语	评分	评语	评分	评语
知识目标	理解体面劳动的概念		15						
	理解劳动者权益的概念		15						
能力目标	单项技能	掌握大学生权益保护的相关注意事项	40						
	综合能力	了解大学生权益保护的主要内容							
素质目标	认识保护劳动者合法权益的重要性		30						
综合评价									

注：学生自评占总分的 30%，学生互评占总分的 30%，教师评价占总分的 40%，加权得出最终总分。综合评价分为五档，总分 90~100 分评价为"优"，80~89 分评价为"良"，70~79 分评价为"中"，60~69 分评价为"可"，60 分以下评价为"差"。

 案例

劳动关系解除争议典型案例

刘某于 2020 年 6 月 14 日与某信息技术公司订立为期 1 年的《车辆管理协议》，其中约定：刘某与某信息技术公司建立合作关系；刘某自备中型面包车 1 辆提供货物运输服务，须由本人通过公司平台在某市区域内接受公司派单并驾驶车辆，每日至少完成 4 单，多接订单给予加单奖励；某信息技术公司通过平台与客户结算货物运输费，每月向刘某支付包月运输服务费 6 000 元及奖励金，油费、过路费、停车费等另行报销。刘某从事运输工作期间，每日在公司平台签到并接受平台派单，跑单时长均在 8 小时以上。某信息技术公司通过平台对刘某的订单完成情况进行全程跟踪，刘某每日接单量超过 4 单时按照每单 70 元进行加单奖励，出现接单量不足 4 单、无故拒单、运输超时、货物损毁等情形时按照公司制定的费用结算办法扣减部分服务费。2021 年 3 月 2 日，某信息技术公司与刘某订立《车辆管理终止协议》，载明公司因调整运营规划，与刘某协商一致提前终止合作关系。刘某认为其与某信息技术公司之间实际上已构成劳动关系，终止合作的实际法律后果是劳动关系解除，某信息技术公司应当支付经济补偿。某信息技术公司以双方书面约定建立合作关系为由否认存在劳动关系，拒绝支付经济补偿，刘某遂向劳动人事争议仲裁委员会（以下简称仲裁委员会）申请仲裁。

📝 **案例分析**

该案争议焦点是，刘某与某信息技术公司之间是否符合确立劳动关系的情形。《中华人民共和国劳动合同法》第七条和《关于维护新就业形态劳动者劳动保障权益的指导意见》第十八条规定，劳动关系的认定应基于事实。劳动关系的核心特征包括人格从属性、经济从属性和组织从属性。在新就业形态下，劳动关系的认定应考虑这些属性的存在和强度。例如，平台企业是否通过规则和算法管理劳动者，劳动者是否能自主决定工作细节，平台企业是否控制重要生产资料，劳动者是否以平台名义提供服务等。结合该案具体来看，尽管某信息技术公司与刘某签订了合作关系协议，但根据法律规定和实际用工情况，双方之间存在劳动关系。刘某受到公司的严格管理，包括工作指令、监控和奖惩，且刘某的收入主要来自平台，表明存在劳动关系。因此，刘某要求经济补偿的请求应得到支持。

平台经济的快速增长带来了众多就业机会，但同时也引发了劳动者权益保护的新挑战。特别是平台企业与劳动者之间的法律关系备受关注。不同平台的用工模式不同，一些平台控制着劳动者所需的关键数据信息，并通过规则和算法影响劳动者的就业条件和收入。这些平台实际上在组织和管理劳动者，因此应承担相应的法律责任。在处理劳动争议时，仲裁机构和法院应审查平台的运营和算法，确定平台是否对劳动者实施了管理行为，以准确界定法律关系。

最高人民法院发布劳动争议典型案例

思考题

在当前社会环境下，新的劳动形态如远程工作、灵活工时等对劳动者的权益保护提出了哪些新的挑战和要求？

第三批劳动人事争议典型案例

活动示例

一、活动名称

举办"揭露就业骗局　维护劳动权益"普法小剧场活动

二、活动目的

（1）通过了解劳动法规以及劳动者权利保护的相关知识。

（2）了解自身劳动权益，增强遵守劳动纪律的意识。

（3）学会维护自己的合法劳动权益。

三、活动步骤

（1）以学习小组为单位，围绕"揭露就业骗局　维护劳动权益"的活动主题编排情景短剧，以小切口反映大道理。

（2）以班级为单位，鼓励跨班联合举办"揭露就业骗局　维护劳动权益"普法小剧场活动。

（3）活动以展演竞赛的方式开展，建议有条件的同学邀请学校、企业相关部门工作人员以及班主任、辅导员担任评委。

（4）展演活动结束后，邀请评委上台做点评发言。

（5）选取精品情景短剧录制成小视频，投放学校微信号、抖音号做展播，增强教育覆盖面。

四、活动评价

为实现体面劳动，要引导高职院校学生重视11项基本权益，六种自我保护意识，警惕六大陷阱。高职院校学生充分了解劳动法规以及劳动者权利保护的相关知识，了解自身劳动权益，才能更好地提高防范职业陷阱的意识，维护自己的劳动权益。

1. 李晶晶.毕业生，这些就业常识你需要了解[J].工会博览，2024，（16）：26-27.

2. 张思楠.为新就业形态劳动者保驾护航[N].中国财经报，2024-03-06（2）.

3. 胡畔."2+1"为新就业形态劳动者保驾护航[N].中国经济时报，2024-02-28（2）.

4. 教育部等八部门关于印发《职业学校学生实习管理规定》的通知[J].中华人民共和国教育部公报，2022，（3）：8-30.

5. 人社部.劳动人事争议典型案例（第三批）[N].人民法院报，2023-05-27（2）.

6. 张宗辉.人力资源社会保障部部署技工院校学生资助学生实习和安全管理工作[J].中国培训，2022（6）：12.

7. 《中华人民共和国安全生产法》有这些修改[J].吉林劳动保护，2021，（7）：15-21.

8. 教育部.教育部关于印发《大中小学劳动教育指导纲要（试行）》的通知[J].中华人民共和国教育部公报，2020，（Z2）：2-11.

9. 李明宇.人社部发布警惕求职应聘八大陷阱提示[J].劳动保障世界，2019，（7）：32-33.

10. 岁正阳.当求职遇上"戏中戏"——防范招聘诈骗风险预警[J].中国信用，2019，（2）：105-113.

11. 冯昌银.谈如何建立风险分级管控及隐患排查治理双重预防性工作机制[J].现代职业教育，2018，（21）：248-249.

12. 全国人民代表大会常务委员会关于修改《中华人民共和国职业病防治法》的决定[J].中华人民共和国全国人民代表大会常务委员会公报，2012，（1）：4-9.

13. 吴荣良.强化企业主体责任，维护员工职业健康——《职业病防治法》修订解读[J].职业卫生与应急救援，2012，30（2）：59-60.

14. 安宁.新劳动合同法下工程咨询单位的人力资源管理应对策略[J].中国工程咨询，2010，（11）：31-32.

15. 邵芬，于定明.论劳动者职业卫生保护权[J].当代法学，2003，（4）：88-92.

16. 黄勋敬.大学毕业生如何维护自身就业权益[J].人才开发，2001，（5）：33-34.

专题 六

珍惜劳动成果

本专题主要阐述了劳动成果来之不易以及珍惜劳动成果的重要性，通过学习本专题可以了解劳动的价值与辛劳以及劳动成果的来源，掌握珍惜劳动成果的意义和方法，具备尊重劳动、珍惜他人劳动成果的美德，学会感恩与节约，从而在日常生活中践行社会主义核心价值观。

● **学习目标**

知识目标：

1. 理解劳动的价值，了解劳动创造物质财富和精神财富的过程，掌握劳动成果的意义。

2. 学习勤俭节约的传统与现实意义。

3. 理解爱护物品和环境保护之间的联系及环境保护的重要意义。

4. 熟悉循环利用的基本概念、掌握循环经济和资源再利用的基本知识，理解如何通过资源的循环利用实现可持续发展。

能力目标：

1. 具有劳动实践能力，能够参与社会劳动。

2. 具有资源节约与管理能力，能够合理规划消费和生活物品的使用。

3. 具有循环利用操作能力，能够在日常生活中运用所学知识，开展垃圾分类、废旧物品回收和再利用。

4. 具有分析与反思能力，能够分析劳动与财富、勤俭节约、循环利用之间的关系，并结合实际生活进行自我反思和改进。

素质目标：

1. 树立劳动最光荣观念，尊重劳动、珍惜劳动成果。

2. 培养节俭意识，培养学生理性消费、避免浪费的品德。

3. 提升环境保护意识，积极践行绿色生活方式，推动个人和社会的可持续发展。

4. 形成感恩与责任意识，感恩劳动成果，尊重他人劳动，培养珍惜物品、合理使用资源的责任心。

6.1

劳动创造财富

情境导入

小明看着田野里辛勤的农民，他们脸上的笑容与汗水形成了鲜明对比（图6-1）。他好奇地问父亲，为何他们如此快乐。父亲微笑着解释，劳动不仅创造物质财富，更带来精神上的满足。他指着金黄的麦田说，那是农民们辛勤耕耘的成果。小明回想起小时候植树节时自己种下的小树苗，如今已茁壮成长，使他体会到了劳动带来的成就感。父亲继续说，无论是学习还是工作，劳动都是实现个人价值和梦想的途径。只有通过自己的努力和智慧，才能真正实现自己的价值和梦想。

图6-1
农业生产者

过去，许多出身农村的大学生都怀揣着离开黄土地的想法；而今，随着农业生产逐步向规模化、机械化、科技化、现代化迈进，一些大学生在毕业后选择重返田野，将他们的青春热血挥洒在充满希望的土地上。他们成了新时代的职业农民，为解决"谁来耕作，如何耕作"的社会难题贡献了新的方案。我们该如何理解劳动在个人成长和财富创造中的重要作用？劳动对于我们每个人的生活有哪些积极影响？

一、劳动创造财富的意义

劳动是人类社会进步的源泉，也是个人实现价值和创造财富的重要手段。劳动不仅是体力的投入，更包括心智的付出。从古至今，人类通过劳动不断改变自然环境，满足自身生存和发展的需求，同时也创造了无数的物质和精神财富。

习近平总书记指出，"劳动是财富的源泉，也是幸福的源泉""劳动最光荣、劳动最崇高、劳动最伟大、劳动最美丽"。这些重要论述深刻阐述了劳动的地位与作用，是对马克思主义劳动观的继承发展，与中华优秀传统文化一脉相承，具有重大的理论意义和时代价值。

"劳动创造财富"这一理念，强调了劳动在经济和社会发展中的核心地位。它告诉我们，只有通过诚实劳动，才能实现个人价值，积累社会财富，推动社会进步。这种财富的创造不仅仅是物质层面的，还包括精神层面的满足感和成就感。

对于当代大学生来说，理解"劳动创造财富"的内涵意义，有助于我们树立正确的价值观和财富观，明白劳动的重要性和尊严，从而更加珍惜劳动成果，尊重他人的劳动，同时也更愿意通过自己的劳动去创造更多的价值。

二、劳动创造财富的内容

1. 劳动创造财富的历史

（1）劳动的起源和发展。在人类历史的长河中，劳动始终被视为创造财富的源泉。自古以来，"勤劳致富"是中华民族的传统美德，也是世界各地文明发展的共同特点。劳动，这一最朴素、最实在的人类活动，不仅塑造了我们的物质世界，更在精神层面上赋予我们力量和智慧。

在古代，尤其是在农业社会，劳动被视为创造财富的主要方式。马克思在《资本论》中指出，"劳动是财富之父，土地是财富之母"，这揭示了劳动与财富之间的内在联系。大部分古代文明都依赖农业发展经济，劳动成为国家生存和发展的基石。

（2）各个历史时期劳动观念的演变。

① 原始社会：在原始社会，劳动的观念以生存为中心，强调集体合作。人类通过狩猎和采集获得食物，彼此分享，没有明显的分工。每个人在群体中都承担不同的角色，体现了劳动的平等性和协作性。

② 古代农业社会：随着农业的出现，劳动开始分化，形成了以土地为基础的生产方式。土地的私有制逐渐发展，劳动的价值观也随之变化。在这一时期，劳动不仅是生存的手段，更成为社会地位和财富的象征。

③ 中世纪：在欧洲，封建制度的建立使劳动分工更加明确。农民被束缚在土地上，劳动成为一种义务，农民的劳动成果大部分被封建领主所占有。此时，劳动的观念与社会等级制度紧密相连，工匠和农民的地位较低，劳动被视为低贱的行为。

④ 工业革命：18世纪末至19世纪初，工业革命带来了巨大的社会变革（图6-2）。生产方式从农业转向工业，机器取代了人力，劳动的性质发生了根本变化。工人阶级的出现，使得劳动与资本的关系更加紧张，工人通过集体行动争取更好的工作条件和薪资，劳动的尊严开始被重新审视。

图6-2
纺纱机

⑤ 现代社会：进入20世纪，劳动观念经历了新的变革。随着工业4.0时代的来临和智能制造的兴起，机械化生产已经不再是简单的重复性工作，而是涉及高度自动化、智能化、数据化的复杂流程（图6-3）。随着科技的发展，脑力劳动逐渐取代体力劳动，知识经济成为主导。劳动不仅仅是创造物质财富的方式，更是个人实

图6-3
生产线上的汽车

现自我价值的重要途径。这种转变要求职业教育必须与时俱进，培养出一批能够适应现代工业生产需求的高素质人才。

2. 劳动与物质财富的创造

（1）劳动的定义与种类。劳动是人类利用自然资源和技术，创造物质财富的活动。它可以分为体力劳动和脑力劳动两种形式。体力劳动主要包括农业、工业等主要依靠体力完成的工作；而脑力劳动则涉及管理、设计、科研等主要依靠智力完成的工作。

在当今社会，劳动的形式越来越多样化，随着科技进步，许多新兴职业和行业应运而生。例如，信息技术、金融服务、创意产业等，都以高水平的脑力劳动为主导。

（2）物质财富的生产过程。劳动最直接的成果就是物质财富的创造。马克思提出，劳动必须和自然物相结合才能创造出物质财富。无论是农业生产中的耕种、收割，还是工业生产中的加工、制造，抑或是服务业中的提供各种服务，劳动都是将自然资源、技术、资本等生产要素转化为具有使用价值和交换价值的商品和服务的过程。

物质财富的生产过程是一个复杂的转化过程。首先，劳动者利用自然资源，如土地、矿产、水源等，通过劳动将其转化为商品或服务。其次，在生产过程中，技术的应用提升了劳动效率，减少了资源浪费，增加了产出。最后，商品通过市场交换形成财富，进入流通领域，实现其价值。在这一过程中，劳动不仅是创造财富的动力，也为人类社会的繁荣发展提供了保障。以农业为例，农民通过耕种、收获，创造出大量的粮食，这不仅满足了人类的基本生存需求，还促进了经济的发展和社会的稳定。

劳动不仅创造了物质财富，还推动了社会的进步和发展。同时，物质财富的积累也为提高劳动生产率、改善劳动条件提供了物质基础。这种相互关系形成了一个良性循环：劳动创造财富，财富的积累又促进劳动效率的提升和劳动条件的改善。

三、劳动与精神财富的创造

1. 劳动对个人精神成长的影响

劳动不仅创造物质财富，还对个人的精神成长产生深远影响。劳动过程中的努力与付出，可以培养个人的坚韧精神、责任感和自信心。通过劳动，个体能够感受到成就感和满足感，这对于个人心理健康和精神成长至关重要。

劳动还能够促进个人技能和知识的提升。在工作中，人们不断学习新知识、掌握新技能，从而实现自我价值，增强自我效能感。这种成长体验有助于个人在面对挑战时更加自信与从容。

2. 劳动与文化艺术的关系

劳动与文化艺术之间存在着密切的联系。通过劳动，人们创造出各种文化产品，如文学、音乐、绘画等，反映了人类的智慧与情感。同时，艺术作品也能激励人们更好地投入劳动，促进社会的凝聚力与认同感。

彝族传统舞蹈《撒麻舞》，在彝语中被译为"木丝史"或"木丝恳"。这一舞蹈是彝族人民在长期的麻类种植劳动中创造出的艺术瑰宝，它生动地再现了彝族先民的生活与生产场景，不仅体现了其深厚的文化底蕴，更展示了彝族传统的生活方式和生产方式，因而具有非凡的艺术与文化价值。2016年1月，《撒麻舞》更是被毕节市政府列入第一批市级非物质文化遗产保护项目。在《撒麻舞》中，彝族青年男女载歌载舞，以歌舞形式细腻描绘了从撒麻、收麻到纺线、织布的全过程。舞蹈中的每一个动作都是从种麻和纺线的劳动中精炼出来的，流畅而充满力量，每一个舞姿都强健而富有韵味，生动地再现了劳动场景。这支舞蹈不仅传达了彝族人民对丰收的期盼，更展现了他们对生活深沉的热爱，深受彝族人民的喜爱。

四、劳动与梦想的实现

1. 如何通过劳动实现个人梦想

党的二十大报告强调，"在全社会弘扬劳动精神、奋斗精神、奉献精神、创造精神、勤俭节约精神，培育时代新风新貌"。马克思认为，劳动是创造一切价值的根源。恩格斯也深刻地指出，人类通过勤劳的双手和不懈地劳动来认识和改造世界，不仅创造出丰富的物质财富，还塑造了多彩的精神世界，这体现了人类社会的核心特质和伟大之处，促进了人的全面发展和自我提升。财富和价值，都是人类无差别的劳动成果，其中蕴含着坚韧不拔的奋斗精神、深邃的智慧以及不懈的勤勉。

在当今社会，资本运作、企业上市等商业故事令人心动，使得一些人误以为"钱生钱"是快速成功的捷径。有人渴望"轻松获利"，有人梦想"无须劳动即可得到"，甚至有人轻视诚实劳动，认为实业艰难而金融投资更易获利。

然而，纵观人类历史，无论时代如何变迁，地域文化差异如何，几乎都强调勤勉是通向富裕的必由之路，都蕴含着通过奋斗实现成功的深刻体悟。唯有勤勉踏实的劳动，个体能够不断提升自身能力，才是实现一个又一个财富梦想的坚实基础。

2. 劳动在社会发展中的推动作用

劳动是社会发展的基础。随着经济的发展，劳动者不断创新，推动技术进步和生产方式的变革。劳动的多样化和专业化，使得社会的生产效率不断提升，推动了经济的增长。同时，劳动也是社会变革的重要推动力。历史上，工人运动和社会运动的兴起，都是为了争取劳动者的权益和尊严，促进了社会制度的改善与进步。

五、新时代的劳动与财富创造

1. 科技发展对劳动形式的影响

进入21世纪，科技的飞速发展改变了劳动的形式与内容。人工智能、自动化技术的应用，提高了生产效率，减少了对人力的依赖。这一变化带来了职业结构的调整，传统行业受到冲击，新兴行业迅速崛起。

随着电商的兴起，物流行业迅速发展，创造了大量就业机会。同时，传统制造业也在向智能制造转型，要求劳动者掌握更多的技术技能，以适应新的生产环境（图6-4）。

图6-4
机械臂

2. 当代劳动者的角色与挑战

当代劳动者面临着新的挑战与机遇。随着技术的进步，劳动者需要不断学习新知识，跟上时代的发展。这不仅要求劳动者具备专业技能，还需要具备创新能力和适应能力。

与此同时，劳动者的权益保护问题日益突出。面对快速变化的工作环境，保障劳动者的基本权益，提供良好的工作条件与生活保障，是社会面临的重要任务。

六、在校劳动创造财富的举措

1. 校内勤工俭学

大学生可以在校内图书馆、实验室等场所寻找勤工俭学的机会。通过担任图书馆助理或实验室助理，我们不仅能赚得一定的报酬，还能增强社交能力和实践经验。这些岗位让我们在真实的工作环境中锻炼组织能力和沟通技巧，为未来的职场打下坚实基础，深刻理解"劳动创造财富"的重要性。

2. 社会实践

利用寒暑假参加社会实践活动，如乡村支教、社区服务和企业实习，不仅可以帮助我们了解社会，还能提高自我素质和实践能力。这些活动提供了将理论应用于实践的机会，许多项目还提供生活补贴或实习工资，使我们在实践中感受到劳动的回报，增强对劳动价值的认同。

3. 创业实践

在校内或社会上进行创业实践，组织文化活动、开设小店铺或开展网络经营等，可以有效锻炼商业思维和管理能力。通过实践，我们不仅能获得经济收益，还能学习市场运作，了解团队合作和创新的重要性，从而加深对劳动创造财富的理解。

4. 社会志愿者活动

参与各类志愿者活动，如慈善募捐、环保行动和扶老助学等，虽然这些活动可能不直接带来经济收益，但它们培养了我们的公益意识和社会责任感。这些经历能帮助我们建立人际关系网络，未来可能转化为职业机会，体现了劳动对社会的价值。

5. 学术研究

利用课余时间参与学术研究和科研项目，可以显著提升我们的学术水平和科研能力。这些活动不仅有助于个人在学术领域的成长，还有可能获得奖学金或科研资助，通过脑力劳动获得回报，进一步践行了"劳动创造财富"的理念。

6. 自我提升

利用课余时间进行自我提升，学习新技能、阅读经典书籍和参加培训班等。这些活动能够提高个人综合素质和市场竞争力，为未来的职业发展奠定良好的基础，强调了通过劳动与学习创造财富的必要性。

考察项目	评分要点		分值（满分100分）	学生自评（30%）		学生互评（30%）		教师评价（40%）	
				评分	评语	评分	评语	评分	评语
知识目标	理解劳动是社会财富的来源		15						
	理解劳动的形式及其对社会发展的贡献		15						
能力目标	单项技能	能够分析劳动与财富之间的关系	30						
	综合能力	结合实际生活进行改进							
素质目标	培养"劳动创造财富"的意识		20						
	形成尊重劳动、珍惜劳动成果的观念		20						
综合评价									

注：学生自评占总分的 30%，学生互评占总分的 30%，教师评价占总分的 40%，加权得出最终总分。综合评价分为五档，总分 90~100 分评价为"优"，80~89 分评价为"良"，70~79 分评价为"中"，60~69 分评价为"可"，60 分以下评价为"差"。

📖 | **案例**

"老干妈"：从路边小饭摊到享誉世界的品牌

"老干妈"的故事起源于贵州省的一个小山村，其创始人陶华碧在早年经历了许多生活的艰辛。丈夫去世后，她独自抚养两个孩子，为了生计，曾做过各种苦工，甚至背井离乡前往广东打工。正是这些艰难的经历，锻炼了她的坚韧和勤劳，为日后的创业打下了坚实的基础。

1984 年，陶华碧凭借自己独特的炒制工艺，推出了别具风味的佐餐调料，这就是"老干妈"的雏形。最初，她只是在贵阳龙洞堡的道路旁边售卖素粉，逐渐扩展售卖辣椒酱等调味品。

1996 年，"老干妈"开始批量生产，并迅速在全国范围内成为销售热点。后来，成为企业的"老干妈"已是国内生产及销售量最大的辣椒制品生产品牌，而王牌产品"老干妈"辣椒酱以独特的口味和高品质赢得了消费者的广泛认可，逐渐成为中国家庭餐桌上的常客。

如今，"老干妈"已经遍布全世界有华人的每一个角落。陶华碧的辣椒酱，就如同贵州女子的热情与火辣，不仅在国内市场声名显赫，更在国际舞台上赢得了响亮的口碑。她以自己的双手辛勤耕耘，不仅为自己创造了财富，也助力他人实现了致富的梦想，"老干妈"公司成了共同富裕的桥梁。

案例分析

"老干妈"从路边小饭摊发展到享誉世界的品牌，其背后是创始人陶华碧的坚韧、勤劳和勇于创新的精神。这种精神不仅成就了"老干妈"今天的辉煌，也为其未来的发展注入了源源不断的动力。"老干妈"的故事充分体现了劳动创造财富这一论断。

思考题

当今社会，体力劳动和脑力劳动的界限正在逐渐模糊。你认为在未来的职业生涯中，如何通过自己的劳动创造财富？脑力劳动和体力劳动在现代社会中各自的角色和价值是如何体现的？

6.2

勤俭节约是美德

情境导入

在校园食堂中，许多同学习惯性点选多道菜品，结果常常剩下大量食物，造成不必要的浪费。在宿舍中，使用一次性纸杯和塑料袋的现象也日益普遍。

因此，学校组织了一个以"勤俭节约"为主题的活动。学生们被分成小组，记录食堂的剩饭情况和宿舍的垃圾分类。通过观察，他们发现每天都有许多食物被丢弃，而宿舍内的塑料垃圾则严重影响了环境。

在总结会上，大家分享了自己的观察和反思，讨论如何在日常生活中践行勤俭节约。这个真实的情境使同学们意识到，勤俭节约不仅是个人美德，更是对他人劳动成果的尊重和对社会资源的负责。

话题讨论

习近平总书记一直高度重视粮食安全和提倡"厉行节约、反对浪费"的社会风尚，多次强调要制止餐饮浪费行为，强调要进一步加强宣传教育，切实培养节约习惯，在全社会营造浪费可耻、节约为荣的氛围。教育部印发《教育系统"制止餐饮浪费培养节约习惯"行动方案》，同时，教育部还联合共青团中央等四部门共同发布了制止餐饮浪费的倡议。各学校也先后发起"节约校园""光盘行动"等各项活动，在丰富多彩的体验实践活动中，爱粮节粮、勤俭节约意识不断在学生们的心中生根发芽。

我们如何理解勤俭节约不仅仅是一种个人行为，更是一种社会责任？勤俭节约对于我们每个人的生活有哪些积极影响？

一、勤俭节约的意义

1. 勤俭节约在古代社会的意义

勤俭节约是中华民族流传千年的传统美德，自古以来就深受推崇。在当代社会，这一美德仍然具有不可替代的内在价值。现代文明社会的发展要求我们珍视每一份有限资源，倡导节俭、反对奢靡的价值观。因此，从个体到家庭，再到整个国家，我们都应深刻认识到勤俭节约的永恒价值，并将其作为一种持续性的生活方式坚持下去。

两千多年前，孔子将节俭与国家治理相联系，认为节俭事关国家的兴衰。他主张"节用而爱人，使民以时"，意味着在治理国家时，要节约使用资源，爱护人民，并合理安排人民的劳役时间，以确保国家的稳定和繁荣；司马光在《训俭示康》中明确指出："俭，德之共也；侈，恶之大也。"毛泽东一贯主张共产党员和领导干部要保持艰苦奋斗、勤俭节约的作风，坚决反对各种形式的贪图享乐、铺张浪费。如今，中国已经取得了举世瞩目的发展成果，但先贤们关于勤俭节约的智慧箴言仍然回响在耳边。

2. 勤俭节约在现代社会的意义

（1）社会经济发展中的节约观念。随着社会经济的发展，节约观念的重要性愈发凸显。在资源日益紧张的今天，勤俭节约不仅是个人的责任，也是国家和社会发展的需要。各个行业在追求经济效益的同时，越来越重视资源的有效利用与节约。

（2）对环境保护的影响。勤俭节约不仅涉及经济层面，更与环境保护息息相关。随着全球变暖和资源枯竭问题的加剧，节约资源、减少浪费已经成为全球共识。通过节约用水、用电以及减少一次性产品的使用，个人和企业可以有效降低对自然资源的消耗，减轻对环境的负担。

对于当代大学生来说，在日常生活中，不难发现一些不良现象：同学之间互相攀比，竞相追逐时尚潮流，大吃大喝毫不节制，以及过度消费毫无顾忌。这些行为不仅助长了虚荣心的膨胀，也加剧了资源的浪费，甚至可能引发一系列社会问题。

党的二十大报告中明确发出了"弘扬勤俭节约精神"和"培育时代新风新貌"的号召，这为新时代的青年指明了前行的方向。勤俭节约绝非抠门或吝啬，而是一种理性的消费态度和生活方式。勤俭节约意味着在需要的时候合理使用资源，在不必要的时候选择节省；简而言之，就是恰当地平衡省与用的关系。大学生作为新一代的青年，应具备勤俭节约的品质，理性消费，合理规划自己的生活和未来，以实际行动响应国家的号召，通过持续不懈地践行勤俭节约，并将有限的资源精准地投入到个人和家庭的成长之中，这样能够更有效地推动个人、家庭乃至国家的可持续发展，为社会的繁荣稳定贡献自己的力量。

二、勤俭节约的具体表现

1. 勤俭节约的历史渊源

勤俭节约作为一种传统美德，深植于中国古代文化之中。自古以来，勤俭节约被视为中华民族的重要品质之一。《论语·述而》中提到"奢则不孙，俭则固。与其不孙也，宁固"。在古代，农耕社会对资源的珍惜和合理利用，成了人们生存和发展的基本准则。在封建社会，尤其是儒家文化的影响下，勤俭节约更是被视为修身齐家的重要原则。许多古代文献中，如《大学》《中庸》，都强调了节约的重要性，认为"节俭为德"的观念是做人的根本。

2. 个人生活中的勤俭节约

（1）日常生活中的节约技巧。作为大学生，在消费主义盛行的今天，养成良好的消费习惯，不仅能够满足自己的日常需求，避免陷入互相攀比、冲动消费的陷阱中，也可以对个人经济生活产生积极的影响，更有助于形成稳健、踏实的性格，更是珍惜劳动成果的体现。

那么，大学生可以通过什么途径养成良好的消费习惯呢？

第一，制定预算并坚持执行。在每个月月初，根据自己的经济状况制定一个合理的月度预算。预算应包括固定支出（如学费等）和可变支出（如娱乐、购物等），严格按照预算执行，避免超支。

第二，理性消费，避免冲动购物。在购物前，先列出购物清单，并坚持只购买清单上的物品。避免在情绪不稳定时购物，因为这往往导致冲动消费。对于昂贵的物品，给自己一段时间的冷静期，思考是否真的需要这件物品。

第三，记录和审视自己的消费行为。通过记账来记录每一笔消费。定期审视自己的消费记录，找出不必要的支出并尝试减少。

最后，学会储蓄和投资。尽早养成储蓄的习惯，为未来的目标（如旅行、升学等）积累资金。了解基本的投资知识，养成储蓄的习惯（图6-5）。

图6-5
定期储蓄

一个勤俭节约的人，能够在面对诱惑时保持清醒和克制，不随波逐流，坚持自己的原则和底线。在日常生活中保持节俭的习惯，这不仅有助于个人的成长和发展，也有助于社会的和谐与进步。

（2）抵制浪费。在生活中，浪费的现象处处可见：很多人在洗手、刷牙时不及时关闭水龙头；在餐饮场所，经常可以看到大量的剩菜剩饭被丢弃。家庭中也存在类似情况，购买的食材可能因为过期、变质或者做得太多而被扔掉；离开房间时不关灯，或者使用高能耗的电器设备，有些人在家里或办公室时，即使不需要，也会让电器设备如电脑、空调等长时间运行，等等。以上种种生活中的大事小事，都在提示我们，中华民族的传统美德勤俭节约存在部分被忽视的情况。也有人说，现在中国已经进入小康社会，大家的生活水平都提高了，勤俭节约的观念已经是过去的要求，在新时代，我们应该追求生活的高品质。在这种错误的思想引导下，勤俭节约反而成了"贬义词"，会被认为是抠门小气，而铺张浪费反而成了部分社会群体展示个人"高品质生活"的代名词。

自党的十八大以来，我国的粮食生产持续向好，连续数年获得丰收，使得粮食库存充裕，储备量充足，市场供应源源不断，整体市场运行保持稳定。然而，我们也必须保持清醒的头脑，认识到对粮食安全产生影响的潜在风险因素并未完全消除。因此，我们仍应在全国范围内积极倡导勤俭节约、反对食物浪费的理念。需要明确的是，这一倡导是出于对未来长远发展的深思熟虑。

3. 勤俭节约与社会责任

习近平总书记多次强调走绿色低碳发展道路，自2013年起，全国节能宣传周的第三天被设立为"全国低碳日"，要把节约资源贯穿于经济社会发展全过程、各领域，倡导绿色消费，推动形成绿色低碳的生产生活方式，为节约资源、节约能源提供可持续发展的道路。通过采取综合性的法律、经济、技术和行政措施，提高资源利用效率；在消费领域，通过开展宣传教育、推广节能产品等方式增强全民的节约意识，倡导简约适度、绿色低碳的生活方式，反对奢侈浪费和过度消费；开展资源节约活动，如节能竞赛、废物回收等，提高公众对节约资源的认识和参与度（图6-6）。

图6-6
新能源低碳生活

2013年，教育部发布了《关于勤俭节约办教育，建设节约型校园》的通知。许多高校开展了"光盘行动"，鼓励学生在食堂就餐时尽量做到不剩饭菜。这一活动不仅减少了食物浪费，还增强了学生的节约意识。在宿舍，学生们也发起了"节约用水用电"的活动，互相监督，共同营造节约的生活环境。

在社区中，一些地方组织了垃圾分类和回收活动，鼓励居民积极参与。这些活动不仅提升了居民的环保意识，还促进了社区的和谐发展，展示了勤俭节约的实际效果。

 学习评价

考察项目	评分要点	分值（满分100分）	学生自评（30%）		学生互评（30%）		教师评价（40%）	
			评分	评语	评分	评语	评分	评语
知识目标	理解勤俭节约是中华民族优良传统美德	15						
	了解勤俭节约在现代社会中的重要作用	15						

考察项目	评分要点		分值（满分100分）	学生自评（30%）		学生互评（30%）		教师评价（40%）	
				评分	评语	评分	评语	评分	评语
能力目标	单项技能	能够在生活中做到勤俭节约	30						
	综合能力	结合实际生活进行改进							
素质目标	培养理性消费、避免浪费的品德		20						
	形成勤俭节约的观念		20						
综合评价									

注：学生自评占总分的 30%，学生互评占总分的 30%，教师评价占总分的 40%，加权得出最终总分。综合评价分为五档，总分 90~100 分评价为"优"，80~89 分评价为"良"，70~79 分评价为"中"，60~69 分评价为"可"，60 分以下评价为"差"。

📖 **案例**

"粮"辰美景 不负"食"光：校园光盘行动

2020 年 8 月 11 日，中共中央总书记、国家主席、中央军委主席习近平对制止餐饮浪费行为作出重要指示。习近平强调，要加强立法，强化监管，采取有效措施，建立长效机制，坚决制止餐饮浪费行为。要进一步加强宣传教育，切实培养节约习惯，在全社会营造浪费可耻、节约为荣的氛围。

为深入落实习近平总书记的重要讲话精神，响应习近平总书记提出的勤俭节约，全链条制止餐饮浪费的主题，切实树立全民以节约为荣，以浪费可耻的理念。各学校食堂门口，都进行了"光盘行动"打卡活动宣传。

在"光盘行动"中，同学们从点滴做起，将口号化为行动，将行动化为习惯。以"光盘"为荣、"剩餐"为耻，珍惜每一粒粮食，坚持身先示范，用心倡导新风，树立起浪费可耻、节约为荣的意识，倡导适度，不铺张浪费，养成节俭用餐的良好习惯。

世界粮食日起始于1981年10月16日，世界各国政府在每年10月16日围绕发展粮食和农业生产举行纪念活动，旨在唤起全世界对发展粮食和农业生产的高度重视。如今，"光盘行动"已经成为我们的一种生活习惯和自觉行动。无论是在欢庆的节日里，还是在平凡的日子中，我们都始终牢记节约粮食的使命，让餐桌文明蔚然成风，文明之花开遍各地，形成勤俭节约的良好社会风尚。

思考题

在校园生活中，你是否曾遇到过资源浪费的现象？你认为勤俭节约如何从个人行为上升为一种社会责任？你又该如何在未来的职业与生活中践行这一美德？

6 . 3

爱护物品

 情境导入

　　小玲是一名大二学生，热爱阅读，图书馆是她最爱去的地方。每次去，她都会精心挑选几本感兴趣的书籍，安静地沉浸在知识的海洋中。

　　她对待书籍非常小心，从不使劲翻页，也不在书上涂画，始终尊重作者的心血。小玲还积极影响周围的人。她的室友原本不太注意书籍保护，受到小玲的影响，也开始学习如何保护书籍。

　　小玲的事迹在校园传播开来，激励越来越多的同学关注书籍保护，甚至自发成立了"爱护书籍小组"，定期整理和维护图书馆书籍。小玲的行为不仅保护了书籍，更传递了对知识的尊重和热爱。

　　图书馆是人们读书学习、增长见识的地方，安静卫生的环境是最基本的保障。但渐渐地，一些不文明行为正在破坏图书馆良好的读书氛围。经常会有人为了一时的方便，一次性拿上好几本书籍放在一旁，导致别人无法借阅。有些读者不顾周围人的想法大吵大闹，也有些读者会在馆里大声说话，影响了周围看书的人。还有一些读者因为害怕其他人把书借走，而采取藏书的方式或者随手将书放到其他架子上，这些都是不文明的行为。

　　图书馆是读书学习、传播文化的地方，遵守规定、严格自律、文明阅读是每位读者的责任。也有人说，反正是公共区域，也有人整理，自己方便才最重要。我们如何理解爱护物品不仅仅是一种个人行为，更是一种社会责任？爱护物品对社会风尚整体提升有哪些积极影响？

一、爱护物品的意义

　　爱护物品涉及我们对物质资源尊重和珍惜的理念。在我们的日常生活中，无论是生活用品、学习工具，还是公共设施，每一件物品都承载着独特的价值和意义。

　　爱护物品，首先是出于一种对物品的尊重。每一件物品都是人们辛勤劳动的结晶，从设计、生产到流通，都耗费了大量的资源和人力。因此，当我们爱护物品时，实际上是在尊重那些为物品付出努力的劳动者，以及他们背后的劳动价值。

　　其次，爱护物品也是一种节约资源、保护环境的体现。在现代社会，随着消费水平的不断提升，人们对物质的需求也在日益增长。然而，过度消费和浪费不仅会导致资源的枯竭，还会对环境造成严重的负担。通过爱护物品，延长物品的使用寿命，我们可以有效地节约资源，为地球的可持续发展作出贡献。首先，爱护物品能够有效延长其使用寿命，降低资源消耗。以家庭电器为例，定期的维护和保养可以使设备更高效地运作，延长其使用周期，降低更换的频率和成本。其次，爱护物品有助于减少浪费，提升社会资源的利用效率。在现代社会，资源的枯竭问题日益严峻，节约每一份资源都显得至关重要。

　　最后，爱护物品还能培养我们的责任心和良好品德。当我们学会珍惜和爱护身边的物品时，我们就会更加懂得感恩和珍惜他人的付出，也会更加懂得如何与他人和谐相处。这种责任心和品德不仅会对我们个人的成长产生积极的影响，还会对社会的进步产生推动作用。

总的来说，爱护物品是一种积极的生活态度和价值观念。它要求我们尊重物品、节约资源、保护环境，并培养我们的责任心和良好品德。在日常生活中，我们应该时刻牢记这一概念，用实际行动去践行它，为构建一个和谐、节约、环保的社会贡献自己的力量。

二、爱护物品的具体表现

1. 尊重他人劳动

劳动是崇高而庄严的，而劳动者更值得我们无尽的尊重与敬意。正是劳动人民挥洒汗水、运用智慧，才塑造出绚丽的世界。他们孜孜不倦地工作，历经磨砺，开拓创新，不仅塑造了文明，也雕琢了自然，为全人类和整个世界带来了无法估量的贡献。他们的每一滴汗水，都铸就了我们今天的美好生活。

每一份工作，无论大小，都是劳动者心血的结晶。他们日复一日，年复一年，默默无闻地付出，用实际行动诠释着劳动的崇高与伟大（图6-7）。因此，我们对劳动者的尊重，不能仅仅停留在口头上，更应该体现在我们的行动中。

图6-7
垃圾回收人员

我们要深刻认识到，是劳动者的辛勤付出，才使我们的社会得以运转，我们的生活得以继续。他们的劳动成果，不仅为我们提供了物质上的满足，更在精神上给予我们鼓舞和力量。因此，我们要时刻保持感恩之心，对劳动者的每一份付出都要心怀感激。

同时，我们也要在全社会倡导形成尊重劳动者的良好风尚。无论是在工作中还是在生活中，我们都要给予劳动者足够的尊重和关怀。当我们在享受劳动成果的同时，也要关注劳动者的权益和福祉，为他们提供更好的工作环境和待遇。

劳动无贵贱之别，每一份劳动都值得我们的尊重和赞扬。让我们用实际行动去表达对劳动者的敬意和感激之情，共同营造一个尊重劳动、尊重劳动者的社会氛围。

爱护物品与劳动成果之间的关系非常密切。每一件物品的背后都凝聚着劳动者的智慧与辛勤付出。无论是家庭日常用品、办公设备，还是公共设施，它们的存在都与劳动成果息息相关。当我们爱护物品时，实际上是在尊重那些为其付出劳动的人和社会资源。

爱护物品不仅仅是对物质财富的珍视，更是一种文化和价值观的体现。通过爱护物品，个体不仅能延长物品的使用寿命，还能减少对新资源的需求，降低环境的压力。尤其在当今资源紧张的背景下，爱护物品的意义显得愈发重要。通过重视劳动成果，我们能够更好地理解和践行勤俭节约的生活理念。

2. 保护环境

爱护物品与环境保护之间也存在着密切的联系。当我们谈论爱护物品时，其实也在谈论一种生活态度，这种态度不仅关乎个人的素养和责任感，更关乎整个社会的可持续发展。

2023 年 7 月，习近平总书记出席全国生态环境保护大会时强调，今后五年是美丽中国建设的重要时期，要深入贯彻新时代中国特色社会主义生态文明思想，坚持以人民为中心，牢固树立和践行绿水青山就是金山银山的理念。推动城乡人居环境明显改善、美丽中国建设取得显著成效，以高品质生态环境支撑高质量发展。这也是在告诉我们，保护环境也是不断在推进人与自然和谐共生。

（1）个人与家庭的爱护物品实践。爱护物品也意味着减少废物的产生。当我们不再需要的物品被随意丢弃时，它们很可能成为环境中的垃圾，对环境造成污染。然而，如果我们能够珍惜并妥善处理这些物品，例如通过二手交易、捐赠或回收等方式，就能有效减少废物的产生，降低对环境的破坏。

在个人和家庭中，培养良好的爱护习惯至关重要。家庭成员可以共同学习爱护物品的重要性，制定家庭规章，形成良好的家庭文化。例如，定期开展家庭会议，讨论如何合理使用和保养物品，确保每个家庭成员都参与到物品的保护中。

在日常生活中，家庭成员可以互相监督，鼓励彼此注意爱护物品。在使用家电时，注意规范操作；在外出时，合理安放物品，避免损坏。此外，家庭也可以通过共享物品，减少购买不必要的物品，从而实现资源的合理利用。

（2）爱护物品意识的传播与教育。爱护物品是一种生活方式的体现，它反映了我们对环境的尊重和关爱。当我们学会珍惜身边的每一件物品，我们就会更加关注它们背后的环境和资源问题，从而更加积极地参与到环境保护的行动中去。这种生活方式的转变，不仅能够提升我们自身的环保意识，还能影响身边的人，形成一种良好的环保氛围。

在学校和社区中，爱护物品意识的传播与教育同样不可忽视。学校可以通过开设相关课程、举办主题活动、开展爱护物品的宣传，提高学生的相关意识和责任感。鼓励学生参与到爱护公共设施和物品的实践中，通过实际行动践行爱护物品的价值观。

社区也可以组织爱护活动，例如定期的公共设施检查和清理活动，举办跳蚤市场，鼓励居民共同参与。通过宣传海报、讲座、社区活动等多种形式，增强居民对物品和公共设施的重视，形成人人参与的良好氛围。

3. 爱护公共设施

公共设施是社会共同财产，其维护程度和是否正确使用直接影响到社区的生活质量。爱护公共设施不仅是个人行为，更是社会责任的体现。良好的公共设施能提升居民的生活满意度，营造良好的社区氛围。

通过保护公共设施，确保其正常运转，满足居民日常生活的需要。例如，公园的座椅、学校的课桌椅、社区的健身器材等，都是居民日常生活中不可或缺的设施。爱护这些公共设施，有助于营造和谐的社会环境，提升居民的幸福感。

公共物品的损坏不仅会导致经济损失，还可能影响到社会的正常运转。例如，公园的设施损坏，会导致居民的休闲体验下降；学校的设备损坏，影响学生的学习和活动。损坏公共设施后，往往需要耗费大量的资金进行维修，这笔费用最终将由全体居民共同承担。

同时，公共物品的损坏还可能导致安全隐患，如破损的围栏、损坏的健身器材等，都会对使用者造成潜在的威胁。因此，爱护公共设施是每位公民的责任，应通过良好的使用习惯和行为规范，维护公共物品的完整性与安全性。

三、爱护物品的举措

1. 学习日常物品的正确使用方法

在日常生活中，物品的正确使用是爱护的基础。首先，遵循产品的使用说明非常重要。无论是电器、家具，还是个人用品，都应仔细阅读使用说明，按照推荐的方法进行操作。例如，洗衣机、冰箱等家电都有特定的使用规范，遵循这些规范可以避免故障和损坏。

其次，使用物品时要注意轻拿轻放，避免碰撞和摔落。尤其是易碎物品，如陶瓷器和玻璃制品，稍有不慎就可能导致损坏。因此，在使用这些物品时，应保持稳妥，并确保它们放置在安全的位置。

此外，合理的使用环境也是保护物品的重要因素。比如，电子产品应避免潮湿和高温的环境，家具应放置在干燥通风的地方，避免阳光直射和潮湿对其造成的损害。

2. 了解保养技巧与注意事项

物品的保养是延长其使用寿命的重要措施。首先，对于家具和电器，应定期进行清洁和维护。家具表面可以用湿布擦拭，定期涂抹保养油，以防止老化和干裂。对于家电，需定期检查电源线和插头，避免因老化导致的安全隐患。其次，了解物品的特性和保养要求非常必要。例如，皮革制品需要定期涂抹护理油，以保持其柔软度和光泽；而植物则需要根据不同的生长环境进行合理的浇水和施肥。通过科学的保养，可以避免不必要的损坏，提升物品的使用效率。

在使用和保养的过程中，要养成良好的习惯，做到"随手关灯，及时清理"。例如，离开房间时，及时关闭电器和水龙头，不仅能节约资源，还能延长物品的使用寿命。

 学习评价

考察项目	评分要点	分值（满分100分）	学生自评（30%）		学生互评（30%）		教师评价（40%）	
			评分	评语	评分	评语	评分	评语
知识目标	理解爱护物品的重要意义	15						
	了解爱护物品和环境保护之间的关系	15						
能力目标	单项技能　学会合理规划消费和生活物品的使用	30						
	综合能力　结合实际生活进行改进							
素质目标	学会感恩劳动成果，尊重他人劳动	20						
	培养珍惜物品、合理使用资源的责任心	20						

综合评价	

注: 学生自评占总分的 30%, 学生互评占总分的 30%, 教师评价占总分的 40%, 加权得出最终总分。综合评价分为五档, 总分 90~100 分评价为"优", 80~89 分评价为"良", 70~79 分评价为"中", 60~69 分评价为"可", 60 分以下评价为"差"。

案例

雷锋：做一颗永不生锈的螺丝钉

雷锋自幼就养成了勤俭节约的良好习惯，在生活的每一个时刻和每一个细节中都注重节约。他秉持着一种"补丁精神"，深信打过补丁的衣物蕴含着别样的美。他的袜子，尽管已经被补丁覆盖得难以看出原来的样子，但他仍然珍惜如初，舍不得更换。当部队发放夏季制服时，规定每人可领取两套单军装、两套衬衣和两双鞋，但雷锋却选择只领取一套，他将节省下来的衣物、皮鞋、毛巾和袜子捐赠给灾区，用于支援和帮助灾民。

雷锋拥有一个特别的节约箱，他习惯将平日里捡到的废弃物品，如破铜烂铁、玻璃瓶、螺母、牙膏皮以及各种边角料等，都悉心收集在这个箱子里。每当需要用到这些东西时，他就会从节约箱中挑选出合适的物品来使用；而那些不再使用的废品，他则会选择出售，所得的收入全部上交。

雷锋是节约的典范，他坚决反对任何形式的浪费。他热烈响应党的倡导，无论何事都秉持节约原则，对任何微小的浪费都感到痛心，因而被誉为节约的楷模。每当连队用餐后，他总会细心打扫桌上和地面的饭粒，并将其放入猪食槽中。在执行运送水泥的任务时，雷锋总会细心准备扫帚和簸箕，每次任务结束后，他都会仔细收集车厢内散落的水泥。随着时间的推移，他积攒了一桶又一桶的水泥。雷锋的节约精神展现得淋漓尽致，而在这种节约的实践中，他体验到了高尚带来的快乐和精神上的满足。

案例分析

雷锋展现的艰苦奋斗与勤俭节约的崇高风范，为我们提供了克服前行道路上所有艰难险阻的强大精神支柱。艰苦奋斗与勤俭节约成为我们推动新发展、赢得新胜利的重要保障。我们应深刻领悟并践行雷锋艰苦奋斗、勤俭节约的进取精神，为开创中国特色社会主义不懈奋斗。

 **思考题**

在使用公共设施或个人物品时，是否有人不够爱护，导致资源浪费或物品损坏？你认为如何在校园和社会中推广"爱护物品"的意识？你会通过哪些实际行动影响身边的人参与到爱护公共设施的行为中来？

6.4

循环利用

2004年，瞿淋离开繁华都市，返回家乡着手创建家庭农场。起初，她只是小规模地养殖蛋鸡，但随着时间的推移，她的农场逐渐扩展，形成了现今的"蛋鸡＋柑橘＋鱼"的综合种养模式。这一变革不仅构筑了一个健康的生物链，还达成了养殖业的"零污染"目标，显著地减少了饲养与种植的成本。正因为这样的生态经济模式，她的家乡如今已焕发新生。

2017年，瞿淋在鸡场附近建了一个沼气池，并租用了周边150多亩未使用的土地来种植柑橘，同时，还租了15亩的鱼塘养鱼。鸡场的排泄物会被直接排入沼气池进行发酵，之后使用干湿分离机进行处理。干粪经过再次发酵后，成为果树的有机肥料，代替了化肥；而分离出的肥水则用于灌溉柑橘。另外，柑橘园中生长的杂草会被割下喂给鱼塘中的草鱼。这种"蛋鸡＋柑橘＋鱼"的生态循环种养方式，真正做到了资源的充分利用和环境的零污染。

话题讨论

过去，人们衣服裤子破了之后都会打个补丁继续穿，现如今，随着国家现代事业的不断发展，人民生活水平的不断提高，很多人尤其是年轻人面对衣服破损的问题，都选择直接扔掉，认为打补丁会显得"小气""寒酸"。面对这一现状，我们如何理解物品的循环利用和节约资源之间的关系？循环利用对于我们每个人的生活有哪些积极影响？

一、循环利用的意义

"循环经济"这一术语，由美国经济学家波尔丁在20世纪60年代首次提出。自20世纪80至90年代以来，发达国家为了提升整体经济效益并防止环境污染，基于生态经济思想对产业发展进行了全新的规划，从而提出了一种创新的循环经济发展策略。到了20世纪90年代末，我国开始引入并应用循环经济理念。

尽管"循环经济"被视为一种新理念，但实际上，马克思在《资本论》中，尤其是在探讨"不变资本使用上的节约"这一主题时，就已经明确阐述了与"循环经济"原则相类似的思想和观点。在讨论"生产排泄物的利用"问题时他明确指出："我们所说的生产排泄物，是指工业和农业的废料；消费排泄物则部分地指人的自然的新陈代谢所产生的排泄物，部分地指消费品消费以后残留下来的东西。"他提出将这些排泄物转化为新的生产要素，重新回到生产和消费的循环中。这种循环利用的思想是循环经济的重要组成部分，旨在减少资源浪费和环境污染。

2024年2月，国务院发布《国务院办公厅关于加快构建废弃物循环利用体系的意见》（以下简称意见）。《意见》要求加快构建废弃物循环利用体系，要以习近平新时代中国特色社会主义思想为指导，深入贯彻党的二十大精神，全面贯彻习近平生态文明思想，完整准确全面贯彻新发展理念，加快构建新发展格局，着力推动高质量发展，遵循减量化、再利用、资源化的循环经济理念，以提高资源利用效率为目标，以废弃物精细管理、有效回收、高效利用为路径，覆盖生产生活各领域，发展资源循环利用产业，健全激励约束机制，加快构建覆盖全面、运转高效、规范有序的废弃物循环利用体系，为高质量发展厚植绿色低碳根基，助力全面建设美丽中国。

面对全球资源日益紧张和环境问题日益严重的现状，《意见》的出台，意味着转变经济发展模式势在必行，而循环利用与节约资源则是这一变革的内在要求。同时，这也是我国为实现社会经济可持续发展必须作出的明智选择。通过资源的有效再利用和节约使用，我们不仅能够为当代社会创造更加绿色、高效的经济环境，还能为子孙后代留下更丰富的自然资源，确保国家的长远发展与繁荣，对于实现可持续发展目标具有重要意义。

二、循环利用的内容

1. 提高资源利用率

提高资源利用率是实现可持续发展的重要一环。通过循环使用的方式，原本被视为废弃的物品被赋予了新的生命，转化为可再利用的材料。这一过程不仅大幅度提升了资源的利用率，使得每一份资源都能发挥出其最大的价值，而且有助于显著节约自然资源。更重要的是，这种做法能够减少对新资源的需求，这意味着我们不再依赖过度开采和消耗地球上的有限资源。相应地，降低开采和加工成本不仅为企业带来了经济效益，同时也为整个社会带来了环境效益，实现了经济与环境的双重共赢。这种循环利用的模式，是我们向绿色、低碳、循环经济转型的关键步骤，也是推动社会可持续发展的有力措施（图6-8）。

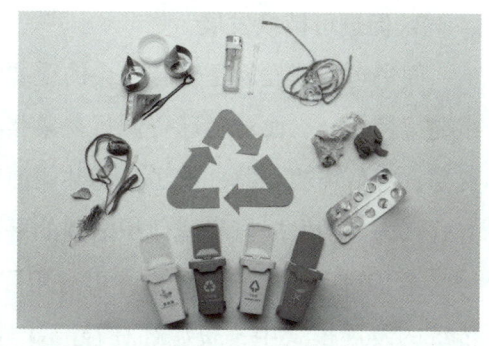
图6-8
垃圾分类

此外，利用风力和水力发电等可再生能源，提高资源利用率，减少对化石燃料的依赖，有助于实现更环保的生产和消费模式（图6-9）。

图6-9
风力发电

2. 减少环境污染

循环使用在环境保护中扮演着举足轻重的角色，它对于减少环境污染起到了关键作用。在现代社会中，随着消费的不断增加，废弃物产生量也随之极速扩展，如何妥善处理这些废弃物成了一个亟待解决的问题。传统上，废弃物处理方式主要依赖填埋和焚烧，然而这些方法带来的环境问题不容忽视。

填埋处理会占用大量土地资源，而且填埋场中的有害物质可能渗透到土壤和地下水中，对生态环境构成潜在威胁。焚烧处理虽然能减少废物体积，但焚烧过程中产生的有害气体和颗粒物的排放，对大气环境造成了严重污染。此外，焚烧也需要消耗大量的能源。

循环利用则提供了一种全新的解决方案。通过回收、再利用废旧物品，不仅能够减少对新资源的需求，还能显著降低废弃物的产生。这种废弃物处理方式直接减少了需要填埋或焚烧的废物量，从而有效减轻了环境的负担。更重要的是，循环利用促进了资源的合理使用，让原本被视为废弃物的物品重新获得价值，这符合可持续发展的理念。这种双赢的局面使得循环使用成了一种广受推崇的废弃物处理方式。

3. 促进可持续发展

促进可持续发展是当今社会的重要议题，而循环利用无疑是推动这一目标实现的重要途径之一。面对全球资源日益紧张和环境压力不断增大的现实，如何有效地利用资源、降低环境负荷，成了我们共同面临的挑战。循环利用，以其独特的资源再利用方式，为经济发展与环境保护之间的平衡提供了一种切实可行的解决方案。

循环利用的核心理念是"再利用"，它强调的是资源的最大化、高效化利用。在传统的发展模式中，资源往往被一次性使用后即废弃，这不仅造成了资源的极大浪费，还给环境带来了沉重的负担。而循环利用则打破了这一模式，通过回收、修复、再利用等方式，让资源得以延续其使用寿命，从而实现经济与环境的双赢。

在经济发展方面，循环利用为产业链注入了新的活力。废旧物品的回收再利用，不仅节约了原材料成本，还为企业创造了新的商机。同时，这也促进了相关产业的发展，如回收业、再制造业等，为经济增长提供了新的动力。

在环境保护方面，循环利用的贡献更是显而易见。通过减少对新资源的需求和降低废物的产生，它有效地缓解了环境压力。与此同时，资源的再利用也减少了能源消耗和温室气体排放，对应对气候变化具有重要意义。

因此，循环利用不仅有助于平衡经济发展与环境保护之间的关系，更在推动社会的长期可持续发展中发挥了关键作用。它让我们看到，经济发展和环境保护并非不可兼得，而是可以通过科学的方法和策略实现和谐共生。未来，我们应该更加重视循环利用在可持续发展中的作用，积极探索和推广这一理念，共同为地球的可持续发展贡献力量。

4. 创造就业机会

循环利用产业的发展不仅有助于环境保护和资源的有效利用，还能为社会创造丰富的就业机会。这一产业的发展牵动了众多相关产业链，从而形成了一个庞大的经济生态系统。

以废物分类、回收、加工和利用等环节为例（图6-10），这些过程中每一步骤都需要专业的人员进行操作与管理。废弃物分类环节，需要专业的分类工人对各类废弃物进行细致地分类，确保资源的有效回收；回收环节，则需要专业的回收人员深入社区、企业进行废弃物的收集与运输；在加工环节，技术人员将回收来的废弃物进行专业的处理，使其恢复或提升利用价值；而在利用环节，更是需要设计师、工程师等专业人士将再生材料融入新产品中。

图6-10
废物分类回收

这些环节不仅技术要求高，而且劳动密集，因此能够为社会提供大量的工作岗位。随着循环使用产业的不断发展壮大，该产业对人力资源的需求也会持续增长，这无疑为缓解就业压力、提供更多的就业机会开辟了新的途径。同时，这也鼓励更多人投身环保和资源循环利用的行业，共同为地球的可持续发展贡献力量。可以说，循环使用产业不仅具有环保意义，更具有深远的社会经济价值。

三、循环利用的举措

1. 垃圾分类与资源回收

垃圾分类是循环利用的基础，科学的垃圾分类能够将可回收物、厨余垃圾和其他废弃物有效分开，从而提高资源的回收利用率。在社区和校园中，设置明确的分类标识和投放点，增强居民和学生的参与意识，有助于形成良好的垃圾分类习惯。通过资源回收企业的介入，将回收的物品进行再加工，生产出新产品，从而实现资源的循环利用。

2. 旧物改造与再利用的技巧

旧物改造是循环利用的一种创新实践方式。通过创意设计，将不再使用的物品进行改造，赋予其新的功能和价值。例如，旧衣物可以被改造成环保购物袋，旧家具可以拆分、翻新为新的家居用品。通过这些改造，不仅减少了废物的产生，也提升了个人的动手能力和创意表达。此外，社区和学校可以组织旧物交换活动，鼓励居民和学生分享闲置物品，实现资源的再利用。

 学习评价

考察项目	评分要点	分值（满分100分）	学生自评（30%）		学生互评（30%）		教师评价（40%）	
			评分	评语	评分	评语	评分	评语
知识目标	掌握循环经济和资源再利用的基本知识	15						
	理解如何通过资源的循环利用实现可持续发展	15						
能力目标	单项技能 提升节约资源、减少浪费的能力	30						
	综合能力 结合实际生活进行改进							
素质目标	培养环保意识，积极践行绿色生活方式	20						
	推动个人和社会的可持续发展	20						
综合评价								

注：学生自评占总分的 30%，学生互评占总分的 30%，教师评价占总分的 40%，加权得出最终总分。综合评价分为五档，总分 90~100 分评价为"优"，80~89 分评价为"良"，70~79 分评价为"中"，60~69 分评价为"可"，60 分以下评价为"差"。

"无废城市"：资源高效利用、环境和谐共生

在重庆电力旧物资再生资源循环利用中心的拆解车间内，工人们正忙碌地进行着拆解工作。伴随着机器的轰鸣，一根根电缆和钢芯铝绞线在高效的拆解线上被迅速分解为PVC及PE材料、填充材料、铜芯以及废铝线等组成部分。这些被分拆下来的材料随后被细致地分类，并送往各自对应的车间。在那里，专业的技术人员会进行"点对点"的精细化处理，包括材料的打包、现场过磅以及数量的精确统计，确保每一环节都严谨而高效。

国家电网重庆电力在永川区成功打造了全国首个集导线、电缆、变压器等电网废旧物资仓储、拆解、回收循环利用功能于一体的再生资源循环利用中心。自运营以来，该中心在一年内通过专业处理废铜、废钢铁和废铝等废旧物资，总量达到3 900余吨，从而有效地减少了碳排放量超过1.6万吨，为环保事业作出了显著贡献。

"这些废旧电缆、变压器等报废设备均来源于市内的各供电公司。为了对这些物资进行深度处理，我们中心配备了专业的器械设备，如单丝机、抽丝机、撕碎机和锤式破碎机等。"重庆电力再生资源循环利用中心的生产副主管陈璞介绍道，"在处理过程中，我们运用抽芯法、三刀破拆法等专业技术来彻底拆解导线、电缆等物资。整个处理流程包括分类、破碎、拆解和打包等环节，确保电网废旧物资得到全类别的精细处理。经过这一系列操作，废旧变压器、开关柜、电力电缆等设备被有效拆解，并分类产出废铜、废铝、废钢铁等可再生资源。"

📝 案例分析

2023年重庆市印发《重庆市"十四五"时期"无废城市"建设实施方案 》。方案提出，到2025年，重庆市全域"无废城市"建设和成渝地区双城经济圈"无废城市"共建机制基本建立。这一宏伟目标的提出，标志着重庆市在环保和可持续发展方面迈出了重要一步，也意味着重庆将致力于打造一个资源高效利用、环境和谐共生的未来都市。通过全社会的共同努力，相信重庆市将建成一个资源节约、环境友好的"无废城市"，为未来的可持续发展奠定坚实基础。

在全球资源日益紧张的今天，循环利用逐渐成为未来发展的必然趋势。结合校园的垃圾分类与资源回收实践，你认为个人和企业在循环利用中各自承担什么样的责任？如何通过日常生活中的小改变推动循环利用和环保理念的普及？

活动示例

主题班会活动："劳动创造财富，节约助力未来"

活动目标：

（1）通过讨论和实践，增强对劳动创造财富、勤俭节约、爱护物品、循环利用的理解和认知。

（2）在日常生活中践行劳动教育理念，培养良好的节约习惯和环保意识。

（3）通过行动体现社会责任感，并激发集体合作精神。

活动准备：

（1）宣传材料：主题班会海报、活动流程PPT。

（2）讨论材料：相关案例和数据（如校园"光盘行动"成果、循环利用的实际效果）。

（3）互动道具：垃圾分类箱、旧物改造材料、爱护物品的实物展示。

活动流程：

1. 引言与导入（10分钟）

介绍班会主题，结合现实问题（如校园食堂浪费、公共设施损坏、资源紧张）进行引入并启发学生对"劳动、节约、爱护、循环"的思考。

2. 小组讨论环节（25分钟）

分组讨论：学生分为4组，每组负责讨论一个主题。

（1）劳动创造财富：如何通过体力和脑力劳动创造未来的财富？

（2）勤俭节约是美德：勤俭节约如何从个人责任上升为社会责任？

（3）爱护物品：你如何通过个人行动影响他人更好地爱护物品？

（4）循环利用：如何通过生活中的小改变推动循环利用和环保理念的普及？

汇报与分享：每组代表用简短发言形式分享讨论成果，其他同学可以提出问题或进行补充。

3. 实践体验活动（30分钟）

（1）垃圾分类竞赛：设置模拟垃圾分类场景，学生分组进行垃圾分类比赛，培养资源回收的意识。

（2）旧物改造DIY：学生利用旧物品进行改造设计（如旧纸箱等），比赛变废为宝的能力。

（3）爱护物品案例展示：展示校园中实际的图书保护、公共设施维护等行为，鼓励大家反思如何从爱护物品体现责任心。

4. 总结与反思（10分钟）

总结讨论内容，反思劳动教育的意义，特别是劳动与财富的关系、节约的美德、循环利用的重要性。提出问题进行思考："如何在未来的职业与生活中，将今天的所学付诸实践，真正做到创造财富、节约资源、爱护环境？"

5. 班会承诺活动（5分钟）

每位学生在纸上写下自己节约、爱护物品、实践循环利用的具体承诺，收集后张贴在班级的承诺墙上，以便班会结束后相互监督与激励。

活动延伸：

班会结束后，可以鼓励班级在全校发起关于"爱护图书""节约粮食""垃圾分类"的倡议活动，进一步推动劳动教育理念的传播和落实。

参考文献

1. 杨立华.新时代高职院校劳动教育的时代价值与实践审思[J].学校党建与思想教育，2024，（15）：52-54.

2. 张泰源.习近平关于劳动教育重要论述研究[D].吉林大学，2023.

3. 王晓燕，杨颖东，孟梦.全面加强新时代大中小学劳动教育——习近平总书记关于教育的重要论述学习研究之十三[J].教育研究，2023，44（1）：4-15.

4. 刘向兵，杨阳，曲霞.习近平总书记关于劳动教育重要论述的理论渊源与价值意蕴[J].中国人民大学教育学刊，2023，（4）：1-14+181.

5. 张清宇，李珂.习近平总书记关于劳动教育重要论述的内涵要义与价值意蕴[J].国家教育行政学院学报，2023，（12）：37-45+65.

6. 胡玉玲，李珂.习近平关于劳动教育重要论述的四重逻辑[J].教学与研究，2024，（8）：21-31.

7. 吴安春，姜朝晖，金紫薇，等.落实立德树人根本任务——习近平总书记关于教育的重要论述学习研究之十[J].教育研究，2022，43（10）：4-13.

8. 刘芳芳，吴琼.习近平关于劳动教育重要论述的思想内涵与时代价值[J].内蒙古社会科学，2021，42（3）：9-15.

9. 刘映芳，朱志明.习近平关于劳动的重要论述及其时代价值[J].思想理论教育导刊，2021，（4）：47-52.

10. 刘向兵.新时代高校劳动教育的新内涵与新要求——基于习近平关于劳动的重要论述的探析[J].中国高教研究，2018，（11）：17-21.

尊重劳动者

本章旨在引导学生了解劳动者在社会进步中的重要作用，掌握劳动最光荣、劳动最崇高、劳动最伟大和劳动最美丽的具体内涵；增强对劳动者的敬重与感恩之情，践行劳动精神，具备尊重劳动、热爱劳动的价值观。

● 学习目标

知识目标：

1. 了解劳动是推动人类社会进步的根本力量。

2. 掌握劳动者光荣、崇高、伟大、美丽的具体内涵及其社会价值。

3. 熟悉当代典型劳动者的先进事迹，理解他们对社会的贡献。

能力目标：

1. 能够分析和理解劳动者在不同领域中的贡献及其社会影响。

2. 能够通过具体案例，识别和总结劳动精神的核心要素。

3. 具备独立思考和表达劳动观念的能力，并能应用到日常学习和生活中。

素质目标：

1. 培养尊重劳动者、珍惜劳动成果的情感。

2. 树立积极的劳动观念，认同劳动者的崇高精神。

3. 养成勤奋努力、乐于奉献的优良品质，践行劳动精神。

7.1

理解劳动者最光荣

　　2019年春节前夕，在北京前门石头胡同快递服务点紧张工作的刘阔，收到了一份特殊的鼓励。当时他正准备出门送货，遇到了前来看望他们的习近平总书记。总书记一把握住了刘阔满是灰尘的手，温暖又有力。他深情地说："'快递小哥'工作很辛苦，起早贪黑、日晒雨淋，越是节假日越忙碌，像勤劳的小蜜蜂，为大家生活带来了便利，是最辛勤的劳动者。"

图7-1
奔走在街头的劳动者

　　近年来，这个在河北农村长大的"85后"小伙子一直牢记总书记叮嘱，努力做一只勤劳的小蜜蜂。"平凡的'快递小哥'也是光荣的职业！"（图7-1）2022年春节期间，北京冬奥会开幕式上，刘阔有幸同100多位各行各业的代表一起，将五星红旗手手传递。

（资料来源：央视新闻，有删改）

话题讨论

工作没有贵贱之分，光荣属于劳动者。正如习近平总书记所说，"快递小哥像勤劳的小蜜蜂，是最辛勤的劳动者"。请问你是如何理解"平凡的'快递小哥'也是光荣的职业"这句话的？

劳动谱写时代华章，奋斗创造美好未来。世界百年变局加速演进，新一轮科技革命和产业变革深入发展，围绕高素质人才和科技制高点的国际竞争空前激烈。这就迫切要求我们走好人才自主培养之路，实现高水平科技自立自强。党的十八大以来，习近平总书记高度重视、深情礼赞劳动创造，讴歌劳模精神、劳动精神、工匠精神，凝聚起亿万劳动群众团结奋进的强大力量，推动我国迈上全面建设社会主义现代化国家新征程。伟大出自平凡，英雄来自人民。各行各业的劳动人民默默坚守各自岗位，用汗水诠释着平凡岗位上的劳动精神，用责任和担当书写"劳动最光荣、劳动最崇高、劳动最伟大、劳动最美丽"的故事（图7-2）。

图7-2
劳动者群像

一、劳动是推动人类社会进步的根本力量

劳动是人类的本质活动，它使人类与其他动物从根本上区别开来。习近平总书记指出，"劳动是人类的本质活动，劳动光荣、创造伟大是对人类文明进步规律的重要诠释"。人类文明进步的规律告诉人们，劳动是人类最根本的实践活动，是人类生存、发展和创造财富的基本路径。

党的十八大以来，以习近平同志为核心的党中央高度重视劳动教育，明确提出将劳动教育纳入社会主义建设者和接班人的总体要求。习近平总书记高度重视、关心劳动群众，多次出席全国劳动模范和先进工作者表彰大会等会议并发表重要讲话，他指出"劳动是推动人类社会进步的根本力量""人类是劳动创造的，社会是劳动创造的"。这些重要论述揭示了人类社会历史发展的基本规律，蕴含着深刻的理论逻辑和实践逻辑。

"劳动没有高低贵贱之分，任何一份职业都很光荣。"习近平总书记强调，劳动是一切成功的必经之路，要在全社会大力弘扬劳动光荣、知识崇高、技能宝贵、创造伟大的时代新风，推动全社会热爱劳动、投身劳动、爱岗敬业，为社会主义现代化建设事业贡献智慧和力量。新时代加强高校劳动教育，必须充分发挥课程主渠道、主阵地作用。

二、劳动者的辛勤劳动奠定社会的发展基础

劳动者的光荣首先源于劳动者的辛勤劳动。《中华人民共和国宪法》规定："劳动是一切有劳动能力的公民的光荣职责。国有企业和城乡集体经济组织的劳动者都应当以国家主人翁的态度对待自己的劳动。国家提倡社会主义劳动竞赛，奖励劳动模范和先进工作者。国家提倡公民从事义务劳动。"

马克思认为，"整个所谓世界历史不外是人通过人的劳动而诞生的过程，是自然界对人来说的生成过程"。劳动是人类存在的基本方式，作为生命存在的人必须从事生产劳动，通过劳动改造自然，获取生活资料。人们在劳动过程中不仅从自然界获得生活资料，改变了自然界，而且实现了自我价值、发展了自我潜能，改变了自己；不仅同自然界发生关系，而且也结成人与人之间的关系即生产关系，形成并发展了人类的全部社会关系。进一步说，人类社会历史通过现实的劳动而展开，同时也通过劳动

创造而获得进步。

劳动是真正属于人的本质性力量。人只有通过劳动创造，才能实现自己的人生价值。衡量人生价值的尺度不是占有和消费了多少价值，而是通过劳动为社会创造了多少价值。无论是城市建设中的工人，还是农业生产中的农民，他们通过辛勤劳动，为社会创造了巨大的物质财富和精神财富。他们的劳动不仅满足了社会的基本需求，而且推动了经济的发展和社会的进步。在现代社会中，劳动者的辛勤劳动依然是推动社会发展的重要力量。

三、劳动者的无私奉献传承人类的精神财富

劳动者不仅通过辛勤劳动为社会创造财富，而且在各种困难和挑战面前，他们总是表现出无私奉献的精神。无论是自然灾害还是重大险情，劳动者总是冲在前线，守护人民的生命财产安全。他们的无私奉献，不仅体现了劳动者的崇高品质，而且为全社会树立了光辉的榜样。

党的二十大报告提出，"落实立德树人根本任务，培养德智体美劳全面发展的社会主义建设者和接班人"。作为一名大学生，我们应该恪守品德、崇德修身，传承劳动者无私奉献的精神财富。如习近平总书记所强调的："广大青年要做社会主义核心价值观的坚定信仰者、积极传播者、模范践行者，向英雄学习、向前辈学习、向榜样学习，争做堪当民族复兴重任的时代新人，在实现中华民族伟大复兴的时代洪流中踔厉奋发、勇毅前进。"

四、劳动者的创新精神开创未来的美好生活

劳动精神，是劳动者应具有的良好的劳动态度、劳动品格、劳动操守和劳动风范的统称，是人的主体性彰显和人的本质力量的外化，是劳动者优秀劳动意识、劳动理念、劳动态度、劳动习惯的集中展现，也是劳动者对人类发展和社会进步的理性认知与感性实践的精神结晶。

我们继承和弘扬我国优秀传统劳动文化。"民生在勤，勤则不匮""一勤天下无难事"，崇尚劳动、独立自强是中华优秀传统文化的鲜明底色，大学生理解"劳动最光荣"便要继承和弘扬我国优秀传统劳动文化。更要发扬新时代劳动精神。培养大学生

创新奋进的时代精神、敬业奉献的劳模精神、精益求精的工匠精神及迎难而上的斗争精神，形成"崇尚劳动、热爱劳动、辛勤劳动、诚实劳动"的劳动精神。

在现代社会中，劳动者不仅是辛勤工作的实践者，而且是创新精神的弘扬者。无论是科技研发人员，还是一线工人，他们通过不断学习和创新，推动了科技的进步和生产力的发展。劳动者的创新精神，不仅提升了生产效率和产品质量，而且为社会的发展注入了新的活力和动力。

 学习评价

请填写下表对自己的劳动观进行一次调查（表7-1）。

表7-1　劳动观调查表

题目	选项
1. 环卫工人（体力劳动者）的劳动和科学家（脑力劳动者）的劳动一样光荣	○ 非常赞同 ○ 赞同 ○ 中立 ○ 不赞同 ○ 非常不赞同
2. 成绩才是硬道理，成绩好比劳动能力强更重要	○ 非常赞同 ○ 赞同 ○ 中立 ○ 不赞同 ○ 非常不赞同
3. 有报酬、有证明、有荣誉的劳动更能调动积极性	○ 非常赞同 ○ 赞同 ○ 中立 ○ 不赞同 ○ 非常不赞同
4. 当你付出劳动后，未得到他人的关注和肯定，你是否愿意继续付出	○ 是的，我为自己感到光荣 ○ 否，我感到有些失落 ○ 不确定
5. 你认为目前大学生的劳动现状如何	○ 大部分热爱劳动 ○ 会一定程度参与劳动但不主动 ○ 大部分自理能力较差

考察项目	评分要点		分值（满分100分）	学生自评（30%）		学生互评（30%）		教师评价（40%）	
				评分	评语	评分	评语	评分	评语
知识目标	掌握劳动者光荣的具体内涵及其社会价值		15						
	熟悉当代典型劳动者的先进事迹，理解他们对社会的贡献		15						
能力目标	单项技能	能够通过具体案例，识别和总结劳动精神的核心要素	30						
	综合能力	具备实际动手能力和技能，能够独立完成各种劳动任务							
素质目标	切实体会劳动的价值和意义		20						
	尊重劳动者、珍惜劳动成果，树立积极的劳动观念		20						
综合评价									

注：学生自评占总分的 30%，学生互评占总分的 30%，教师评价占总分的 40%，加权得出最终总分。综合评价分为五档，总分 90~100 分评价为"优"，80~89 分评价为"良"，70~79 分评价为"中"，60~69 分评价为"可"，60 分以下评价为"差"。

 案例

盾构机工程师张帅坤

在穿山跨海的幽深隧道里，有一种庞然大物在建造工程中必不可少，它就是大国基建的核心装备之——盾构机。中国铁建重工集团股份有限公司的"80后"正高级工程师张帅坤和盾构机打了 16 年交道，成绩斐然。他 2010 年入职掘进机研究设计院，先后担任研制国内首台高铁大直径泥水平衡盾构机"望京一号"、国产首台铁路双线超大直径泥水平衡盾构机"中原一号"，领衔攻克"常压换刀"技术难关……在盾行"江河湖海城"的创新实战中，张帅坤和团队培育了 120 多名高端地下装备创新人才，承担国家、省部级项目 7 项，获授权专利 300 余件。不过即使在 2023 年成为全国五一劳动奖章获得者，他也只是把奖章放进书柜里，片刻不怠赶往施工现场、开会研讨继续做大直径盾构机的研制工作。

张帅坤团队研制的"定海号""甬舟号"两台超大直径盾构机应用于世界上最长的海底高铁隧道施工，分别从宁波、舟山始发相向掘进，区间内面临14次软、硬地层的交替转换，期间他们克服了种种困难，缩减了换刀具时间、提高了探测精度、升级了抗压能力。他表示："要锻造更多更强的大国重器，让过去用'洋机器'、被'洋专家'瞧不起的故事不再发生。我将继续潜心钻研，勇闯技术'无人区'，加速产品迭代升级，为国家重大工程建设贡献自己的青春力量。"

（资料来源：人民政协网，有删改）

📝 案例分析

张帅坤的案例不仅展现了个人在职业生涯中的成长与蜕变，更反映了劳动者在推动国家科技自主创新、促进产业发展的关键作用。通过劳动创造、勇于攻坚和无私奉献，张帅坤和他的团队不仅实现了个人价值，更为国家和社会作出了巨大贡献。他的故事是对劳动者最光荣的生动诠释，为我们提供了宝贵的学习榜样。

🔍 思考题

张华是一名工厂流水线工人，他的工作是在手机的外壳上将螺丝拧紧。这项工作不需要特别的技能，只需要一定的体力和速度。与此同时，李明是一名软件工程师，他负责开发和维护手机操作系统。这项工作需要深厚的编程知识和解决问题的能力。

请比较张华和李明的工作，讨论简单劳动和复杂劳动在现代社会中的价值和重要性，并探讨如何通过教育和培训提升简单劳动者的技能，使他们能够适应更复杂的劳动需求？同时思考两人的工作属性如何体现出"劳动者最光荣"？

7.2
认识劳动者最崇高

情境导入

在一个普通的工厂车间里，一位年过半百的技师正在一丝不苟地调试着一台复杂的机械设备（图7-3）。他每天都在重复着看似简单却极其重要的工作，头上粘着铝屑、身上蹭满油污，手指已经因为长期的机械操作而磨出了厚厚的老茧。每当别人享受美好假期时，他却时常与轰隆隆的机器相伴。但他乐此不疲，谈起工作总是充满了自豪："劳动不仅是谋生的手段，更是实现自我价值的重要途径。干热爱的事，是一种幸福！"

图7-3
工匠在工作中

202

对这位劳动者而言，看似枯燥的工作却让他乐在其中。请问你如何理解他口中的"干热爱的事，是一种幸福"？

一、劳动者的崇高体现在责任感

劳动者的崇高首先体现在他们强烈的责任感。一代人有一代人的使命，劳动的内涵在更新，劳模的标准在发展，"爱岗敬业、争创一流，艰苦奋斗、勇于创新，淡泊名利、甘于奉献"的劳模精神却始终不变。

劳动者是推动社会进步和国家发展的中坚力量。纵观中国近现代百年历程，无论是在战火纷飞的革命年代，还是在艰苦奋斗的建设时期，抑或是在锐意改革的新时代，劳动者始终是历史的主角。他们用勤劳的双手和智慧的头脑，创造了一个又一个奇迹，谱写了中华民族不屈不挠、奋勇向前的壮丽篇章。

中华人民共和国成立后，百废待兴的中华大地迎来了劳动的号角。无论是油田的开发，还是新工业的兴起，无数劳动者以坚韧不拔的意志和责任感，夜以继日地奋战在建设第一线。正是他们的不懈努力，让新中国焕发出勃勃生机，创造了一个又一个振奋人心的成就。

改革开放以来，随着科技进步和生产力提升，知识分子和劳动者携手并肩，开拓创新，共同推动社会主义现代化建设。新时代的劳动者尊重知识、尊重人才、尊重创造，他们的智慧和勤劳在新时代焕发出新的光彩，为实现中华民族伟大复兴的中国梦贡献着无尽的力量。

千千万万奋斗在各行各业的劳动者，以其辛勤耕耘、拼搏奉献和高度的责任感，铸就了一个又一个令世界瞩目的"中国奇迹"。他们最大程度展现了劳动的崇高和价值，他们不仅是历史的见证，更是新时代前行的力量源泉。

二、劳动者的崇高体现在职业操守

劳动者的崇高还体现在职业操守。兢兢业业、勤勤恳恳，干一行爱一行，在平凡的岗位上做好自己的本职工作。有些人渴望成功，但又处处投机取巧、走捷径，做出违背职业操守甚至违背良心的事情，靠一时的小聪明、小轻松换来的成绩，这种所谓的"成功"，是不持久的。无论从事什么职业，劳动者应始终坚持职业操守，遵守职业道德标准。如在重急险难任务中不顾个人安危的逆行者：医护人员的医者仁心、社区工作者的任劳任怨、公安干警的无私无畏、志愿者的默默奉献……这些都映照了劳动者的崇高思想境界。他们不仅保障了社会的正常运转，而且为社会的和谐稳定作出了重要贡献。他们坚守职业操守，保证了工作的质量和效果，赢得了社会的信任和尊重。劳动者的职业操守，是社会诚信和良好风尚的重要体现。人们的职业各有不同，但只要他能够通过辛勤劳动为社会、为他人做有益的事情，只要他有先人后己、克己奉公的思想境界，他就是一个崇高的人。

三、劳动者的崇高体现在集体主义精神

劳动者的崇高也体现在集体主义精神。坚持家国一体，是集体主义精神的根基。集体主义作为一种道德原则，具有正确处理个人利益、集体利益与国家利益的作用。劳动者始终坚持把集体主义精神融入个人品格，将个体的力量凝聚成集体力量，意识到每个人只是贡献力量、创造集体合力的一颗"螺丝钉"，需要在集体主义中实现自我价值和个人利益。社会的精神支柱要可视化为具体个体的行为。但是，这个具体化过程不会平均主义地、自然而然地分摊到每个社会成员身上，而是有赖于每个成员的自觉意识。从这个意义上讲，个体的主体自觉决定着劳动精神具象化的程度。而整个社会之所以要大力倡导和弘扬劳动精神，正是为了唤起这种主体自觉。集体主义精神正是劳动过程中人们自觉形成的一种公共意识。只有这种具备主体自觉性的公共性才是真正的集体主义。无论是团队合作，还是社会公益，劳动者总是以集体利益为重，团结协作、共同完成任务。他们的集体主义精神，不仅提升了工作的效率和效果，而且增强了社会的凝聚力和向心力。劳动者的集体主义精神，是社会团结和共同进步的重要力量。

 学习评价

每周立一个劳动flag！如：学会做一道菜、收纳衣柜、换洗床单等，并进行自我评价和记录（表7-2）。

表7-2　每周"劳动人"计划表

每周目标	具体内容	是否完成	自我评分（百分制）
第一周			
第二周			
第三周			
第四周			
第五周			
第六周			

考察项目	评分要点		分值（满分100分）	学生自评（30%）		学生互评（30%）		教师评价（40%）	
				评分	评语	评分	评语	评分	评语
知识目标	掌握劳动者崇高的具体内涵及其社会价值		15						
	熟悉当代典型劳动者的先进事迹，理解他们对社会的贡献		15						
能力目标	单项技能	能够通过具体案例，识别和总结劳动精神的核心要素	30						
	综合能力	具备创造性思维和解决问题的能力，能够发挥创新精神							
素质目标	通过劳动教育培养自理能力，提高了自觉性、主动性		20						
	培养责任感和自律性，主动担当，认同劳动者的崇高精神		20						
综合评价									

注：学生自评占总分的30%，学生互评占总分的30%，教师评价占总分的40%，加权得出最终总分。综合评价分为五档，总分90~100分评价为"优"，80~89分评价为"良"，70~79分评价为"中"，60~69分评价为"可"，60分以下评价为"差"。

为低温流体装备插上国产化腾飞翅膀

大型高压深冷离心泵是石油化工、液化天然气、航天科研、船舶交通和新能源等领域的关键设备。之前，该设备的核心技术长期受制于欧美企业，这成为全行业和产业链"卡脖子"的痛点。浙江机电职业技术大学张炜教授领衔的高端低温流体装备研发科研创新团队在首席专家的指导下，突破重重困难进行科研攻关。这个过程中，熬夜通宵成了家常便饭，历经无数次失败、试错，终于成功研制出了我国拥有完全自主知识产权的国内最大流量LNG接收站罐内泵、超高扬程大功率液化天然气（LNG）、液体火箭低温燃料加注泵和超大型LNG动力船燃气输送系统。这些成果各项技术指标均达到国外同类产品先进水平，成功打破了国外公司的产品垄断和技术壁垒，实现大型高压深冷离心泵设备完全自主化和国产化，部分技术达到国际领先水平。

案例分析

经过科研工作者的不懈努力、辛勤付出，打破了国外厂家技术垄断，打通行业"卡脖子"关键节点并实现全面国产化，对实现国防和能源行业的安全自主起到了显著的作用。有力推动了国内装备行业的技术进步，为我国低温泵行业作出了重要贡献。正是在科研中的坚持和奋斗，奠定了劳动者的不凡和崇高。

思考题

在一个高度自动化的智能制造工厂中，机器人和数字系统控制着生产流程，而工人主要负责监控和优化这些系统。请问在智能制造环境中，劳动者的角色和技能需求发生了哪些变化？如何确保工人能够适应这种新的劳动形态？我们又如何在这样的生产环境中领悟劳动者最崇高的思想？

7.3
认同劳动者最伟大

👤 | **情境导入**

　　熊朝永曾是西双版纳野象谷景区有限公司亚洲象救护与繁育中心经理、兽医师，他与森林为友、与象为伴20多年，多次参与野生亚洲象的救助工作，被称为"象爸爸"。他研究和总结辅助出的亚洲象繁育技术，11年内成功辅助繁育出9头小象，目前成活率100%，并实现国内第一例经人工辅助干预使幼象成活的实例。他参与编制《亚洲象野外救助技术规程》《亚洲象人工辅助育幼技术规范》等三项标准，填补了我国亚洲象保护标准的空白。熊朝永曾经因为救助大象而留下终身伤痛，却不顾家人反对，仍毅然投入救助亚洲象的工作，他说："我将勤勉工作、锐意创新，当好亚洲象宣传使者，讲好保护亚洲象的中国故事。"

（资料来源：云南省人民政府官网，有删改）

熊朝永不怕艰险、不计得失，在亚洲象救助、繁育、医疗工作等方面作出了突出贡献。你认为他如何体现了劳动者最伟大呢？

一、劳动者的伟大体现在创造力

劳动者的伟大首先体现在创造力，应该重视劳动为人类社会带来的创造力。人类是自然界长期进化的产物，但人类进化超越了一般动物界的生物进化。人的进化是劳动工具和劳动方式的进化，人类及其人类文明的一切成就都源自劳动创造。通过劳动可以激发创造力、唤起创造力。无论是科学技术的突破，还是工艺产品的创新，劳动者通过不断地探索和实践，创造了丰富的物质财富和精神财富。

劳动者在劳动中遇到各种各样的问题和挑战，通过不断试错、探索，带来了更多有意义的成果。他们的创造力，不仅推动了经济的发展和社会的进步，而且丰富了人类的文化和文明。劳动者的创造力，是社会发展的源泉和动力，因而彰显了劳动者的伟大。

二、劳动者的伟大体现在奉献精神

劳动者的伟大还体现在奉献精神。无论是日常工作中的默默奉献，还是突发事件中的无私救助，劳动者总是以实际行动，为社会的发展和人民的幸福作出贡献。他们的奉献精神，不仅体现了高尚的道德品质，而且为社会树立了榜样和楷模。劳动者的奉献精神，是社会和谐和人类进步的重要力量。

伟大来自平凡，英雄来自人民。劳动者用开拓进取的心态勇立时代潮头，有些甚至在生命的最后一刻也投身于劳动中。心怀"落红不是无情物，化作春泥更护花"的奉献精神，如同一簇小小的星火，传递世间美好。在无私奉献中默默坚守，不求个人私利，立足当下、淡泊名利、敬业奉献，形成了劳动人民独有的奋斗品格。

三、劳动者的伟大体现在坚韧不拔

劳动者的伟大更体现在坚韧不拔。无论是在艰苦的工作环境中，还是在严峻的挑战面前，劳动者总是表现出坚韧不拔的毅力和顽强拼搏的精神。他们凭借坚韧不拔，克服了一个又一个困难和障碍，创造了一个又一个奇迹和辉煌。劳动者的坚韧不拔，是社会前进和人类奋斗的重要动力。

劳动者的手，很粗糙但很有力。每一双手的背后，是默默坚持、是汗水交织、是努力付出，也是光荣和梦想。握起来有大山的尊严，伸出去有大地的厚重。对士兵而言，是忠诚与担当；对教师而言，是未来与希望；对工人而言，是汗水与奋斗。

学习评价

自由组队，以小组为单位，选取1名你们组推荐的最伟大的劳动者，可以是小组组员、身边人物，也可以是劳模榜样、大国工匠。提炼其品质关键词、分享人物故事，并填写下表7-3。

表7-3　最伟大劳动者推荐表

序号	推荐项目	推荐内容
1	Ta是谁——人物简介	
2	Ta是什么样的人——人物关键词	
3	Ta做了什么——人物故事	
4	Ta为什么伟大——推荐理由	

考察项目	评分要点	分值（满分100分）	学生自评（30%）		学生互评（30%）		教师评价（40%）	
			评分	评语	评分	评语	评分	评语
知识目标	掌握劳动者伟大的具体内涵及社会价值	15						
	熟悉当代典型劳动者的先进事迹，理解他们对社会的贡献	15						

考察项目	评分要点		分值（满分100分）	学生自评（30%）		学生互评（30%）		教师评价（40%）	
				评分	评语	评分	评语	评分	评语
能力目标	单项技能	能够通过具体案例，识别和总结劳动精神的核心要素	30						
	综合能力	具备良好的品德、价值观和道德意识，能够发挥团队合作能力							
素质目标	通过劳动教育培养自立能力，具备人格独立、经济独立		20						
	劳动过程中具备独立思考、独立实践能力，且具有较强的情绪控制力		20						
综合评价									

注：学生自评占总分的 30%，学生互评占总分的 30%，教师评价占总分的 40%，加权得出最终总分。综合评价分为五档，总分 90~100 分评价为"优"，80~89 分评价为"良"，70~79 分评价为"中"，60~69 分评价为"可"，60 分以下评价为"差"。

📖 | **案例**

李东和长征五号

30 多年前启动论证，20 多年前开始预研，10 多年前开始立项研制……被称为"胖五"的长征五号运载火箭，是我国由航天大国向航天强国迈进的关键一步（图7-4）。

办公桌上、落地窗边、书柜橱窗里摆满了大大小小的火箭模型，这是长征五号运载火箭总设计师李东办公室里最常见的场景。每当工作累了，李东总会抬头看看它们。10 年攻坚，长征五号于 2016 年实现首飞。然而，第二次发射任务却宣告失败。240 多项关键技术突破、15 000 余秒关键技术试验、900 多个日夜的磨砺、10 余万航天人的坚守……2019 年 12 月 27 日，中国"最强火箭"长征五号迎来重生时刻，圆满完成第三次发射任务。

图7-4
长征五号火箭

长征五号的浴火重生，是一场与时间的赛跑，更是一场十余万人共同的"马拉松"。这样一群航天人，他们数十年如一日，驯火牧天、携山揽海，眼里尽是星辰和远方。李东说："我们始终选择坚信，坚持向上的力量，坚持不懈追求航天梦想。"

（资料来源：新华网，有删改）

案例分析

李东和长征五号运载火箭团队的故事，展示了劳动者坚持不懈追求梦想的精神。经过240多项关键技术突破和10余万航天人的共同努力，最终使长征五号成功复飞。这样的精神不仅激励了航天人，也启发我们在面对困难和挫折时要保持坚韧不拔的毅力和对梦想的执着追求。

思考题

2019年起，杭州市滨江区民政局在区内最大的养老机构"阳光家园"内启动"多代同楼"陪伴性养老试点项目，为院内老人招募年轻的陪伴者。入选年轻人可以免租入住养老院1年，这期间，他们需要每月为院内老人提供至少10小时的劳动陪伴服务，并支付每月300元管理费。这一项目解决了困扰"青银"两代人的痛点："年轻人生活压力大"和"老年人怕孤独"。如果你是一名刚毕业的年轻人，你会申请该项目吗？你认为这项暖心的"劳动交换"意义在哪儿？

7.4

崇尚劳动者最美丽

情境导入

　　五月的凤羽河，河水潺潺、波光盈盈，两岸绿树成行、鲜花盛开……这里是洱海的源头——云南省大理州洱源县凤羽镇，一个传说中凤凰飞过落下羽毛的地方。2016年，李春喜成为该镇一家公司的一名畜禽粪便收集员，负责凤羽镇上寺村126户的牛粪收集工作。她是凤羽镇26名专业畜禽粪便收集员中唯一的女性。这份常人难以忍受的工作，李春喜一干就没有回头。每天，她往返于上寺村和收集站之间，累计行程达3.5万多千米，共收集畜禽粪便1.12万余吨。收来的牛粪被加工成有机肥，守护着洱海源头的碧水青山。

（资料来源：《工人日报》，有删改）

以劳动筑基，以奋斗开路。李春喜在常人认为"不美"的工作环境里守护着洱海的"美"。请问你认为她身上劳动者之"美"体现在哪里？

一、劳动者的美丽体现在劳动成果

劳动者的美丽首先体现在他们创造的劳动成果。这种美丽不仅是对物质世界的丰富和改造，更是对人类文明进步的贡献。在当今社会，劳动者通过勤劳和智慧，不断创造出新的价值，推动社会的进步和发展。

劳动成果的具体表现形式是多样的。从农田里的粮食到工厂里的机器，从建筑工地上的高楼大厦到科研实验室里的最新发明，每一件物品、每一项技术，都凝聚了劳动者的心血和智慧。劳动者用辛勤的双手和聪明的头脑，创造出一个个奇迹，为社会带来实实在在的收益和进步。

在农业领域，农业生产者通过辛勤耕作，不仅为国家提供了充足的粮食和农产品，保障了人民的基本生活需要，还推动了农业技术的发展和进步（图7-5）。现代农业技术的应用，如精准农业、基因改良和农业机械化，大大提高了农业生产效率，减少了资源浪费，促进了农业的可持续发展。

图7-5
晾晒粮食

在工业领域，工人们通过一线生产和制造，创造了无数高质量的工业产品。这些产品不仅满足了国内市场的需求，还出口到世界各地，提升了国家的国际竞争力。工业产品的不断创新和升级，也促进了科技的进步和应用，推动了整个社会的现代化进程。

在服务业和其他行业，劳动者同样以他们的智慧和辛勤劳动，创造出无数有形和无形的价值。无论是医生救治病人、教师培养学生，还是软件工程师开发新应用，或者艺术家创作出优秀作品，这些劳动成果不仅直接服务于人们的生活，也提升了社会的文化和精神文明。

劳动者的劳动成果不仅具有经济价值，还具有重要的社会价值。通过劳动成果的创造，劳动者实现了个人的社会价值，获得了社会的认可和尊重。每一项劳动成果都是劳动者智慧和汗水的结晶，是他们对社会的贡献和回报。劳动者通过劳动，创造了美好的生活，也提升了自身的社会地位和价值。

同时，劳动成果的创造促进了社会的和谐与稳定。通过劳动，劳动者获得了收入，改善了生活条件，增加了幸福感和满足感。这不仅有助于个体的发展和进步，也促进了整个社会的公平与正义。劳动成果的公平分配，保障了社会的稳定和繁荣，为国家的发展奠定了坚实的基础，是劳动者最美丽的真实写照。

二、劳动者的美丽体现在精神力量

劳动者的美丽，体现在辛勤的汗水和劳动的成果，更体现在那种无形却强大的精神力量。劳动者通过劳动，改变了物质世界，也提升了自身的素质和能力。通过劳动，劳动者学会了合作与分享，培养了责任感和使命感，提升了自身的综合素质和能力。在这个过程中，劳动者为社会创造了价值，实现了自身的成长和进步。

劳动者以无畏的态度面对工作中的挑战，以顽强的毅力攻克一个又一个难关。他们在平凡的岗位上默默奉献，以执着与坚持书写不平凡的故事。他们的美丽，源自对工作的热爱，对责任的坚守，对梦想的追求。他们的精神力量，宛如灯塔，为社会的前行照亮方向。他们以实际行动诠释了劳动的光荣与崇高，用自己的双手和智慧，铸就了国家的未来与希望。

劳动者的精神力量，让我们看到了一种无私无畏的美丽，一种不屈不挠的美丽，一种敢于追梦的美丽。正是这些精神力量，让劳动者成为最美丽的人，他们的美丽，永远值得我们敬仰和歌颂。

 学习评价

请从以下方面对自己和他人进行评价（表7-4）。

表7-4　"劳动之美"评分表

序号	题目	自评（百分制）	他评（百分制）	平均值
1	有正确的劳动观和劳动意识，尊重劳动人民、珍惜劳动成果			

序号	题目	自评（百分制）	他评（百分制）	平均值
2	有较强的生活技能和动手能力，勇于试错、积极实践			
3	自觉开展寝室、教室、校园等卫生清洁工作，主动承担劳动任务			
4	积极开展与专业实践相关的生产劳动，如实习实训、社会实践、勤工俭学等			
5	参与志愿服务、服务社会，面对重大危机不怕困难、主动奉献			
总分				

考察项目	评分要点		分值（满分100分）	学生自评（30%）		学生互评（30%）		教师评价（40%）	
				评分	评语	评分	评语	评分	评语
知识目标	掌握劳动者最美丽的具体内涵及其社会价值		15						
	熟悉当代典型劳动者的先进事迹，理解他们对社会的贡献		15						
能力目标	单项技能	能够通过具体案例，识别和总结劳动精神的核心要素	30						
	综合能力	具备实用的知识和技能，能够为未来的职业发展打下基础							
素质目标	通过劳动教育培养自强精神，养成艰苦奋斗、勤劳刻苦、奋进向上、自我勉励的自强品格		20						
	通过劳动教育继承和弘扬时代精神、革命精神和工匠精神		20						
综合评价									

注：学生自评占总分的 30%，学生互评占总分的 30%，教师评价占总分的 40%，加权得出最终总分。综合评价分为五档，总分 90~100 分评价为"优"，80~89 分评价为"良"，70~79 分评价为"中"，60~69 分评价为"可"，60 分以下评价为"差"。

"杭州工匠"郑历

一辈子只做一件事，为几十万双眼睛播撒光明，这是杭州明视康眼科医院院长、2023年"杭州工匠"获得者郑历的"一辈子"和他的"一件事"。如果把从医30年比作短短的历史之河，无数双眼睛从激光照射下的河里流过，也成就了郑历这个手术室里的"艺术家"。

1994年，他得知北京协和医院在国内第一个开展近视激光手术的消息，立即兴奋地赶到北京，希望能参观学习这项神奇的技术。然而这项技术当时并不向外院人士开放学习，经过多方寻觅，郑历程门立雪般的虔诚终于打动了当时的专家，不仅破例让他参观了近视激光设备，还向郑历传授了经验和技术。此后的10多年里，郑历一头扎进这一领域。

大量的临床手术让郑历不断精进技艺，以追求完美的心态精雕细琢。0.5毫米，是普通人中央角膜的厚度，也是眼科医生日夜耕耘的田地。30多年来，郑历轻舒长臂，在不过毫厘的眼球上平稳运刀，从无失误。"医生总是追求完美的，我希望把每个手术都做成艺术品。"在郑历看来，这也是对工匠精神的最好诠释（图7-6）。

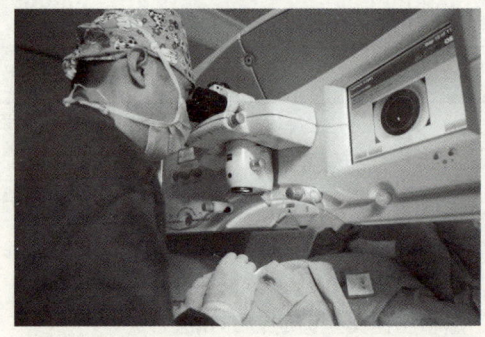

图7-6
郑历在工作中

择一业，终一生，精一技。30多年郑历勇攀眼科医学高峰，以一颗匠心、恒心，成就了美丽的"医者仁心"。

（资料来源：《杭州日报》，有删改）

 案例分析

郑历坚守在眼科医学的前沿阵地，用30多年的努力和坚持，专注于近视激光手术领域，用无数成功的手术为成千上万的患者带来了便利和光明。凭借追求完美的心态和精湛的技艺，他不仅成了眼屈光学专家，还在临床手术中不断精进，将每一台手术都视为艺术创作。这种对完美的追求正是对工匠精神的最好诠释。不断追求技术创新他的每一次手术不仅仅是医疗技术的体现，更是他对患者负责、对生命敬畏的体现。正是这种无私奉献和崇高的医者仁心，是劳动者最美丽的最佳代言。

预制菜的产生将很多人从家务劳动中解放出来。有人说："预制菜让我的厨艺达到了巅峰，我可以通过购买预制菜尝到全国各地美食，还省时省力。"但也有人认为，预制菜"没有灵魂"，失去了买菜、洗菜、切菜、炒菜的劳动乐趣，也并不健康。同学们，你在生活中会选择预制菜吗？如果预制菜大规模占领市场，会影响到哪些劳动者的工作？

活动示例

今日 cosplay①：一起去劳动！

劳动者是社会发展的中坚力量，他们的辛勤劳动和无私奉献为经济繁荣、社会进步和人民幸福提供了坚实的基础。在新时代，劳动者的价值愈发受到尊重与重视。劳动者最光荣、劳动者最崇高、劳动者最伟大、劳动者最美丽，是新时代的主旋律。尊重劳动、尊重劳动者，是社会文明进步的重要标志。让我们一起弘扬劳动精神，珍惜劳动成果，努力奋斗，共同为实现中华民族伟大复兴贡献力量（图7-7）！

图7-7
社会各行各业的劳动者

活动任务：以班级为单位，自由组队，每支队伍取一个响亮的队名和口号。同学们通过实践的方式，感悟劳动的光荣、崇高、伟大、美丽。利用课余时间，以角色扮演的形式身临其境地体验劳动者的工作。

活动要求：各组代表随机抽取教师提前准备的角色卡，如：保安体验卡、保洁体验卡、食堂阿姨体验卡、后勤电工体验卡。也可走出校园，体验博物馆讲解员、手艺人等不同职业工作，并填写下表（表7-5）。

---

① cosplay：一般指通过服装、道具、化妆、造型等方式，借助摄影、舞台剧、摄像等方式，对出现在动画、漫画、游戏作品中某位角色或者某段剧情进行现实还原的活动。

表7-5 实战演练情况表

组名		组员	
劳动时间		劳动时长	
劳动地点		体验工种	
工作难点			
具体内容			
劳动心得			

参考文献

1. 中共中央马克思恩格斯列宁斯大林著作编译局编译.马克思恩格斯文集[M].北京：人民出版社，2009.

2. 列宁.列宁选集[M].北京：人民出版社，2012.

3. 中共中央马克思恩格斯列宁斯大林著作编译局编.斯大林选集[M].北京：人民出版社，1979.

4. 中共中央文献研究室，中共湖南省委《毛泽东早期文稿》编辑组编.毛泽东早期文稿[M].湖南：湖南出版社，1990.

5. 毛泽东.毛泽东选集[M].北京：人民出版社，1991.

6. 刘佳.劳模精神何以进入中国共产党精神谱系？——以马克思主义劳动政治观为视角[J].中国劳动关系学院学报，2022，36（1）：91-99.

7. 黄磊，曲建武.劳动精神的生发与弘扬——基于劳动与精神关系的分析[J].湖南社会科学，2022，（6）：30-36.

拓展阅读

做新时代的劳动者

本章旨在引导学生认识到做新时代的劳动者应有理想、有本领、负责任，同时养成健康的生活方式。理想是新时代劳动者的灵魂，理想是个人价值的追求，更是对国家和民族未来的担当。担当是新时代劳动者的必备品质，当前面临的前所未有的挑战和机遇，都需要我们以担当的精神去面对。本领是我们立足社会的根本，健康，则是我们享受生活的保障。本领与健康相互支撑、相互促进，共同构成了新时代劳动者的坚实基石。

● **学习目标**

知识目标：

1. 了解在新时代的背景下，劳动者身份的转变。

2. 理解肩负社会主义现代化强国使命的新时代劳动者要有坚定的理想信念、强烈的担当意识、过硬的本领和强健的体魄。

能力目标：

1. 能够将个人的梦想融入国家和民族的发展中，为实现中华民族伟大复兴的中国梦贡献自己的力量。

2. 具备勇于担当的精神，面对困难和挑战时能够积极主动地行动起来。

3. 能够不断学习新知识、新技能，提升自己的综合素质和竞争力。

4. 能够坚持锻炼身体，保持健康的生活方式，以充沛的精力和积极的心态去享受生活和工作的美好。

素质目标：

1. 能够主动适应时代需求，积极作为，以实际行动践行社会责任感。

2. 具有国际视野，能够具有跨文化交流的能力和智慧。

8．1

做有理想的劳动者

情境导入

中华人民共和国成立初期，美国等西方国家一直以禁运方式对我国实行经济封锁，而我们的国产石油量很少，中国政府每年不得不拿出极其有限的外汇从苏联进口油料。1959年全国劳动模范王进喜到北京参加会议，看到北京街头的公共汽车因缺油顶着煤气包，作为钻井工人的他，心里很不是滋味。"宁肯少活二十年，拼命也要拿下大油田"的钢铁誓言激励着他不断前进。正是有着无数像"铁人"王进喜这样有理想的劳动者，大庆油田在石油勘探和开采上取得了令世人瞩目的成就，为祖国的经济发展作出了巨大贡献。"农业学大寨，工业学大庆"成为那个时代激励工人群体为理想而奋斗的共同记忆。对于王进喜的这种信仰与追求，你怎么看？

💬 话题讨论

王进喜同志是新中国石油工业的杰出代表，他的事迹和精神一直激励着一代又一代的工人。在新时代的征程上，我们回顾王进喜同志那句震撼人心的誓言："少活二十年，拼命也要拿下大油田！"这不仅是对个人生命价值的深刻诠释，更是工人阶级无私奉献精神的生动体现。在今天，我们不禁要问：在新时代的背景下，我们该如何在榜样模范的影响下树立劳动理想与信仰？

我们正处在一个伟大的时代，一个挑战与机遇并存的时代。全国上下正团结一心，以中国式现代化推进中华民族伟大复兴，在社会主义现代化强国建设的新征程中，教育、科技、人才是全面建设社会主义现代化国家的基础性、战略性支撑。作为新时代的劳动者，我们应当如何定位自己的角色，如何承担起历史赋予我们的使命是每个大学生都需要回答的时代之问。2022年10月，习近平总书记在二十大报告中寄语广大青年："要坚定不移听党话、跟党走，怀抱梦想又脚踏实地，敢想敢为又善作善成，立志做有理想、敢担当、能吃苦、肯奋斗的新时代好青年。"这些殷殷嘱托饱含着对堪当民族复兴大任劳动者的期待，为我们的成长树立了价值导向和精神旗帜。

一、坚守劳动信仰，共筑美好未来

人类在劳动中创造了自身，必然也在劳动中发展了自己。正是从这个意义上，恩格斯说："劳动创造了人本身。"马克思认为，"动物只是按照它所属的那个种的尺度和需要来建造，而人却懂得按照任何一个种的尺度来进行生产，并且懂得怎样处处把内在尺度运用到对象上去；因此，人也按照美的规律来建造"。因此，一部人类发展史就是一部人类劳动实践的历史，是人化自然的历史，劳动不仅是谋生的手段，更是实现人性至美至善、彻底自由的必由之路。

"民生在勤，勤则不匮"是中华民族对劳动的信仰（图8-1）。中华上下五千年的文明史正是劳动人民坚守劳动信仰、辛勤劳动的历史。生命的价值体现于劳动，而

图8-1
正在田间工作的农民

生命价值的张扬离不开充满理想和信念的劳动。从"宁愿一人脏，换来万家净"的淘粪工人时传祥，到"杂交水稻之父"袁隆平，再到新时期技术型工人许振超……他们所处的岗位不同，但他们共同的特质都是饱含理想和信念，劳动成为他们能够最充分、最鲜明地展示个人天赋才能的途径之一。

二、"有理想"是新时代劳动者的正身之本

理想是什么？理想是对未来的期望和憧憬，理想指引着人生前进的方向。生活可以平凡，理想却应该高远。"有理想"意味着听从内心的召唤，突破现实的羁绊，追求有意义、有价值的人生目标。理想是人生的灯塔。没有远大的理想，就容易迷失前进的方向，缺乏前进的动力。

青年时期在人生的旅途中有着浓墨重彩的一笔，它不仅是个人成长和方向确定的关键时期，而且深刻地塑造着个体的终身发展路径。在这个至关重要的阶段，青年们需要广泛地吸收和融合来自不同领域的知识与经验，以此为基石，构建出具有个人特色的宇宙观、人生观和价值观，并逐渐承担起自己肩负的使命和责任。习近平总书记对青年一代寄予了深切的期望，他多次发表重要讲话，鼓舞广大青年树立宏伟的志向，并脚踏实地地前进。

有理想，劳动才会有灵魂。理想不是学问，它只是一种行动。有理想的劳动者是快乐的。在我们日常生活中，有了理想，辛苦劳动过程中产生的情感愉悦、心灵自由，以及收获时的快乐享受才是我们的精神支点和平衡点。一个人或一个团体能否在诸多方面寻求到精神支点，并善于借此摄取巨大的精神力量，往往决定着其能否取得成功。

劳动者在特定的社会条件下参与劳动。马克思认为，在人类社会的演进过程中，在私有制条件下本来"自由自觉活动"的生产劳动成了异化劳动，其背后是资产阶级和无产阶级的对立。劳动者个性的张扬和人生价值的彰显需要一定的社会条件。社会主义社会为每个劳动者提供了展现自己人生价值的舞台和空间。在未来的共产主义社会里，会通过消灭旧式的社会分工而消灭异化劳动，将人的本质重新还给人，从而实现人的自由全面发展。

三、聚焦和培育新时代劳动者的核心素养

劳动者的成长事关民族命运、国家前途，劳动是张扬人生价值的明智选择。历史和现实都告诉我们，青年一代有理想、有担当，国家就有前途，民族就有希望，实现中华民族伟大复兴就有源源不断的强大力量。"一代人有一代人的长征，一代人有一代人的担当"，在这个充满变革与挑战的时代，我们站在了历史的新起点上。世界大变局对劳动者提出了前所未有的新要求，作为新时代的青年学生，肩负着推动社会进步和创新发展的重任。人工智能、大数据、云计算等新兴技术的广泛应用，不仅改变了生产方式，也对劳动者的技能和素质提出了新的挑战。双重变革因素的叠加将为我们带来前所未有的机遇和挑战。当代大学生必将成为这一进程的参与者、见证者和主力军。作为新时代的青年学生，要积极拥抱变化，不断提升自我，以更加全面的素质和能力，迎接世界大变局带来的挑战和机遇。

新时代有理想的劳动者的核心素养体现为工匠精神。人力资本是大国崛起的基础因素，而技术技能是人力资本的重要内涵之一。一般而言，国家的现代化水平决定于国家的工业制造水平，而工业制造水平往往与工匠精神的传承有着紧密的联系。截至2013年，寿命超过200年的企业在日本有3 146家，德国有837家，荷兰有222家，法国有196家。这些企业的共同特征就是对工匠精神的信仰。正是千千万万具有工匠精神的技能人才成就了这些国家的现代化。对于高素质技能人才来讲，劳动的理想和职业的信仰最终凝聚为工匠精神，体现为一种精神品质，其意义远远超出技术、技能本身（图8-2）。

图8-2
电缆作业人员

创造性劳动是有理想的劳动者的基本尊严。马克思在中学毕业时关于青年人职业选择的思考至今依然对我们极具启发意义。他在《青年在选择职业时的考虑》这篇文章中指出，职业的选择首要考量的就是尊严。尊严有两个内涵，其一，职业是个人自己主动选择的，也就是说这个工作是自己感兴趣的、喜欢的，而不是别人规定的，这也是人与动物最大的不同；其二，这个工作需要有创造性的特质，不能只是简单机械的重复性劳动，就是说，不论从事任何工作都要充分发挥人的主观能动性，要有创新，而不是墨守成规。

创新创业是一种创造性劳动，是一个从无到有、从理念到行动的劳动过程（图8-3）。作为新时代的青年大学生，应该顺应时代发展的要求，善于实践，勇于创新探索。习近平总书记指出："青年是社会上最富活力、最具创造性的群体，理应走在创新创造前列。"大学生正处在最富活力、最富创造力的人生阶段，理应也必将成为创新创

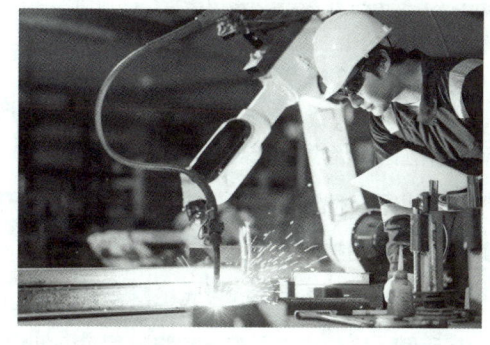

图8-3
工人操作机器工作

业的主体，大学生的创新创业在实现自身价值的过程中也必将凝聚成促进社会发展、国家进步的强大动力。当然创业不能靠运气和激情，而是要以扎实的技能和知识为支点进行创造性劳动。

🖋 学习评价

考察项目	评分要点		分值（满分100分）	学生自评（30%）		学生互评（30%）		教师评价（40%）	
				评分	评语	评分	评语	评分	评语
知识目标	了解在新时代的背景下劳动者素质的新变化		15						
	了解社会主义现代化强国建设需要的劳动者素质		15						
能力目标	单项技能	能够阐释出有理想的相关内涵	30						
	综合能力	能够描述和阐释如何实现理想							
素质目标	能够适应时代变化主动调整自己的成长计划		20						
	能够主动以全球视野来构想自己的职业规划		20						
综合评价									

注：学生自评占总分的30%，学生互评占总分的30%，教师评价占总分的40%，加权得出最终总分。综合评价分为五档，总分90~100分评价为"优"，80~89分评价为"良"，70~79分评价为"中"，60~69分评价为"可"，60分以下评价为"差"。

在焊花中淬炼青春

作为中国十九冶集团首席技师，曾正超是"95后"，出生在四川省攀枝花市米易县一个贫困家庭。初中毕业后，他选择了去技校学习焊接。一开始，缺理论、没经验，曾正超像海绵一样汲取知识，跟着师父学习技能，在实操中成长；体能弱、手不稳，他每天都会进行体能锻炼和手臂力量训练，一练就是十几个小时。通过大量重复的练习，力求焊接准确无误。

抬起手臂，挽起衣袖，曾正超胳膊上布满仰焊时铁水下滴、穿透防护服后烫伤皮肤留下的痕迹，"习惯了，再痛都得忍，不然手抖容易产生气泡，焊接质量会受影响。"

如今，被灼伤的疤痕结了痂，他握焊枪的手却越来越稳，在钢铁上"绣花"愈发游刃有余。2015年8月，在第四十三届世界技能大赛上，代表中国队参赛的曾正超，凭借历时4天、长达18小时的沉稳应战，在众多焊接选手中脱颖而出，摘得金牌。在曾正超看来："实干成就梦想。作为一名共产党员，又是一名技能人才，要爱岗敬业、艰苦奋斗、勇于创新、追求卓越。做到99分还不够，要努力做到100分。"

由于工作跟着项目走，有时候，曾正超一年有300多天是在工地度过的。在印度尼西亚，他不仅手把手教工人焊接技术，还完成了《大直径筒体高空焊接工艺评定报告》。住板房，吃盒饭，日晒雨淋……面对艰苦的工作环境，他却甘之如饴。"作为年轻党员，我不能怕苦怕累，要展现青春作为，在焊花中淬炼青春！"曾正超说，"扎根工程项目一线，既能磨炼技艺，也能让焊接技术最大程度发挥用处。"

（资料来源：《人民日报》，有删改）

 案例分析

曾正超作为"95后"技能人才，通过刻苦学习与大量实践，在焊接领域取得卓越成就，荣获世界技能大赛金牌。他的成功路径体现了有理想、有信仰、爱岗敬业、追求卓越的决心成为他奋斗的内在持久动力。他的成功经历为高素质技能人才培养提供了宝贵经验，展示了在艰苦环境中淬炼青春的典范。

 思考题

请思考，你的人生理想是什么？这个理想与国家未来发展有契合点吗？

8.2

做有本领的劳动者

 情境导入

新一代技术领军人物李淑团凭借超高技艺成为三门峡中原量仪厂精加工车间的一张王牌，她使该厂在行业内保持领先地位，拥有众多行业"唯一"。在她手中，一个个最原始的铁块变成一个个精致零件，有的还被用在航天飞船上飞入太空。她说："我没有高学历，但我的梦想就是脚踏实地把每一项岗位技能学好，把每一个产品做好，即使是当一名普通的工人，在钟爱的企业和平凡的工作上，我自己的努力和付出都是有价值、有意义的。拥有一技之长成就了自我成功的人生。"她先后获得河南省五一劳动奖章、全国五一劳动奖章、"全国劳动模范"荣誉称号。她的真本领为国家、为社会创造了价值，也彰显了自我的人生价值。从她的成功中，你能得到什么启发？

话题讨论

有人说，新时代是知识爆炸的时代，专业知识不断丰富和深化，"一技之长"的专注才能跟得上时代的步伐，毕竟个人的时间和精力是有限的，把有限的精力投入到专注研究的领域的专才应该比把有限的精力分散到多个领域研究中的全才要更为适应时代的发展，对于这一观点你怎么看？

一、掌握一技之长

《颜氏家训·勉学》中有谚语"积财千万，不如薄技在身"。技能是新时代劳动者的核心竞争力。在知识经济和信息化快速发展的今天，技能不再仅仅是手工操作的代名词，它涵盖了从传统技艺到现代科技应用的广泛领域（图8-4）。

一般而言，技能包括专门知识、产品认知和动手能力三个核心要素。专门知识是指在某一方面、领域或专业知识方面所具有的特殊的专门知识或者经验，非普通人群掌握的应知应会的知识，而是某范围的专家熟知的知识，是技能的前提要素；产品认知是指对某一领域或产品全方位的了解，是对专门知识的补充

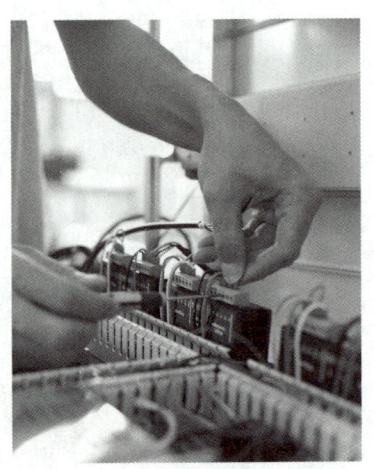

图8-4
点胶机工控机电脑组装

与延伸；动手能力是指实际工作能力，是理论与实践相结合，敢于迎难而上，不断精进技艺，破解难题，拓展人类的认知能力与实践能力。这需要艰辛的练习与付出，需要精益求精的职业素养与追求。掌握一项专门技术，寻找安身立命之所，实现自我价值，积累知识提升素养，手脑并用以科技武装技能，是新时代劳动者最显著的特征。

在知识经济和数字化时代，技能的更新换代比以往任何时候都要快。因此，我们每个人都需要不断学习，不断适应，以确保我们的技能与时代同步。技能的与时俱进意味着要有前瞻性的思维。我们要学会预测行业趋势，了解未来社会的需求。这样，我们才能在变化中找到自己的定位，把握住属于自己的机遇。在大学期间，我们不仅要掌握专业知识，更要培养自主学习的能力。因为知识更新的速度非常快，唯有不断学习，才能不被时代淘汰。

二、技多不压身

"学则智，不学则愚。"新时代是一个学习的时代，倘若不想学、不愿学、怕做事，或者得过且过、虚度年华，最终就会导致个人思想僵化、能力弱化，跟不上时代进步的节奏。

新时代有本领的劳动者应该善思多学，做精通各项知识的"多面手"，同时要注意"学而不思则罔"，勤于学习，掌握事物发展的内在规律，开阔自己的眼界，拓展自己的思维，真正理解并掌握各项知识，做博学多才之人；业精于勤，努力成为科技劳动领跑者，个人和社会才有可持续发展的可能。故宫里用科技手段修文物的青年，制造5G通信产品的青年，研制国产大飞机C919（图8-5）和嫦娥四号探测器的青年……他们挥洒汗水，以实际行动构筑起新时代劳动者的光辉形象。

图8-5
国产大飞机C919

习近平总书记对我国技能选手在第四十五届世界技能大赛上取得佳绩作出重要指示，强调要在全社会弘扬精益求精的工匠精神，激励广大青年走技能成才、技能报国之路。精益求精，是注重细节、严谨专注、精致专一的精神理念。追求精益求精就是要向着更好的目标和方向前进，尽管做事不可能尽善尽美，但是在追求完美的过程中，对意志品质的磨炼、对人格的塑造、对境界的提高，都是精益求精带来的潜移默化的改变和进步。精益求精还是一种追求向上、努力拼搏的态度。没有精益求精的精神与锲而不舍的态度，就不会有完美的结果。当精益求精变成一种习惯，成功便会悄然而至。

当前我国正处于高质量发展的阶段，这是属于高素质技能人才的时代，是新时代劳动者奋斗的时代。时代呼唤高素质的复合型人才，需要"一专多能""专精结合"的技能人才。大学是青年学子成长的熔炉，我们要在校园里收获知识、增长技能，培养安身立命之"艺"。大学时光亦是稍纵即逝的黄金岁月，在应该奋斗的青春年华，我们应重视学习，善于学习，以学益智，以学修身，自觉主动地学习、掌握和运用各种本领，不断充实和完善自己的知识结构、素质结构、能力结构，争当复合型人才，适应新时代发展需要。

三、做有用之才

人类是劳动创造的，社会是劳动创造的。人的社会价值是通过自己所从事的劳动事业展现出来的，美丽的青春是奋斗出来的，美好的人生目标更是要经过脚踏实地地劳动才能实现。

渊博的知识储备是一个劳动者成功的重要基础。新时代的劳动者不仅要精于本领域的技能，还要广泛学习其他学科的知识，扩大视野、完善知识结构，不断提高自身的综合素质。作为高职院校的学生，在学校里不仅要学好专业知识，还要培养自主学习能力，广泛涉猎各个领域的知识，丰富自身的知识储备，为今后的职业发展打下扎实的基础。

过硬技能是劳动者立足的根本。我国经济正处于迈向高质量发展的转型期，此时对劳动力素质的要求也发生了改变，这使得我国就业形势依然严峻，专业技术人才面临的技术进步和技术更新的速度不断加快，在激烈的专业技术领域竞争中只有保持技术的领先状态才能实现个人价值和社会价值的统一，实现个人发展与国家发展的同频共振。同时，技术素质、技能水平的提高是一个日积月累、不断磨炼的过程，这需要我们在劳动的岗位上不断加强学习，提高自己的技术能力。

提高自己的职业技能水平不能仅仅依靠学校老师在课堂上的教学，还应积极参加各类职业技能大赛，在参赛的过程中，不仅能提升专业技能水平，还可以学习到各个专业领域的先进技术。

人格魅力是软实力，是一个人性格、气质和能力等特征的总和。人格魅力是指一个人的性格、气质、能力和道德品质等方面具有的能吸引人的力量，是自身素质和综合素养的外在体现。从一定意义上可以说，这是一种高级的智慧和软实力。一个具有人格魅力的人，也许貌不惊人、才不出众，但是拥有一种别样的魅力，让人想要与之接近，放下防备，用心交流，让人感到舒服。正如孔子的弟子子夏评价孔子"望之俨然，即之也温"，这种君子如玉的品格能够随时随地感染和影响周围的人。一个具有人格魅力的人，会在工作生活中常怀感恩之心，给予的同时也在收获，更容易取得成功。

四、创新走向未来

当今世界，科技进步日新月异，综合国力竞争日趋激烈，社会对大学生的整体素质，尤其是创新能力的要求在不断提高。高职院校要重点培养学生的创新意识和实践能力，将问题意识转换为实践探索的动力，促进学生大胆思考、主动实践。

激发创新意识才能提升劳动价值。创新本身就是一种行为和过程，新时代的劳动者需要有主动发现问题、积极探求解决问题思路和方法的内在动力，这就是激发创新意识的过程。创新意识是创新思维和创新能力的前提，也是提升劳动价值的有效途径，有了创新意识才能启动创新思维，才会产生创新行为，才会有最终的创新结果产生。

培养创新思维才能转变劳动模式。创新思维是创造力的灵魂和核心。在劳动中创新思维意味着突破原有思维模式、定势习惯，以独到的方式方法思考解决问题的新途径，促使思维转化。

掌握创新能力才能提升劳动者的竞争力。新时代的劳动俨然不是单纯的体力劳动，更多的是知识和智慧的输出，这就对劳动者提出了更高的要求。创新能力不仅仅是发明新产品的能力，它是一种综合能力，包括了创造性思维、问题解决能力、学习能力以及适应变化的能力。在快速变化的劳动市场中，这些能力是一名优秀劳动者脱颖而出的关键。

 学习评价

考察项目	评分要点	分值（满分100分）	学生自评（30%）		学生互评（30%）		教师评价（40%）	
			评分	评语	评分	评语	评分	评语
知识目标	了解新时代的产业变化对劳动者技能提出的新要求	15						
	理解劳动者的劳动技能的重要性	15						
能力目标	单项技能 能够精进劳动技能	30						
	综合能力 能够进行自己一专多能的职业素养规划并解决实际问题							
素质目标	能够适应时代变化主动创新自己的技能	20						
	具备国际视野下的技能成长意识	20						

	续表
综合 评价	

案例

当工人，就一定要有一身硬功夫

1990 年，徐强考取了沈阳鼓风机集团技校的数控大专班。毕业后，他成为沈阳鼓风机集团的一名技术工人。他的师父马永思是当时厂内磨齿技术水平最高的技师。徐强想，遇上这样的好师父是自己的幸运，一定要尽快把技术学到手。徐强对自己的要求近乎苛刻，抓住一切机会学习，常常从早晨研到天黑，才发现自己连午饭都忘了吃。功夫不负有心人，1994 年全厂举行技术竞赛，徐强报名参赛，获得理论竞赛第一名，实际操作第二名的好成绩。

2004 年的一个加工项目，让徐强创造了奇迹。有客户要求加工一批大型齿轮，设计精度是 5 级，难度相当大。集团领导和设计专家们经过认真研究，一致认为这项工作非徐强不能完成。艺高人胆大，大型机床在徐强精准的操作下，犹如雕刻师手中灵巧的刻刀，将冰冷的铸件完美地雕塑成产品，不仅满足了客户的要求，而且精度达到了 4 级。徐强创造了当时全国大型齿轮加工的精度之最！

回访的德国专家吃惊地说："真正能在操作中达到这个精度的实在太少，徐强的技术令我感到吃惊！"国内外同行将他这一纪录称为"徐强精度"。

（资料来源：央视网，有删改）

案例分析

徐强的个人成长的历程给我们青年人很多启示。首先，他选择了职业教育，找到了适合自己成长的路径；其次，他在技术学习中精益求精，练就了过硬的技能与本领，体现了一名劳动者的优秀品质；最后，他能够将职业理想落实在自己日常的工作中，最终不仅为企业、为国家作出了贡献，同时也成就了自我。

思考题

人工智能时代即将到来，请思考你自己的技能的挑战和精进之道是什么？

8.3

做有担当的劳动者

荣获2023年度"大国工匠年度人物"称号的胡双钱（图8-6），35年里他加工过数十万件飞机零件，没有出现过一个次品，没有出过一次质量差错。"每个零件都关系着乘客的生命安全。确保质量，是我最大的职责。""一切为了让中国人自己的新支线飞机早日安全地飞行在蓝天。"我国正从"中国制造"向"中国智造"转变。一个制造强国的诞生，必须有千千万万个像胡双钱这样的"大国工匠"！对此，你怎么看？

图8-6
大国工匠胡双钱

话题讨论

　　有些人认为，只要按时保质地完成领导交代的任务就是有责任、有担当；"各人自扫门前雪，莫管他人瓦上霜"，还有些人认为守好自己的一亩三分地，这也是有责任、有担当。作为新时代的青年，你如何理解"有责任、有担当"？

一、担当的内涵和意义

　　"大事难事看担当，顺境逆境看襟怀。"简单地说，担当就是"接受并负起责任"。担当还与自觉、良心、价值、奉献、勇气和才干等方面的思考紧密联系在一起，从而被赋予丰富的内涵。勇于担当责任更是中华民族的优良传统，每个人都应担起属于自己的责任，勇于担当是实现人生价值的根本动力。

　　"敢担当"意味着青年要有勇气和能力承担责任，在面临困难和挑战时能够积极主动地行动起来。青年要不负时代重托，就必须有一种担当精神。新时代新征程，青年教育培养的目标，就是要着力培养担当民族复兴大任的时代新人。

二、"敢担当"是新时代劳动者的成事之基

　　"家是最小国，国是千万家"，家是国的基础，国是家的延伸，在中国人的精神谱系里，国家与家庭、社会和个人，都是密不可分的整体。家国情怀是中华民族最优秀的文化基因。自古以来，中华优秀传统文化中就充满了关于家国情怀最朴素、最真诚、最高尚的情感表达，从屈原的"亦余心之所善兮，虽九死其犹未悔"到孟子的"天下之本在国，国之本在家，家之本在身"，从戚继光的"繁霜尽是心头血，洒向千峰秋叶丹"到林则徐的"苟利国家生死以，岂因祸福避趋之"……更重要的是，各个时代、不同领域的中华儿女用自己的家国情怀作为行动的先导，谱写了一段段不平凡的历史。

　　"家国情怀"是一个人对自己国家和民族所表现出来的深情大爱，是对国家富强、人民幸福所展现出来的理想追求。家庭的前途命运、个人的价值体现，同国家和民族的前途命运紧密相连。我国著名教育家陶行知曾说："国家是大家的，爱国是每个人的本分。"近代思想家梁启超说："人必真有爱国心，然后方可以用大事。"人生，只

有融入家国情怀，与祖国同呼吸共命运，投身于伟大事业中，才能为个人不断成长注入强大的精神动力，才能使人生的意义超越小我，在平凡的岗位上书写不平凡的人生华章，在广阔舞台上绽放最绚丽的青春梦想。

建功新时代、担当新使命，离不开家国情怀的引航，离不开爱国奉献精神的浸润。2014年5月4日，习近平总书记在北京大学师生座谈会上强调："我相信，当代中国青年一定能够担当起党和人民赋予的历史重任，在激扬青春、开拓人生、奉献社会的进程中书写无愧于时代的壮丽篇章！""沧海横流，方显英雄本色"，日常中的奉献精神弥足珍贵，危难时刻的担当品质更是难得。无论是战争时期的赴汤蹈火，还是和平年代的纾难解困，从1998年抗洪抢险到2008年抗震救灾，一批又一批英雄挺身而出保全千万家，无不展现出中华儿女强烈的社会责任感。

主动作为是勇敢面对艰难困境的坚强意志。前途是光明的，道路是曲折的，我们生活的世界充满希望，也充满挑战，每个人的成长过程中不可能都是一帆风顺、一片坦途，都必然会有深陷艰难困苦的时候。具有主动作为的担当才能具备拼搏不息的斗志和坚韧不拔的意志，不能因道路曲折而放弃主动作为，更不能因前途遥远而放弃主动追求，有多大担当才能干多大事业，尽多大责任才会有多大成就。

主动作为既是自觉追求人生价值的积极态度，也是勇于突破自我、实现新高度的担当，更是能干事、干成事、成好事的内生动力。只有保持主动作为的态度，居安思危，常怀忧患意识，敢于走出舒适区，才能继续进取，不断创造新的个人价值和人生高度。自觉适应时代需求是主动担当作为的必然要求。作为职业劳动者，发扬工匠精神，主动适应科技进步和社会发展要求，以"技+劳+能"为重点，结合专业，工学结合，勇于创新，是新时代青年主动作为的必然要求。

三、正确处理个人奋斗与宏大理想之间的关系

高技能人才是高素质劳动者大军的重要组成。习近平总书记2020年12月在致首届全国职业技能大赛的贺信中指出，要"培养更多高技能人才和大国工匠，为全面建设社会主义现代化国家提供有力人才保障"。自党的十八大以来，我国越来越重视技能人才队伍建设，党的二十大报告首次将大国工匠、高技能人才提升为国家战略人才，充分显示了党站在国家战略需要的高度精心谋划和大力推动技能人才队伍建设工作的决心。打造一支爱党报国、有理想、有本领、敢于担当的高技能人才队伍，正成

为以高质量发展实现中国式现代化的重要着力点。

新时代为各行各业提供了重要的历史机遇，让每个人都有人生出彩的机会。身处平凡的岗位也当志存高远。每个人脚踏实地努力奋斗就能为国家的发展和社会的进步带来正能量。高凤林、宁允展、管延安等"大国工匠"都来自生产一线，他们正是凭着数十年如一日地追求着职业技能的极致化，靠着传承和钻研，秉着专注和坚守，怀着永不满足的工匠精神，才缔造出一个又一个"中国传奇"。只要志存高远，做新时代的追梦人，勤奋劳动、诚实劳动、热爱劳动，"小人物"也能实现大梦想。

"船到中流浪更急，人到半山路更陡。"尽管当前我国已成为全球第二大经济体、世界第一大贸易国、世界第一大吸引外资国，但改革越到深处，越要担当作为，奋勇前进。如果贪图享受、安于现状，稍微有任何停一停、歇一歇的懈怠，行船必将从潮头一退千寻。中华民族伟大复兴，绝不是轻轻松松、敲锣打鼓就能实现的。新时代更需要我们发挥进取精神，时刻准备，蓄足力气，自觉突破舒适区，探索创新，赓续奋斗，持之以恒，保持勤勇精进。

 学习评价

考察项目	评分要点		分值（满分100分）	学生自评（30%）		学生互评（30%）		教师评价（40%）	
				评分	评语	评分	评语	评分	评语
知识目标	了解自己的专业在国家战略产业中的应用		15						
	了解自己的技能在相关产业链中的作用		15						
能力目标	单项技能	能够撰写个人的职业规划	30						
	综合能力	能够阐释未来自己的技能创新的方向和实施路径							
素质目标	能够适应时代变化主动创新自己的技能		20						
	具备国际视野下的技能成长意识		20						

综合评价	

注：学生自评占总分的30%，学生互评占总分的30%，教师评价占总分的40%，加权得出最终总分。综合评价分为五档，总分90~100分评价为"优"，80~89分评价为"良"，70~79分评价为"中"，60~69分评价为"可"，60分以下评价为"差"。

案例

白天鹅"服务之星"张丹凤重返高职，做一枚职业教育的"螺丝钉"，为国家培养职业技能人才

从宾馆备餐间帮工到党的十九大代表，广州白天鹅宾馆前房务部宾客关系总监张丹凤（图8-7）在服务行业留下一段传奇，诠释了何为在"平凡岗位上创造不平凡"。

在大学期间，张丹凤主修的是酒店管理专业。入学的第一天，班主任就告诉她，每年毕业班最优秀的20名学生有机会去白天鹅宾馆实习。大学那几年，她刻苦学习，年年拿奖学金，2004年毕业后，以综合排名第一的成绩进入了白天鹅宾馆实习。然而，当她的父亲得知她每天的工作就是洗茶壶、传菜、倒泔水桶时，非常地不解和失望："家里供你读书那么多年，难道让你一个大学生天天倒泔水桶？"父亲话语中明显的失落感，深深刺痛了张丹凤，天生不服输的她，暗自下定决心：一定要好好干，用行动改变父亲以及公众对于服务行业的认知！

图8-7
张丹凤在工作中

这一干，就是18年！2017年，张丹凤当选党的十九大代表后，马上告诉了父亲，老人家愣了一下说，"真的吗？当服务员还能当出个党代表来？上一次咱县里出党代表，还是50年前呢。女儿啊女儿，我为你骄傲！"她深知，从开始的失望到如今的自豪，父亲的内心又何尝不是几经煎熬。"我很荣幸，生于改革开放的好时代，成长于广州这座充满无限活力的城市，让我一个平凡人在平凡的岗位上也能获得不平凡的荣誉。"张丹凤深深感慨。

2019年，世界技能大赛首次设置酒店接待赛项，张丹凤担任中国赛区选拔赛裁判。当时，全国各省院校选拔出来的选手由于缺乏实践经验，成绩非常不理想。大赛后，她艰难地作出了人生又一重大抉择，放下成为一名酒店总经理的梦想，当一枚职业教育的"螺丝钉"，为国家培养职业技能人才！

（资料来源：《羊城晚报》，有删改）

案例分析

　　2021年年底，张丹凤毅然回到了母校——广东轻工职业技术学院（现为广东轻工职业技术大学），担任管理学院行政负责人。回到学校工作的近三年里，她开始从基础做起，一步一个脚印往前走，抓教学、管科研，一边带学生、一边当学生，和老师、学生一起学习，一起成长。展望未来，张丹凤充满信心。她坚信，只要守住初心，敢担使命，保持"闯"的精神、"创"的劲头、"干"的作风，就能跨过一切困难和挑战，为行业发展留下更多的种子，把习近平总书记对职业教育"大有可为"的殷切期盼转化为"大有作为"的生动实践！

思考题

请思考你的技能在实现自我理想的同时，对于行业是否有引领和带动作用？

8.4

养成健康的生活方式

 情境导入

　　青少年时期是人生的关键阶段，形成健康的生活方式至关重要。优良习惯促进身心发展，而不良习惯如营养不良、缺乏锻炼、吸烟，会对当前及未来的健康产生长期负面影响。世界卫生组织指出，青少年时期是为成年健康打基础的关键时期，许多健康行为和疾病风险因素在此形成。不良习惯一旦形成，成年后难以改变。但若在青少年时期采取预防和干预措施，可减少这些习惯的长期负面影响。学校阶段作为青少年成长的重要时期，也是养成健康生活方式的重要阶段。因此，我们应当在学校生活中培养健康生活的良好习惯，以迎接未来的精彩人生。

话题讨论

　　在快节奏的现代生活中，我们仿佛不知疲倦的机器，日复一日地劳作。我们追求的是物质财富还是健康？哪一个更为重要？物质的富裕确实能带来舒适的环境和高品质的生活，但如果失去了健康，这一切又有何意义？健康是实现梦想的基石，是持续奋斗的保障。然而，许多辛勤的劳动者为了物质生活而牺牲了身体健康。那么，我们如何在这两者之间找到平衡呢？

一、健康生活方式的重要性

　　什么是健康生活方式？健康生活方式是指通过合理的饮食、适量的运动、良好的作息习惯以及积极的心态等，来维持和促进身心健康的一种行为模式。它涵盖了生理、心理和社会适应等多个方面，是全面提升生活质量的关键。为什么我们要强调健康生活方式的重要性呢？

　　首先，健康是幸福生活的基石。没有健康，一切成就和幸福都将失去意义。正如古语所说"皮之不存，毛将焉附"，健康是我们追求一切美好事物的基础。

　　其次，良好的身心素质有助于提高工作效率。一个健康的身体意味着更强的体力和更好的精神状态，而这些是高效工作和生发创造力的前提。在工作中，一个精力充沛、思维敏捷的劳动者，无疑会比体力不支、精神恍惚、心理抑郁的同事表现得更加积极，工作质量也会更出色。

　　最后，健康的生活方式客观上会降低医疗支出。长期的健康生活方式可以有效预防疾病的发生，减少因疾病而产生的医疗费用和时间成本。这不仅对我们个人有利，也对家庭、单位和社会有着积极的影响。

　　然而，在现实生活中，现代社会的竞争日益激烈，劳动者面临着巨大的工作压力。长时间的工作、频繁的加班以及高强度的脑力劳动，使得很多人身心俱疲，无暇顾及健康。同时，快节奏的生活使得很多人养成了诸如饮食不规律、缺乏运动、睡眠不足的习惯，时间长了自然损害了劳动者的身心健康。尽管健康的重要性不言而喻，但仍有很多劳动者对健康生活方式缺乏足够的认识和重视。他们往往认为只要没有大病大痛，就是健康的表现，从而忽视了潜在的健康风险。

二、养成健康生活方式的建议

面对这些挑战，我们劳动者应该如何养成健康的生活方式呢？以下是几点建议。

（1）合理规划时间，确保充足休息。充足的睡眠不仅有助于恢复体力，还能提高我们的工作效率和创造力。因此，合理地规划时间确保工作与生活之间的平衡，是养成健康生活方式的第一步。一般而言，每天保持7~8小时的睡眠时间，并尽量在晚上11点前入睡。同时利用碎片化的时间进行短暂的休息和放松，如工作间隙的伸展运动、午休时间的散步等。这些看似微不足道的举动，坚持不懈对身心健康都有着极大的益处。

（2）均衡饮食，注重营养搭配。饮食是健康生活方式的重要组成部分。随着现代生活节奏的加快，人们饮食习惯发生显著变化，垃圾食品逐渐渗透到日常生活中，对健康造成威胁。有研究指出，垃圾食品富含高热量、高脂肪、高盐分，长期食用易导致肥胖、心血管疾病等健康问题。因此，在日常饮食中，我们可以多吃蔬菜、水果、全谷类食物等富含纤维和维生素的食物；适量摄入瘦肉、鱼类、豆类等优质蛋白质来源；减少油炸、烧烤等不健康食品的摄入。此外，保持定时定量的饮食习惯也非常重要，避免暴饮暴食或过度节食。

（3）加强锻炼，提高身体素质。适量的运动是保持身体健康的有效途径。每个人的身体素质不同，但根据自己的身体状况、兴趣爱好和外在环境选择一项能够持久的运动方式，如跑步、游泳、瑜伽、健身操等既是必要的，也是可能的。通常来讲，每周至少进行150分钟的中等强度有氧运动或75分钟的高强度有氧运动是较为合适的。对于忙碌的劳动者来说，选择在上下班途中步行或骑行一段距离；或利用午休时间进行短暂的健身活动；或周末进行户外运动或健身房锻炼等简单的举措，都能有效改善我们的身体状况，提高生活质量（图8-8）。

（4）培养积极心态，学会管理情绪。心理健康同样是我们健康生活方式的重要组成部分。面对困难和挑战时保持乐观和坚韧的态度，同时，要学会管理情绪，通过合理的方式释放压力和负面情绪，如与家人朋友倾诉、进行心理咨询等。生活如同海洋，时而平静，时而波涛汹涌，面对挑战，积极心态是我们坚实的盔甲。历史上有所成就的伟

图8-8
正在踢毽子的一家四口

人大多都是在逆境中崛起。他们之所以成功，很大程度上得益于对情绪的有效管理。用积极的心态去拥抱生活，掌控了自己的情绪，就掌控了人生的方向。

（5）定期体检，关注自身健康。定期体检是发现和预防疾病的有效手段。我们应该根据自己的年龄、性别、职业等特点，选择合适的体检项目和周期进行定期检查。通过体检，可以及时了解自己的身体状况，发现潜在的健康问题并采取相应的措施进行干预和治疗。

"健康不是一切，但没有健康就没有一切。"作为劳动者，在追求事业成功和家庭幸福的同时，更要关注自身的健康状况并努力养成健康的生活方式。通过合理规划时间、均衡饮食、加强锻炼、培养积极心态以及定期体检等措施，我们可以有效提升自己的生活质量和工作效率。

 学习评价

考察项目	评分要点		分值（满分100分）	学生自评（30%）		学生互评（30%）		教师评价（40%）	
				评分	评语	评分	评语	评分	评语
知识目标	了解什么是健康的生活方式		15						
	了解如何培养健康生活方式		15						
能力目标	单项技能	能够学会一项伴随终身的体育技能	30						
	综合能力	能够设计一份适合自己的工作和健康生活的规划							
素质目标	能够主动适应工作需要，规划并养成自己的生活方式		20						
	能够积极地调整自己的心态，采取正确的方法排解工作的压力		20						
综合评价									

注：学生自评占总分的30%，学生互评占总分的30%，教师评价占总分的40%，加权得出最终总分。综合评价分为五档，总分90~100分评价为"优"，80~89分评价为"良"，70~79分评价为"中"，60~69分评价为"可"，60分以下评价为"差"。

2002年1月17日，"过劳死"一词被《牛津英语词典》电子版收录，反映出一些现代社会现象。该词源自日语，指因长时间高强度工作导致的突然死亡。过劳死并非临床医学病名，而是社会医学问题。长期劳累会导致免疫力下降，引发多种疾病。据相关统计数据，在30~50岁年龄段的早逝人群中，有高达95.7%的个体因过度劳累诱发的疾病而离世。北京地区脑力劳动者的平均寿命已从58.52岁下降至53.34岁，这一数值低于全国平均水平。在深圳特区，创业精英的平均逝世年龄为51.2岁，显著低于广东省的平均寿命。医学专家指出，这些个体由于缺乏健康智商，过度消耗体力，忽视健康警告，最终导致疾病的发生和早逝。紧张的工作压力是导致生命之弦断裂的重要因素。

案例分析

工作应当服务于生活，而非生活仅仅为了工作。在追求事业成功的同时，我们必须高度重视健康问题。过劳死现象往往源于长期的过度劳累以及对身体信号的忽视。健康是无价之宝，一旦失去，便无法用金钱来弥补。因此，我们必须合理规划工作与休息时间，确保获得足够的睡眠与休闲，以保持工作热情与效率。通过培养健康的生活习惯，如均衡饮食、规律运动和积极参与社交活动，可以有效缓解压力，提升生活质量。健康是实现个人发展的基石。让我们立即行动起来，为自己及家人的健康和谐环境贡献力量。

思考题

请思考你拥有一项可以伴随一生的体育技能吗？你是否养成了适合自己的健康生活方式？

活动任务：以班级为单位，自由组合成两个组（A组和B组），其中B组作为对照组，进行体验运动对于学习和生活的影响和体验。

活动要求：A组每天抽出一个小时进行集体运动，B组正常生活，不坚持锻炼。一周后各组队员分别写出自己的生活体验和学习成效（表8-1）。

表8-1 实践活动情况表

组名		组员	
运动时间		运动时长	
运动地点		体育项目	
学习感受			
具体内容			
生活和运动心得			

参考文献

1. 刘向兵.给青年的十二封信[M].北京：人民文学出版社，2018.

2. B.A.苏霍姆林斯基.论劳动教育[M].萧勇，杜殿坤，译.北京：教育科学出版社，2019.

3. 曾天山.劳动教育论[M].北京：教育科学出版社，2020.

4. 刘向兵等.新时代高校劳动教育论纲[M].北京：社会科学文献出版社，2019.

5. 中共中央文献研究室.习近平关于科技创新论述摘编[M].北京：中央文献出版社，2016.

6. 杨建义.家国情怀——与大学生面对面[M].福州：福建人民出版社，2019.

7. 菲尔·克莱门茨.勇往直前：经营中的积极进取[M].陈利贤，译，上海：远东出版社，2000.

8. 刘峰.当代大学生社会责任感培育实证性研究[M].北京：中央编译出版社，2019.

9. 习近平.在庆祝"五一"国际劳动节暨表彰全国劳动模范和先进工作者大会上的讲话[N].人民日报，2015-04-28（2）.

10. 习近平.坚持中国特色社会主义教育发展道路，培养德智体美劳全面发展的社会主义建设者和接班人[N].人民日报，2018-09-11.

11. 徐元锋.大山深处有位"老师妈妈"[N].人民日报，2020-07-09.

12. 黄岸艺多不压身"学霸"演员的戏更服人.人民网，2017-03-06.

13. 张群.大国工匠徐强："徐强精度"带领中国齿轮走向世界.中国青年网，2016-09-30.

14. 邓海建.让一技之长的青年享有更出彩的人生.中国青年网，2019-03-05.

15. 胡洪江，胡程远.从家出发：习近平总书记的"家国情怀"[N].人民日报，2016-12-14.

专题 九

从学校劳动走向工作世界

本章旨在引导学生正确理解劳动与职业规划之间的关系，理解如何在劳动中培养创新思维和创新能力，能够结合自身在劳动中做好职业生涯规划，明白劳动与成就职业理想之间的关系，最终从学校劳动真正走向工作世界。

● **学习目标**

知识目标：

1. 了解职业的特征和工作内容。

2. 理解职业能力的内涵。

3. 掌握劳动与创新思维的关系。

4. 认识劳动与职业理想的关系。

能力目标：

1. 掌握职业生涯规划的编制方法。

2. 提高解决问题的能力。

3. 发现与把握创业机会。

4. 具备在劳动中发现自我价值的能力。

素质目标：

1. 形成正确的劳动价值观。

2. 培养创新意识。

3. 增强社会责任感。

9.1

劳动助力职业规划

情境导入

　　出生在湖南新化县一个小山村的邹彬从小跟着爷爷奶奶长大，初中毕业后他跟着父母到建筑工地打工，搅砂浆、搬砖头、砌墙，苦活脏活都干过。刚入行时，他常被工友们笑"傻气"，因为当时工地上实行计量发薪，砌墙越多工钱越多，但只要砌得不美观，他就推倒重砌。2015年，靠着练就的砌墙绝活，邹彬被中建五局推荐参加第四十三届世界技能大赛，一路过关斩将，拿到砌筑项目优胜奖，实现了中国在这一奖项零的突破。2018年，邹彬成为全国人大代表，是当时湖南代表团中最年轻的一员。

（资料来源：新华网，有删改）

案例中的邹彬，文化程度并不高，也缺少系统的专业学习经历，是什么让他能够成为一名优秀的劳动者代表，在新时代走出了自己的一片天地？

一、劳动激发职业兴趣

劳动能够帮助人们识别职业特征、了解职业工作内容和要求，能够在过程中培养职业兴趣，实现职业选择。职业是个体与社会联系的桥梁，我们在校期间，通过实习、实训以及参与实际生产劳动，能够对所学专业及相适应的职业岗位进行直观的认识，从而引发职业兴趣、锻炼职业技能、形成职业规划。

1. 在劳动中识别职业特征

劳动构成了人类社会生存与发展的基石，是人们维系自我生存和自我发展的唯一途径。根据《中华人民共和国职业分类大典》的定义："职业是指个人为了获得主要生活来源而从事的社会工作类别。"劳动与职业之间存在着相互依赖的关系，人们通过劳动赚取报酬以满足生活所需，而职业的发展和完善则离不开劳动的推动（图9-1）。

图9-1
工人在工厂检查图纸

在学校环境中，我们通过实习实训、专业服务、社会实践、勤工助学等多种劳动形式，不仅提升了职业技能和知识，还在劳动过程中领悟到职业的社会性、规范性、目的性、稳定性、群体性和时代性等多重特征。

（1）职业具有社会性。职业是从业人员在特定社会生活环境中所从事的一种社会活动，它与其他社会活动相互关联、相互服务。这种社会性使得职业活动不仅仅是个人行为，更是社会整体运转的一个组成部分。

（2）职业具有规范性。不同的职业在其劳动过程中都遵循一定的操作规范，这是确保职业活动专业性的基本要求。同时，职业活动的开展也须符合国家法律与社会道德规范，这是保障职业活动有序进行的重要前提。

（3）职业具有目的性。职业活动的主要目的是获取报酬，以满足职业者谋生的需求。同时，它也满足社会的需求。只有将职业的个人功利性与社会功利性相结合，职业活动及其职业生涯才具有生命力和意义。

(4) 职业具有稳定性。职业是在特定历史时期内形成的，并且拥有较长的生命周期。这种稳定性为人们提供了相对固定的职业发展方向和职业规划的依据。

(5) 职业具有群体性特征。职业必须拥有一定数量的从业人群，这是构建职业群体、促进职业发展的根基。这种群体性特征有助于我们更深入地理解职业的本质及其发展趋势。

(6) 职业具有时代性。随着时代的发展和科技的进步，职业的种类和结构不断演变。在工业化时代，制造业、运输业等重工业职业占据主导地位；而在信息化时代，互联网、人工智能、大数据等新兴行业逐渐崛起，催生了大量新型职业岗位。同时，职业的技能要求随着时代的发展而不断提高。

通过劳动，我们可以从多个维度观察、分析和识别职业的社会性、规范性、目的性、稳定性、群体性和时代性特征，这有助于我们更精确地理解职业的本质及其发展趋势。

2. 在劳动中了解职业内容

劳动教育推崇"做中学"和"学中做"的理念，着重于提升学生的实际操作技能。在校园生活中，我们能够借助实习、实训、职业体验和社会实践活动，深刻领会职业工作的实质与要求，激发对工作的热情，并确立个人的职业发展路径（图9-2）。

图9-2
工具车间的工人

通过参与校内外的实训课程和企业岗位实习，我们能够在模拟或真实的工作环境中深入理解职业的工作内容和要求，从而更直观地掌握职业的工作流程、技能要求以及未来职业发展方向。

在校大学生接触的社会环境相对有限，对职场的了解也往往较为肤浅。大学生通常通过兼职、勤工俭学等途径来体验职场生活，在职业体验的过程中探索"我对什么感兴趣""我究竟具备哪些能力"以及"我未来想要从事什么职业"，随后，以个人的兴趣或能力为起点，在工作中不断明确自己的职业方向，制定相应的职业规划。

社会实践是大学生学习生活中的一项重要活动，同时也是学生从学习过渡到社会的一个关键环节。为了适应新时代的发展要求，我们不仅需要通过专业学习掌握必要的知识与技能，还可以通过参与社会实践来培养全面的综合素养。社会实践活动是课堂教育的延伸，我们可以在志愿服务、社区服务、支教等多样化的社会实践中施展才华，洞察不同职业的社会价值与意义，并在此过程中锻炼和提升自己的实际工作能力与适应社会的能力。

3. 在劳动中体验职业氛围

在劳动中体验职业场景，是一种宝贵的学习和实践机会。通过亲身参与劳动，我们能够更深入地了解职业的实际运作，感受职场的氛围，从而更好地规划自己的职业道路。

（1）直观了解职业场景、感受职场氛围。不同的职业拥有其独特的工作环境和流程。通过亲身经历，我们能够细致观察到职业环境中的诸多细节，包括工作流程、团队协作、设备使用等方面。这些观察不仅有助于加深人们对职业的理解，还能为将来从事相关职业提供宝贵的参考。同时，在职业环境中，遵循特定的规则和礼仪，以及保持专业态度和行为是至关重要的。通过投身于劳动，我们能够融入这种氛围，并学习如何与同事、上级或客户进行有效沟通和协作。这种学习对于增强职业适应能力具有不可估量的价值。

（2）检验职业能力和兴趣。在劳动过程中，我们会遭遇各种挑战和困难，这些经历使人们更清晰地认识到自己的能力和兴趣所在。通过持续的反思和总结，我们能够更明确自己的职业方向和发展目标，为未来的职业规划提供有力的支持。

（3）提供锻炼和成长过程。在劳动过程中，我们必须付出努力和汗水，克服重重困难与挑战。这种锻炼不仅能够增强我们的身体素质和意志力，还能培育责任感、团队协作能力和创新精神。这些能力和素质对于未来的职业发展具有至关重要的意义。

二、劳动锻炼职业能力

劳动构成了人类社会生存与发展的基石。通过劳动，人们能够积累宝贵的实践经验，这些经验有助于我们洞察职业的特性与要求，理解职业能力的内涵，掌握职业技能和工具，进而更有效地胜任工作。

1. 理解职业能力的内涵

职业能力体现了个人从事特定职业所需具备的综合能力。它包括三个基本方面。

（1）特定职业所需的核心能力，即职业资格。例如，在应聘司机职位时，驾驶执照是必不可少的。

（2）职业岗位所需的职业素质，涵盖了工作态度、职业道德、团队合作能力等多个方面。

（3）职业生涯管理能力，涵盖了个人职业规划、自我提升以及应对职业变动的能力，这些能力对于个人在职业发展道路上的持续进步至关重要。

从能力类型的视角来看，职业能力可以进一步细分为通用职业能力和专业劳动能力。通用职业能力指的是每个职业岗位普遍需求的基础技能，涵盖了学习能力、人际交往能力、文字和语言应用能力、数学运用能力等多个方面。专业劳动能力特指从事特定职业必需的专业技能，例如会计职业要求具备会计知识，护理工作需要护理技能，而编程则是程序员必须掌握的专业技能。此外，还有职业综合能力包括跨职业的专业能力、方法能力和社会能力，如外语能力、信息收集与处理能力、团队协作能力等。

2. 在劳动中培养职业能力

在劳动中培养职业能力是高职学生实现个人成长和职业发展的重要途径。我们可以在各种形式的劳动教育活动中，通过明确职业目标、加强学习实践、注重团队合作、强化解决问题的能力、提升责任感和敬业精神、注重时间管理、保持积极的心态、不断反思和总结等多方面培养个人的职业能力。

（1）明确职业目标。在投身工作之前，应当首先确立清晰的职业目标。掌握目标职业所需的专业技能、知识储备和素质要求，将有助于我们在劳动过程中更有针对性地学习和实践。

（2）加强学习实践。在劳动过程中，我们应当保持积极的学习态度，主动向导师、同事或行业内的专业人士寻求指导。通过实际操作，不断掌握和提升职业技能，并注重学习行业内的最新技术和知识。

（3）注重团队合作。在劳动过程中，我们应当积极投身于团队合作，学习与他人协作、沟通和协调。通过这种方式，我们可以培养团队精神和协作能力，这对于未来的职业发展至关重要。

（4）强化解决问题的能力。在劳动过程中，不可避免地会遭遇各种问题和挑战。我们应当掌握分析问题的技巧，挖掘问题的根源，并探索恰当的解决策略。通过持续地解决问题，我们能够锻炼自己的思维和创新能力，从而提高解决问题的效率。

（5）提升责任感和敬业精神。在劳动过程中，我们应当对自己的工作承担起责任，恪尽职守地执行自己的职责。通过全心全意地完成每一项任务，培养出责任感和敬业精神。

(6) 注重时间管理。在劳动过程中，我们应当学会合理规划时间，以提高工作效率。通过拟定计划、设定明确目标、优化工作流程等方法，可以有效提升工作效率，从而更好地迎接工作中的各种挑战。

(7) 保持积极的心态。在劳动过程中，我们可能会遭遇困难与挫折。保持积极的心态和态度至关重要，它使我们勇于迎接挑战和困难。通过不断地克服难题和挑战，我们能够锻炼自己的意志力和韧性，为未来的职业发展奠定坚实的基础。

(8) 不断反思和总结。在完成劳动任务后，我们应及时进行反思与总结。审视自己在劳动过程中的表现、所获得的成果以及存在的不足之处，同时确定需要改进和提升的领域。这种反思与总结有助于我们更深入地了解自我，明确职业发展的路径和目标。

3. 在劳动中涵养职业素养

良好的职业素养构成了高素质技能人才的基石。劳动不仅是物质财富的创造过程，还是人们自我提升和职业素养培养的重要途径。通过劳动教育，我们能够培养正确的职业素养和适应能力，从而更好地规划未来的职业生涯。

职业素养是个体在社会活动中必须遵守的行为规范，它展现了个人在职业生涯中所体现的综合素质。具体来说，职业素养包括职业道德、职业态度和职业习惯这三个基本方面。

(1) 加强职业道德教育。职业素养的核心部分涵盖了与职业准则相符的行为表现，反映了职业对社会所承担的道德责任和义务。职业道德是每位职场人士必须具备的基本素质，它彰显了个人的道德品质和职业操守。通过讲解职业道德规范、分享职业道德案例等方法，可以引导学生树立正确的职业道德观念，培养尊重劳动、尊重他人、诚实守信等良好品质。

(2) 注重培养职业态度。对职业劳动的认识、评价、情感和态度等心理过程的行为表现，构成了实现职业目标的基石。在劳动实践中，我们应该积极参与、认真负责、勇于担当，体验劳动带来的成就感和满足感。通过这些实践活动，我们可以逐步培养出良好的职业态度，为未来的职业生涯奠定坚实的基础。

(3) 培养良好的职业习惯。人们在职业实践和职业生活中所展现的工作行为，体现了个人的职业精神和职业追求，构成了职业素养的核心要素。在劳动教育的过程中，我们要关注细节、规范操作、遵守纪律，有助于养成良好的职业习惯。这些习惯不仅能够提升我们在劳动中的表现，还能在未来职业生涯中帮助我们更好地适应工作环境和应对各种挑战。

三、在劳动中形成职业生涯规划

通过深入理解职业生涯规划的内涵及其制定步骤，劳动教育有助于我们树立正确的劳动价值观，并明确个人的职业目标和发展方向。

1. 制定职业生涯规划

职业规划是个体基于自身条件、职业倾向、教育背景和社会环境等因素，确立个人的职业发展路径和目标，并据此制定出一系列实现这些目标的详细行动方案。这一过程涉及深入自我认识、分析职业环境、设定职业目标以及规划达成目标的路径等多个层面。

（1）自我认知分析。了解个人的职业兴趣、能力、价值观以及性格特征至关重要，可以通过霍兰德职业兴趣测试、MBTI性格类型测试等多种方式进行。通过自我评估，能够更清晰地认识到自己的优势和劣势，为未来的职业发展打下坚实的基础。

（2）职业环境分析。运用SWOT分析法，深入剖析社会环境、行业发展趋势、就业市场的供需状况、目标职业的工作内容、薪资待遇以及个人的优势与不足等关键因素，以更精确地识别职业发展的机遇与挑战，并为设定职业目标提供坚实的支持。

（3）设立职业目标。职业目标的设立能够促使个人持续进步，职业目标涵盖了短期目标、中期目标和长期目标，每个阶段的目标都需要具有可衡量性，并与个人的整体职业规划保持一致。

（4）实现路径规划。职业生涯规划需要制定具体的行动规划，例如学习规划、实践规划、提升规划等，旨在帮助个人实现职业目标。行动规划应当是具体且可行的，并且需要不断地调整和优化，以适应市场的变化和个人成长的需求。

2. 在劳动中确立职业生涯目标

劳动教育与职业生涯目标的设定是相辅相成的。通过劳动教育，我们能够进行自我评估，洞察个人的兴趣和能力；能够掌握职业的特质和需求，更有效地提升职业技能和能力，塑造职业素养；能够在对职业有深入了解的基础上，扩展职业视野，规划职业生涯目标，为未来的职业道路奠定基础。同时，通过实践活动，我们也能不断完善自己的职业规划和目标。

3. 以正确的劳动价值观护航职业生涯

常言道："人各有志。"而这个"志"在职业选择上便体现为职业价值观，它是一种带有明确目的性、自觉性和坚定性的职业选择态度和行为，对个人的职业目标和择业动机具有决定性的影响。职业价值观的形成与劳动紧密相连。不同职业在劳动内容、难度与强度，以及劳动条件和待遇方面存在差异，人们通过劳动教育来促进正确的社会主义职业价值观的形成。

（1）尊重劳动。通过劳动教育，我们能够认识到劳动的重要性和价值，理解劳动是创造物质财富和精神财富的过程。尊重劳动、尊重劳动者，我们应该不歧视任何职业，树立职业平等观。

（2）强化责任。通过参与"三下乡""志愿服务"等各类劳动实践活动，我们可以在实践中亲身体验劳动的乐趣与价值，同时深刻感受到劳动的艰辛与付出。在劳动教育的过程中，我们认识到劳动不仅仅是为了个人，更是为了家庭、社会乃至国家的福祉，从而增强了对劳动价值的认同，并强化了我们的责任感。

（3）知行合一。将所学的劳动知识和技能应用于实际生活中，实现知行合一。通过参与劳动实践，能够更深刻地理解职业的价值和意义，从而培养正确的职业价值观。

新时代的劳动价值观犹如职业生涯规划的灯塔，照亮了前行的道路。它提倡尊重劳动、热爱劳动、勤奋劳动和诚实劳动，以高尚的职业目标为导向，以精湛的职业技能和不懈的劳动为支柱。同时，新时代的劳动价值观还强调了自主创新和实践能力的重要性，要求我们在工作中持续学习、不断进步，以提高自己的专业技能和综合素质。此外，它还要求我们保持诚实劳动的品质，在工作中遵守职业道德和规范，确保言行一致、诚实守信。将新时代的劳动价值观融入职业生涯规划，让新时代的劳动价值观成为推动职业生涯持续发展的不竭动力。

学习评价

考察项目	评分要点		分值（满分100分）	学生自评（30%）		学生互评（30%）		教师评价（40%）	
				评分	评语	评分	评语	评分	评语
知识目标	了解职业的特征和内容		30						
能力目标	单项技能	具备能够进行职业规划的能力	30						
	综合能力	掌握职业生涯规划的编制方法							
素质目标	形成正确的劳动价值观		40						
综合评价									

注：学生自评占总分的 30%，学生互评占总分的 30%，教师评价占总分的 40%，加权得出最终总分。综合评价分为五档，总分 90~100 分评价为"优"，80~89 分评价为"良"，70~79 分评价为"中"，60~69 分评价为"可"，60 分以下评价为"差"。

案例

新时代铁路榜样

张伟，现任中国铁路北京局集团有限公司天津机务段检修车间业务指导，曾获全国劳动模范、全国五一劳动奖章、全国技术能手、火车头奖章、全国铁路青年科技创新奖等荣誉。

1980 年，张伟出生在河北沧州的一个农村家庭。幼年时，他的父母每天起早贪黑地忙碌在田间地头，他承担起照看弟弟的重任。他不仅从父母身上学会了勤劳俭朴，还练就了坚强独立的品格。

"记得当时教我电器知识的王老师业务技能特别强，但因为他的湖南口音很重，我有时听不懂，就一字不漏地把板书抄下，课后反复琢磨，有不明白的就追着老师问，直到弄懂弄通为止。"张伟笑着回忆在学校时的情景，"我们学校有自己的实习工厂，我一看到电路板和各种模型就两眼放光。正是这些实际操作的练习，给后来的工作打下了坚实的基础。"

如今，张伟在段内主动兼职当起教师，把自己掌握的技术传授给身边的青年职工。除了让年轻人在工作中迅速成长，张伟还注重培养他们的职业认同感，帮助他们干一行爱一行。

"只有对自己从事的职业有了充分认同，才能够全身心投入。任何一项科技进步都需要长时间踏踏实实地去做很多基础性工作，只有把这些基础性工作做深做透，才能实现质的飞跃。"张伟说。

（资料来源：人民铁道网，有删改）

📝 案例分析

作为职业院校的学生，在个人的职业生涯中，要想从一名普通的劳动者成长为一名工匠，需要对工作抱有兴趣与热爱，需要树立正确的职业价值观，在工作中积极进取，不断提升自己的职业技能，涵养职业素养，要干一行、爱一行，凡事秉持精益求精的态度，才能在事业上取得质的飞跃。

📖 思考题

你认为在日常的劳动实践中，怎样通过看似单调重复的工作来发现自己的职业兴趣？

9.2

劳动提升创新素养

情境导入

在一家传统纺织厂的车间里，张华是一名普通的技术工人。面对日益激烈的市场竞争，厂内效益下滑，张华没有选择安于现状，而是利用业余时间深入学习智能化制造技术。她观察到织布过程中频繁的颜色校准是效率产生下滑的关键环节，于是萌生了一个创新念头。通过自学编程，张华与几位志同道合的同事共同开发了一套智能颜色检测与调校系统，大幅提高了生产效率和产品质量。此举不仅得到了厂领导的高度赞扬，也让张华意识到自己的创新潜能，于是她开始筹划创办一家专注于智能制造解决方案的初创公司。

 **话题讨论**

如何在日常劳动中将劳动经验转化为创新能力，从而促进个人职业发展，为传统产业转型升级贡献力量？

一、劳动激发创新思维

在庆祝"五一"国际劳动节及表彰全国劳动模范和先进工作者大会上，习近平总书记发表讲话强调，劳动是人类的基本活动，劳动的光荣和创造的伟大是对人类文明进步规律的重要阐释。他指出："民生在勤，勤则不匮。"中华民族是一个勤劳且善于创造的民族。正是由于劳动的创造，我们拥有了历史的辉煌；同样，也是因为劳动的创造，我们取得了今天的成就。

中华民族是一个充满创新精神的民族，中国人民是拥有伟大创造力的人民。自党的十八大以来，我国深化实施创新驱动发展战略，取得了一系列"从0到1"的重大突破，成功跻身创新型国家行列。在航天领域，探月工程、火星探测计划以及载人航天工程等项目均顺利推进，科学实验卫星如"悟空""墨子""慧眼"等成功发射并进入轨道；在制造业领域，高性能装备、智能机器人、增材制造、激光制造等技术的突破有效促进了产业的升级发展，新能源汽车和新型显示产业的规模已居世界首位；在信息技术领域，超级计算、大数据、区块链、智能技术等的应用加速，推动了人工智能和数字经济的蓬勃发展，移动支付、远程医疗、在线教育等新技术深刻改变了人们的生活方式。

劳动是通往成功的必经之路，是推动人类社会进步的核心力量。创新作为引领发展的主要动力，促进了科技、经济、社会、文化等众多领域的全面而协调的发展，为实现高质量、可持续的现代化建设提供了源源不断的活力。在人类历史的长河中，劳动与创新始终是社会进步和历史发展的根本动力，正是通过不断地劳动和创新，人类才创造了崭新的世界。

人类劳动可以分为重复性劳动和创造性劳动。创造性劳动体现了先进的生产力水平，并在人类历史的重大变革中扮演了关键角色。相对而言，重复性劳动可视为创造性劳动的复制。党的二十届三中全会精神强调了，要健全因地制宜发展新质生产力体制机制。推动技术革命性的突破、生产要素创新性配置、产业深度转型升级，推动劳动者、劳动资料、劳动对象优化组合和更新跃升。这表明重复性劳动将逐渐被机器取代，人们将更多地从事创造性劳动，而创新思维将成为未来劳动者的最基本素养。

1. 创新思维的本质

自党的十八大以来，习近平总书记不断强调必须坚持创新思维，提升创新能力。创新思维，是指运用新颖且独特的手段来解决问题的思考过程。这种思维方式能够突破传统思维的局限，采用超常规乃至反常规的思考方式和视角，提出与众不同的解决方案，进而产生具有创新性、独到见解和社会价值的思维成果。创新思维的核心在于以新的视角和思考方法来应对当前的问题。它具备独创性、多向性、综合性、联动性和跨越性等显著特征。

2. 正确认识劳动与创新思维的关系

（1）劳动是创新思维的基础。劳动构成了人类社会实践的基础形态，是人们为了满足自身生存与发展需求而从事的物质生产活动。在这一过程中，人们不断地面对并解决各种问题，持续地进行思考与创新，进而推动了知识的积累、技能的提升以及创新思维的成长。

积累的知识构成了创新思维的重要基石，为人们提供了探索问题解决的新思路和新方法。技能的提升有助于更好地适应环境、应对问题，同时激发创新思维的活力。在问题解决过程中培养的逻辑思维、逆向思维和批判性思维等多种思维能力，为创新思维的产生开辟道路。

（2）创新思维推动劳动的变革。创新思维是人类在认识和改造世界的过程中，不断突破旧有规范、与时俱进，提出新思想、新方法的能力，极大地推动了劳动的发展与变革。

随着科技革命和产业变革的不断推进，创新思维引领的技术革新持续重塑生产方式。自动化和智能化的广泛应用不仅提高了劳动效率和质量，还促进了劳动方式的变革，开辟了新的劳动领域，为劳动者创造了更多发挥创新思维的空间和条件。

3. 劳动激发创新思维的方式

劳动不仅是人类社会发展的永恒基础，更是激发创新思维的有效途径。激发创新思维的劳动方法包括以下几种。

（1）坚持问题导向。在劳动过程中遭遇的问题和挑战直接点燃了创新思维的火花。面对现实中的难题，劳动者必须跳出传统思维的框架，借助积累的知识和经验，进行深入的思考与分析，以发现解决问题的新策略和路径。坚持问题导向的策略，能够点燃劳动者的创新灵感，推动我们提出创新性的解决方案。

（2）坚持实践探索。劳动本质上是一种实践探索的过程。在这一过程中，劳动者运用其知识与技能，不断尝试与修正错误，通过实践中的反馈循环，积累丰富的经验，提升问题解决能力，并推动创新思维的持续迭代与优化。

（3）推进跨学科融合。当前的科技革命正在深刻地改变人类的生产方式、生活方式以及思维方式，并且加速塑造社会各个领域新的劳动形态。与传统劳动形态不同，现代劳动形态往往需要跨学科的知识融合，劳动者不再局限于单一的专业领域，而是需要掌握跨学科的知识和技能，从事更具创造性和数字化的工作。具有多元化背景的劳动者通过相互协作和知识技能的互补，通过思维的碰撞激发新的灵感和创意，从而推动创新思维的发展。

二、劳动提升创新能力

劳动是提升个人创新能力的重要途径之一。通过参与劳动，我们能够积累宝贵的实践经验，培养实际的动手技能和解决问题的能力，同时也能增强团队合作的意识。

1. 劳动锻炼实践与动手能力

（1）认识实践与动手能力的重要性。实践与动手能力，涉及人们通过参与各种形式的体力或脑力劳动，在实际操作过程中进行思考、创新和解决问题的能力。在教育领域，实践与动手能力的培养将教育与生产劳动相结合，强调"学中做、做中学"的理念，是培养学生创造力、解决问题和实践应用的关键能力之一。具备优秀的实践与动手能力的学生能更有效地应对现实生活中的挑战，并展现出更强的创新思维和能力。在新时代的背景下，锻炼实践与动手能力不仅是对传统劳动观念的继承与发扬，也是适应社会发展需求、对接未来劳动市场的关键举措。

（2）实践与动手能力的培养。

① 理论与实践相结合。将掌握的理论知识应用于实际，通过参与劳动项目，例如模型搭建、项目开发、工艺设计等，将知识转化为解决实际问题的能力，增强创新意识，培育创新精神，激发创新热情。

② 参与项目式学习。围绕特定主题或问题，组建团队，全程参与项目的策划、实施到总结评估。通过动手操作、问题分析、方案设计、资源调配等环节，全面锻炼综合实践能力。

③ 参与职业技能和创新大赛。职业技能和创新大赛是锻炼和提升创新能力的关键环节和有效工具。激烈的竞赛机制作为创新的催化剂，在参赛过程中，从项目构思到原型设计，从市场调研到商业策划，充分发挥自主创新能力，不断超越自我。

④ 实习实训。党的二十届三中全会精神强调加快构建职普融通、产教融合的职业教育体系，倡导学校与企业深度合作，提供更多实习实训平台，使我们能够在实践中学习创业知识，积累经验。

2. 劳动锻炼解决问题的能力

劳动的多样性和丰富场景为个人提供了宝贵的实践机会和解决问题的经验。劳动的形式不仅限于传统体力劳动，还包括智力劳动、社会服务和创新实践等多个样态。通过这些多维度的劳动形式，个人不仅能够掌握实用技能，还能在解决问题的过程中培养逻辑思维、激发创新思维、强化团队协作能力，从而在多方面提升解决问题的能力。

（1）体力劳动，作为一种最直接的实践方式，构成了锻炼解决问题能力的基础。无论是日常的家务活动，如烹饪、清洁、修理，还是参与农业生产、工业制造等，这些活动都要求个人面对实际问题，并通过动手实践来寻找解决方案。例如，在修理家电的过程中，需要观察现象、分析原因、查找资料、尝试不同的修复方法，这一系列行动不仅锻炼了动手能力，也增强了逻辑推理和问题解决技能。参与团队建设活动，如户外探险、团队拓展等，能在协作中学习沟通协调和分工合作，进一步提升解决复杂问题的能力。

（2）智力劳动，特别是在科学研究、工程设计、软件开发等高端领域，是提升问题解决能力的高级阶段。这类劳动要求个人拥有坚实的专业知识基础，并能够运用科学的方法和工具来应对错综复杂的问题。在科研领域，从设计实验、收集和分析数据、验证假设到得出结论的整个过程，不仅锻炼了科研人员的专业能力，也培养了批判性和创新的思维方式。在工程设计和软件开发方面，针对实际应用需求设计解决方案，并不断优化产品，这一过程不仅提升了技术实现的能力，也锻炼了解决实际问题的技巧。

（3）社会服务劳动，包括志愿服务和社区服务等，是提升解决问题能力的重要途径。这类劳动要求个人关注社会问题，理解他人需求，并通过实际行动来提供帮助。例如，参与社区环境整治，需要了解问题的成因，设计并实施改善措施。这不仅培养了我们的环保意识，也锻炼了组织协调能力。在志愿服务中，建立信任、理解需求、提供帮助的过程，提升了人际交往能力，也锻炼了同理心和问题解决能力。

（4）创新实践劳动，包括创业和参与创新竞赛等，体现了解决问题能力的高级阶段。这类劳动活动要求个人具备创新思维，能够洞察市场需求，设计并实施创新解决方案。在创业过程中，面对市场波动、资金筹集、团队建设等挑战，通过试错和策略调整来解决问题，从而锻炼了创业能力和风险管理。而在创新竞赛中，团队合作、提出创新方案、快速完成作品的过程，不仅激发了创新潜能，也锻炼了团队协作和迅速解决问题的能力。

3. 劳动培养团结合作意识

图9-3
团队合作

（1）团队合作的重要性。团队合作意识体现了一种集体主义精神，它描述了团队成员间共享的心理状态和行为倾向。这种意识强调成员们为了达成共同目标和维护集体利益，展现出主动协作、相互支持、优势互补以及共同奋斗的态度（图9-3）。通过团队合作，可以集中每个人的智慧、技能和资源，以实现共同的目标。有效的团队合作促进了成员间的共担共享和协同作业，从而提升了工作效率和质量，增强了团队的凝聚力和向心力，激发了成员的创造力和创新力，最终促进了团队和个人的共同成长。

（2）团队合作意识的培养。

第一，确立团队目标与价值观是团队建设的首要条件。领导者与团队成员需共同制定明确的目标，并共同探讨确立团队的核心价值观，以确保每位团队成员都清晰并认同这些目标，从而形成共同的行为准则，并达成共识。

第二，角色定位与责任分配。角色定位与责任分配构成了团队建设的关键环节。通过细致的团队角色分析，成员们能够清晰地认识到自己在团队中的角色和职责所在，从而实现任务的合理分配。这确保了每位成员都能承担起与其能力和兴趣相符的工作，进而提升责任感和满足感。

第三，建立沟通与反馈机制。确立沟通与反馈机制是团队成功的关键要素。促进团队内部的开放沟通，公开分享想法和意见，确保信息的自由流通。同时，建立积极和具有建设性的反馈机制，及时对团队成员的工作给予认可和改进建议，激发他们的工作热情和创造力。

第四，构建积极的团队文化。积极的团队文化是团队成功的关键因素。领导者应通过公开表彰团队和个人的贡献与成就，来加强团队成员的认同感、成就感和归属感。同时，定期组织团队建设活动，通过多元文化活动来增进成员间的信任、理解和合作。

第五，共同学习与培训。共同学习与培训是提升团队综合能力、加强团队凝聚力、促进个人成长的重要途径。团队应定期举办专业技能和团队合作相关培训，例如领导力、沟通技巧等，以确保团队成员不断更新知识、提升技能、加强协作，进而推动团队的整体发展。

第六，建立有效的奖励机制。奖励机制是激发团队成员积极性和参与度的关键手段。一个明确具体、公正公平、多样化、透明且持续更新的奖励体系能够增强团队成员的信任感和荣誉感，提升团队的凝聚力和整体绩效。

第七，领导力示范。领导者作为团队的核心，应当亲自实践，以身作则，关心并激励团队成员，为团队树立典范，引导团队朝着正确的方向前进。

三、劳动培养创业意识

劳动促进创业，而创业本身也可视为一种劳动形式。学生能够通过日常生活和工作中的观察，识别问题并构思相应的解决策略，从而在劳动过程中发掘创业的契机，实现从劳动者到创业者的转变。

1. 创业的含义

创业涉及对现有或潜在资源的优化整合，旨在创造出更大的经济或社会价值，这一过程是一种复杂的智力活动。创业者必须精心规划资金、人才、技术等关键资源，以提供产品或服务。同时，还需要深入分析市场状况、设计商业模式，并作出战略决策。

随着科技的不断进步，创业机遇不断涌现。对于创业者来说，迅速捕捉创意、准确识别具有真正价值的创业机会、选择恰当的创业项目，并进行科学严谨的评估，是其不可或缺的核心能力。

2. 创业机会识别

（1）创业机会的分类。创业机会通常来源于环境变化、客户需求、创新变革以及市场竞争等因素。依据这些来源，创业机会可以被划分为问题型、趋势型以及组合型。

问题型创业机会指的是那些针对现实世界中尚未解决的问题，并致力于提供切实可行的解决方案的创业机遇。相对地，趋势型创业机会则是基于对环境变化的细致观察以及对潜在需求的精准预测，从而着眼于未来的创业机遇。组合型创业机会，则涉及将多种因素综合考量，通过整合多项技术、产品或服务，以创造新价值为目标的创业机遇。

（2）创业机会识别方法。创业机会的识别是创业旅程的起始点，它对确定创业的方向、策略以及最终的成败具有决定性的影响。因此，如何准确地识别并把握创业机会，成为创业者必须掌握的关键技能。

① 关注问题所在。创业者需要聚焦于社会和市场中现存的问题与痛点。通过观察、调研或亲身经历，挖掘那些尚未被满足的需求或有待改善的服务。通常，解决这些问题的创业项目能够迅速赢得市场的青睐。

② 利用环境变化。环境变化常常孕育着新的商机。这些变化包括政策调整、社会趋势、经济发展、技术进步等。敏锐地捕捉这些变化，并准确地评估它们对市场和消费者行为的影响，有助于发现新的创业机会。

③ 持续追踪技术创新。技术创新是推动行业发展的关键动力。不断追踪前沿技术的演进，洞察新兴技术如何应对现有挑战或催生新的需求，有助于创业者把握由技术创新所开启的商业机遇。

④ 探寻市场空白。市场空白指的是那些尚未得到充分开发的细分市场或领域。创业者必须通过详细的市场调研和分析来识别并填补这些空白。有时候，一个微小的市场缝隙就足以孕育出一个极具潜力的创业项目。

⑤ 识别并利用竞争对手的弱点。分析竞争对手的不足之处，同样是发现创业机会的有效方法。创业者能够通过识别对方服务或产品的缺陷，并在此基础上进行改进和创新，提供更优质的产品或服务，从而在市场中获得优势。

3. 由劳动者转变为创业者

在知识经济和创新驱动发展战略的背景下，创业环境变得更为友好，政策支持力度加大，创业门槛降低。因此，越来越多的劳动者不再局限于传统的职业路径，而是开始向创业者转变。创新思维、创新能力、创业意识成为劳动者向创业者转变过程中的重要推动力。

劳动者向创业者转变的过程，是自我革新的过程。首先，自我认知与市场需求分析是基础，劳动者应深入分析自身兴趣、自身优势及市场需求，识别潜在的创业机会。其次，知识积累与技能提升至关重要，通过多种途径学习企业管理、市场营销、财务管理等创业必备知识。同时，整合资源与创建团队，包括筹集启动资金、选择合作伙伴或团队成员、建立行业内外的人脉网络。接着进行小规模试错，通过开发成本低的可行性产品，快速收集市场反馈并迭代升级，验证商业模式的可行性。然后，进行财务规划与风险管理，合理规划个人财务，评估创业风险，必要时寻求小额信贷或天使投资支持。最后，调整心态，持续创新，保持坚定的信念和决心，及时关注市场动态和客户需求的变化，不断创新以优化自己的产品或服务。劳动者向创业者转变，不仅能为自己打造一个全新的职业发展路径，还能为社会创造更多的价值。

 ## 学习评价

考察项目	评分要点		分值（满分100分）	学生自评（30%）		学生互评（30%）		教师评价（40%）	
				评分	评语	评分	评语	评分	评语
知识目标	掌握劳动与创新思维的关系		30						
能力目标	单项技能	提高问题解决能力	30						
	综合能力	发现与把握创业机会							
素质目标	培养创新意识		20						
	增强社会责任感		20						
综合评价									

注：学生自评占总分的 30%，学生互评占总分的 30%，教师评价占总分的 40%，加权得出最终总分。综合评价分为五档，总分 90~100 分评价为"优"，80~89 分评价为"良"，70~79 分评价为"中"，60~69 分评价为"可"，60 分以下评价为"差"。

从农机厂知青到实业报国的企业家

1969年，何清华以知青的身份插队到益阳泞湖公社农机厂，在这里开始接触机械与设备，和机械的缘分由此开始。几年后，他返回长沙，进厂当了一名工人。

1980年，只有高中学历的何清华，自学考上中南大学，成为机械系的第一位研究生，毕业后又留校任教。

1999年，53岁的何清华决定白手起家创业，创办山河智能，想要解决当时存在的"科技成果转化难"的问题。当时国内工程机械制造企业的核心技术和零部件大多依靠进口，国内工程机械企业在夹缝中求生存。何清华认为要想打开局面，必须有自己的关键核心技术。公司成立之初，何清华凭借个人专利——液压静力压桩机，第一年就实现了盈利。随后，他带领团队不断攻坚克难，自主研发出多款高端装备产品，赢得了市场认可，为中国工程机械行业的创新发展贡献了突出力量。

从农机厂知青到大学教授，再到实业报国的企业家，在何清华的带领下，山河智能聚焦装备制造，短短20年实现跨越式发展，进入全球工程机械制造商50强。

（资料来源：央广网，有删改）

 案例分析

何清华，从劳动者到创业者，从无到有、从弱到强、从小到大，凭借对创业机会的把握和对创新的坚定追求，带领团队坚持技术创新，成功打破行业壁垒，实现从0到1的突破。何清华的创业故事，激励着无数创业者怀揣梦想，勇敢踏上创业征程，共同致力于经济的繁荣发展。

 思考题

随着科技发展和社会变化，许多新的职业形态不断涌现，如数字游民、自媒体创作者等。请选取一种新型的劳动形式，探讨在这种时代背景下可能存在的创业机会。

9.3

劳动成就职业理想

😊 | **情境导入**

山西二建集团有限公司水电安装工席树茂16岁时初次接触到电工维修技术，就深深地喜欢上了这一行。凭借着对电气、设备维修的热爱，几年磨炼下来，席树茂逐步成长为新时代产业工人代表。"全国优秀农民工""山西省五一劳动奖章""山西省劳动模范"，一项项荣誉见证了席树茂的成长。

💬 **话题讨论**

一切平凡的人都可以拥有不平凡的人生，一切平凡的工作都可以创造不平凡的成就。劳动是实现职业理想的必经之路，我们要如何在劳动中做好职业生涯规划，在劳动中成就职业理想？

一、高技能人才的时代价值

党的二十大报告首次将"大国工匠"和"高技能人才"纳入国家战略人才的范畴。党的二十届三中全会进一步强调，必须"深化教育综合改革""着力培养造就卓越工程师、大国工匠、高技能人才，提高各类人才素质。"这一战略部署不仅为我国职业教育的发展指明了方向，也为高技能人才的培养提供了坚实的政策支持。

中共中央组织部和人社部联合发布的《高技能人才队伍建设中长期规划（2010—2020年）》曾明确了高技能人才的定义："高技能人才是指具有高超技艺和精湛技能，能够进行创造性劳动，并对社会作出贡献的人，主要包括技能劳动者中取得高级技工、技师和高级技师职业资格的人员"。作为现代社会的核心资源，高技能人才的时代价值正变得越来越重要，他们已经成为推动经济社会高质量发展的关键力量。

1. 提升国家竞争力的核心要素

在经济全球化的背景下，高技能人才已经成为国家竞争力的关键要素之一。一个国家所拥有的高技能人才的数量和质量，直接决定了这个国家在国际市场上的竞争力和影响力。高技能人才能够帮助企业在全球市场中占据有利地位，并提升国家品牌的国际形象。

2. 技术创新与产业升级的推动者

高技能人才是技术创新的核心承载者，通过不断的技术研发和工艺改进，推动了传统产业的转型与升级，以及新兴产业的快速发展。随着数字化和智能化技术的广泛应用，高技能人才能够运用这些新技术和新工艺，提高生产效率和产品质量，为企业在激烈的市场竞争中赢得优势。

3. 就业结构优化与社会稳定的促进者

随着经济结构的调整和产业升级步伐的加快，劳动力市场对高技能人才的需求持续增长。培养和发展高技能人才不仅有助于缓解就业结构性矛盾，提升劳动者的整体素质，还能促进社会稳定和谐。此外，高技能人才在社会中扮演着示范角色，推动形成重视技能和尊重劳动的良好风尚。

职业院校的学生作为高技能人才的主力军，承载着新时代高质量发展的重大使命，对于推动经济社会发展、提升国家竞争力、满足人民对美好生活的追求具有不可替代的重要性。通过劳动教育，大力弘扬工匠精神，树立技能成才的信心，增强技能报国的能力，提升技能报国的自信，这对于全面建设社会主义现代化国家具有重要的时代价值。

二、劳动实现人的全面发展

劳动是推动人类社会发展的基础和动力。2020年，中共中央、国务院颁布了《关于全面加强新时代大中小学劳动教育的意见》，将劳动教育确立为中国特色社会主义教育制度的重要组成部分，并进行了全面的规划和顶层设计。这一行动充分展示了党和国家对劳动教育的高度重视，同时也映射出在新时代的背景下，劳动在培养全面发展的社会主义建设者和接班人方面所扮演的关键角色。

1. 以劳立德

亲身参与劳动使我们能够领悟劳动的真正价值，并培养对劳动及其从业者的敬意。比如通过参与耕种活动，学生能够亲身体验农民工作的辛勤，并学会珍视劳动成果。劳动教育对于塑造学生乐观、坚韧的个性至关重要，它能帮助学生在面对挑战时培养出克服困难的能力。参与社区服务等社会活动，学生能够学会关心他人，培养善良的品质。劳动同样能够提升学生的自尊心和自信心，激励其为共产主义理想而努力奋斗。通过参与科技创新和农村实践活动，学生能够更深刻地理解共产主义的内涵，并坚定自己的理想。

2. 以劳增智

劳动对于智力的发展至关重要，通过亲自动手劳动，人们能够提升抽象思维能力和手脑之间的协调性。劳动训练能够将具体的任务转化为抽象的概念，例如在手工制作过程中规划和设计的思考过程。手脑之间的互动，比如在操作实验器材时的思考与调整，能够提高学生的思维能力和解决问题的能力。此外，手脑结合的活动，如艺术创作，能够激发大脑的创造性区域，从而促进智力的发展。

3. 以劳强体

体力劳动和运动均能锻炼身体，但它们各自具有独特的特点。体力劳动往往涉及局部的身体负荷，而运动则倾向于全身性的锻炼。尽管体力劳动可能不如运动那样全面，但它在实际工作场景中展现了实用性和目的性。例如，农业生产者的劳作不仅锻炼了身体，还能收获农作物，并且在自然环境中进行，这对身心健康大有裨益。

4. 以劳育美

热爱劳动彰显了心灵之美和基本美德，而逃避劳动则可能导致心灵的空虚。在劳动的过程中，人们通过汗水和努力创造价值，展现了人性的光辉和积极态度。例如，我们通过参与校园清洁活动，体验到劳动带来的快乐和成就感，不仅美化了校园，也净化了心灵。劳动还能促进人际关系的和谐，志愿者们在社区服务中通过团结协作，增进了相互了解和信任，建立了深厚的友谊和团结精神。劳动的动作本身也具有美感，比如工匠的协调动作，展现了劳动者的专注和技艺，体现了内在美和创造力。

三、在劳动中成就职业理想

2024年5月，习近平总书记代表党中央，向全国广大劳动群众致以节日的祝贺和诚挚的慰问。他强调："希望广大劳动群众大力弘扬劳模精神、劳动精神、工匠精神，爱岗敬业、创新创造，踊跃投身以高质量发展推进中国式现代化的火热实践，为全面推进强国建设、民族复兴伟业而不懈奋斗。"同时，他激励广大劳动群众在辛勤劳动、诚实劳动、创造性劳动中成就梦想。

1. 辛勤劳动创造幸福

早在先秦时期，人们吟诵着"日出而作，日入而息。凿井而饮，耕田而食"。自古以来，中华民族就是热爱劳动的民族。劳动深植于中华民族的血脉之中，正是这种不懈的勤劳，孕育了中华民族的持续繁荣。辛勤的劳动是创造和积累物质财富的根本。无论是农业、工业还是服务业，都需要人们通过不懈的劳动来实现创造。这些劳动成果不仅能够满足人们的基本生活需求，还能提升生活水平，为人们带来物质上的满足和幸福感（图9-4）。

通过持续的劳动，人们得以展现自己的能力和才华，从而提升自我价值。同时，劳动中遇到的挑战和难题能够激发人们的斗志和创造力，让人们在克服困难的过程中感受到成就感。辛勤劳动还具有深远的社会意义。它不仅是个人幸福的基石，也是推动社会进步和发展的关键动力。在劳动的过程中，人们相互协作、共同成长，

图9-4
劳动创造幸福

272

这促进了社会经济的繁荣与进步。同时，劳动也加深了人与人之间的交流与互动，增强了社会的凝聚力和向心力。

2. 诚实劳动实现价值

习近平总书记强调，"我们必须在全社会大力弘扬劳动精神，倡导通过诚实劳动实现人生梦想、改变个人命运，坚决反对任何不劳而获、投机取巧、贪图享乐的观念"。诚实劳动构成了劳动创造价值的基础，是个人立足社会的根本，也是社会发展的必要条件。马克思主义劳动价值论认为，劳动是所有价值的源泉。个人的价值不仅体现在物质成就上，更体现在精神品质、道德观念和社会责任感上。

诚实劳动意味着个人在劳动过程中坚守原则、保持诚信，这种品质对于个人的成长和成功至关重要。通过诚实劳动，个人能够赢得他人的信任和尊重，从而在社会中获得更高的地位和声誉。此外，诚实劳动对社会价值的贡献是无法估量的。一个诚实劳动的社会环境，能够营造出积极向上的氛围，促进社会的和谐与稳定。诚实劳动的人们相互尊重、相互信任，共同为社会的进步和发展贡献力量。这种正能量不仅能够推动社会经济的发展，还能够提升整个社会的道德水平。

3. 创造性劳动造就不凡

创造性劳动涵盖了能够突破常规、挑战传统并产生新颖且有价值成果的劳动形式（图9-5）。这类劳动不满足于简单的重复和模仿，而是追求独特的创新，通过独特的思维和方法来解决问题，从而创造出前所未有的价值。创造性劳动的成果通常具有新颖性、独特性和实用性，能够满足人们新的需求或解决新的问题。这种价值

图9-5
创造性劳动

不仅体现在物质层面，如新的产品、技术或服务，更体现在精神层面，如新的观念、思想或文化。

创造性劳动的成果是推动社会进步和发展的驱动力，为人类开辟更加美好的未来。对于个人成长和发展而言，创造性劳动同样扮演着至关重要的角色。通过参与创造性劳动，个人不仅能够磨炼自己的创新和实践技能，还能提高自身的综合素养。在这一过程中，个人必须持续学习和探索，不断挑战自我极限，这样的经历有助于培养出更强的自信和坚定。此外，创造性劳动的成就还能为个人带来荣誉和满足感，从而

增强其在社会中的影响力和价值。

　　创造性劳动同样需要持续的实践与探索。唯有不断地尝试新颖的方法和思路，才能持续地创造出新的价值。同时，创造性劳动亦需不断地学习和积累知识，以提升个人的综合素质和创新能力。只有如此，才能不断地超越自我，达成更加卓越的成就。

 学习评价

考察项目	评分要点		分值（满分100分）	学生自评（30%）		学生互评（30%）		教师评价（40%）	
				评分	评语	评分	评语	评分	评语
知识目标	认识劳动与职业理想的关系		30						
能力目标	单项技能	具备培养职业理想的能力	30						
	综合能力	具备在劳动中发现自我价值的能力							
素质目标	形成正确的劳动价值观		20						
	增强社会责任感		20						
综合评价									

注：学生自评占总分的30%，学生互评占总分的30%，教师评价占总分的40%，加权得出最终总分。综合评价分为五档，总分90~100分评价为"优"，80~89分评价为"良"，70~79分评价为"中"，60~69分评价为"可"，60分以下评价为"差"。

扎根"海岛"，守护灯火长明

在安徽省金寨县响洪甸水库，赵儒新从20世纪90年代起，就在水库中的"海岛"上进行电力保障工作，一干就是32年。由于海岛、小岭等12座小岛上237户居民的生活需要，他都全天候"待命"。在日复一日、年复一年的坚持奉献中，赵儒新守护着电力线路，也守护着岛屿和每一个生活在这里的人。

在"海岛"做电工，需要穿越不可控制的风浪、应对难以预料的危险。一次，在水面抢修断线时，一阵大风把电线刮到船篷上，赵儒新连人带船被掀进水里，船就压在头顶上。"想想都后怕！"但赵儒新从未退却，不仅当好了乘风破浪的电工，还成了岛上居民的"家人"。无论酷暑寒冬，只要岛上居民有用电需求，他再忙也随叫随到；每到逢年过节，他都会帮岛上不便出行的居民采买生活用品……驾驶着自己的小船，照顾着岛上的大家，赵儒新用自己的不辞劳苦、风雨无阻，给237户居民安居乐业的生活助力。

在赵儒新看来，纵然工作艰苦而枯燥，却也一点都不能含糊。他一遍又一遍地巡守着岛屿和电路，32年如一日。他用经年累月的敬业奉献，守护着万顷碧波上的长明灯火。

（资料来源：《人民日报》，有删改）

 案例分析

劳动最美丽，奋斗最幸福。对于整个社会，劳动创造了财富和价值，是推动人类社会进步的根本力量，劳动没有高低贵贱之分，不论身处哪个行业，只要付出足够的辛劳与智慧，干一行、爱一行、钻一行，就能够在平凡的岗位上取得不平凡的成绩，实现人生价值。

思考题

请结合本节课所学，谈谈你认为应该具有怎样的劳动价值观。

一、活动名称：创意劳动挑战赛

二、活动描述

学生自行分为若干小组，每组分配一项具有挑战性的劳动任务，如设计并制作一款环保型日用品、开发一款简易的自动化工具或策划一场校园内的文化推广活动等。任务要求必须融入创新思维，即在传统劳动的基础上进行创新改造或设计。

三、活动步骤

（1）准备阶段：各组进行市场调研，了解用户需求，确定创新方向。

（2）设计阶段：利用草图、模型等形式进行初步设计，讨论并确定最终方案。

（3）制作或实施阶段：根据设计方案，利用提供的材料或工具进行制作或实施计划。

（4）展示与评价：各组展示成果，分享创新点和劳动过程中的经验教训，由教师和同学共同评价。

参考文献

1. 习近平. 在四川考察时强调深入贯彻新发展理念主动融入新发展格局在新的征程上奋力谱写四川发展新篇章[EB/OL]. 新华社，2022-06-09.

2. 彭军. 职业角色与职业声望初探[J]. 湖南科技学院学报. 2007，（8）：78-80.

3. 习近平. 在庆祝"五一"国际劳动节大会上的讲话[EB/OL]. 新华网，2015-05-02.

4. 杨舒这十年，看科技创新力量磅礴[EB/OL]. 光明日报，2022-06-07.

5. 许涛. 基于创新素质培养的新时代高校劳动教育[J]. 创新与创业教育. 2021，12（6）：75-80.

6. 何清华. 不抄作业　坚持"先导式创新"[EB/OL]. 央广网，2022-11-09.

7. 曹燕. 我国高技能人才培育制度的特征、问题与改进——基于42位高技能人才访谈的分析[J]. 职教论坛，2024，40（7）：41-49.

8. 曹晔，孟庆国. 国家战略人才中的高技能人才培养价值、特征与实现路径[J]. 中国职业技术教育，2024，（26）：3-10.

9. 黄怀，刘艳，林露虹，等. 奋斗创造美好未来[N]. 厦门日报. 2024-05-02.

为落实教育强国建设要求，深入实施素质教育，健全德智体美劳全面培养体系，加快补齐劳动教育短板，教育引导学生把握劳动教育基本内涵，理解和形成马克思主义劳动观，树立劳动最光荣、劳动最崇高、劳动最伟大、劳动最美丽的观念，我们组织编写了此书，由高等教育出版社出版。本套教材共分三册，即《中职劳动教育》《高职劳动教育》《职业本科劳动教育》。在编写过程中，编写组组织召开多次线上、线下会议，本书以鲜活生动的身边职教榜样、大国工匠作为案例，将知识、测评、实践三者有机统一，实现以劳树德、以劳增智、以劳强体、以劳育美，培育学生健全人格、促进学生全面发展，发挥劳动的综合育人价值。

本书由教育部课程教材研究所曾天山研究员担任主编，由国内高水平高职院校及职业本科院校领导、骨干教师联袂编写，他们深耕职业教育多年，在劳动教育领域拥有丰富的专业知识及实践经验。本书编写分工如下：

专题一：谌湘闽（长沙民政职业技术学院）、胡妍（长沙民政职业技术学院）、王琼（长沙民政职业技术学院）、吴蕾（长沙民政职业技术学院）。专题二：苏旭勇（济南职业学院）、尹元华（济南职业学院）、徐林哲（济南职业学院）、陈雨（济南职业学院）、苏培东（济南职业学院）。专题三：温君慧（北京财贸职业学院）、高东京（北京财贸职业学院）、赵贝（北京财贸职业学院）。专题四：杜丽萍（哈尔滨职业技术大学）、宋佳丽（哈尔滨职业技术大学）。专题五：莫海燕（广西水利水电职业技术学院）、林波（广西交通职业技术学院）、吴丹（广西交通职业技术学院）、邓彭勇（广西交通职业技术学院）。专题六：刘荣红（扬州工业职业技术学院）、崔海军（扬州工业职业技术学院）、曹孟陬（扬州工业职业技术学院）。专题七：王建林（浙江机电职业技术大学）、周琳（浙江机电职业技术大学）、阎晗（浙江机电职业技术大学）。

专题八：杜安国（广东技术师范大学）、梁艳珍（广东轻工职业技术大学）、刘红卫（广东轻工职业技术大学）。专题九：李冰（江西机电职业技术学院）、邓付聪（江西机电职业技术学院）、谢立群（江西机电职业技术学院）。

在此感谢本书所有章节的执笔老师，以及相关参考书籍和文献的原作者。感谢高等教育出版社贾瑞武副总编辑、洪国芬主任的大力支持，感谢李沁濛编辑的辛苦努力。

由于编写组成员能力水平有限，教材编写过程中难免存在瑕疵，敬请广大高职院校学生、劳动科学与劳动教育研究专家对本教材提出宝贵意见，批评指正。

编者

2025年4月

图书在版编目（CIP）数据

高职劳动教育 / 曾天山主编 . -- 北京 : 高等教育
出版社 , 2025.7. --ISBN 978-7-04-064378-7

Ⅰ . G40-015

中国国家版本馆 CIP 数据核字第 2025S9S457 号

高职劳动教育
GAOZHI LAODONG JIAOYU

策划编辑	李沁濛
责任编辑	李沁濛
封面设计	贺雅馨
责任绘图	李沛蓉
版式设计	贺雅馨
责任校对	陈　杨
责任印制	赵义民
出版发行	高等教育出版社
社址	北京市西城区德外大街 4 号
邮政编码	100120
购书热线	010-58581118
咨询电话	400-810-0598
网址	http://www.hep.edu.cn
	http://www.hep.com.cn

网上订购	http://www.hepmall.com.cn
	http://www.hepmall.com
	http://www.hepmall.cn
印刷	北京市白帆印务有限公司
开本	787mm × 1092mm　1/16
印张	18.5
字数	320 千字
版次	2025 年 7 月第 1 版
印次	2025 年 7 月第 1 次印刷
定价	45.00 元

本书如有缺页、倒页、脱页等质量问题，
请到所购图书销售部门联系调换

版权所有　侵权必究

物料号　64378-00

资源服务提示

授课教师如需获取本书配套教学资源，请登录
"高等教育出版社产品信息检索系统"（https://
xuanshu.hep.com.cn/），搜索本书并下载资源。首
次使用本系统的用户，请先注册并进行教师资格
认证。

读者意见反馈

为收集对教材的意见建议，进一步完善教材编写
并做好服务工作，读者可将对本教材的意见建议
通过如下渠道反馈至我社。

咨询电话

400-810-0598

反馈邮箱

gjdzfwb@pub.hep.cn

通信地址

北京市朝阳区惠新东街 4 号富盛大厦 1 座

高等教育出版社总编辑办公室

邮政编码

100029